폐기된
인생

A LIFE DISCARDED
by Alexander Masters

Copyright ⓒ Alexander Masters, 2016
All rights reserved.

Korean Translation Copyright ⓒ MUNHAKDONGNE Publishing Corp., 2025
Korean translation rights arranged with Rogers, Coleridge and White Ltd.
through EYA(Eric Yang Agency).

이 책의 한국어판 저작권은 EYA(Eric Yang Agency)를 통해
Rogers, Coleridge and White Ltd.와 독점 계약한 (주)문학동네에 있습니다.
저작권법에 의해 한국 내에서 보호를 받는 저작물이므로
무단 전재 및 무단 복제를 금합니다.

A Life Discarded

폐기된 인생

쓰레기장에서 찾은 일기장 148권

알렉산더 마스터스 지음
김희진 옮김

Alexander Masters

문학동네

일러두기

1. 원주라고 밝히지 않은 주석은 모두 옮긴이주다.
2. 본문 중 고딕체와 볼드체는 원서에서 이탤릭체나 대문자로 표시된 부분이다.

차례

1부 미스터리 ··· 11

2부 위기 ··· 287

3부 전기 ··· 345

감사의 말 ··· 357

옮긴이의 말 ··· 365

행복했던
다이도 데이비스에게
1953~2013

꽤 괜찮은 날이다. 즐겁게 보내고 있다.
딱히 별생각은 없다, 어쩌면
내 인생을 바꾸고 싶다는 생각 외에는.

1부
미스터리

1. 2001년: 쓰레기 컨테이너

산들바람이 불던 어느 오후, 내 친구 리처드 그로브는 셔츠 밑단을 나풀거리며 케임브리지를 어슬렁대다가 이 쓰레기 컨테이너와 마주쳤다.

다 차지 않은 쓰레기 컨테이너는 막다른 길 끄트머리 주목

나무 울타리 안에 놓여 있었다. 리처드는 흠집투성이 노란 금속과 울타리 사이를 비집고 한때 오래된 과수원이었던 장소를 거닐고 다녔다. 발목 높이로 잘린 나무 그루터기들이 햇빛을 받아 부드럽게 반짝였다. 배나무와 사과나무 가지들이 목재 분쇄기 옆에 쌓여 조각날 운명을 기다리고 있었다. 나무들이 잘려나간 이 공터 너머로는 풀과 꽃들 한가운데 표백제 웅덩이처럼 펼쳐진 공사 현장이 있었다. 아트 앤드 크래프트 양식의 대저택이 개조 공사중이었다. 지붕은 벗겨져나갔다. 그 아래 2층 높이의 붉은 벽돌벽은 앞에 구불구불한 금속 울타리를 둘러 접근을 차단하고 있었다. 건물은 구석구석 씻겨나가도록 바람을 쏘이는 중인 것 같았다. 케임브리지의 이 지역에는 노교수가 많이 산다. 명예의 전당에 한 자리씩 차지하고 앉아 꾸벅꾸벅 졸고, 낡아빠진 차로 느릿느릿 지나다닌다. 그 덕에 이곳 분위기는 곰팡내가 난다. 이따금 거풍을 시킬 필요가 있긴 하다.

리처드는 평생 바로 그 근처에 살았지만, 이 집은 울타리와 나무들 뒤에 너무나 감쪽같이 숨겨져 있어 존재하는지조차 몰랐다. 금속 울타리 기둥 사이 틈에 눈을 갖다대자 포치의 잔해가 보였다. 지붕을 받치는 목제 기둥이 무릎처럼 꺾여 있었다.

리처드는 컨테이너로 돌아가 안을 들여다보다가 갑자기 가슴이 두근거렸다. 안에 있던 뭔가가 주의를 끈 것이다. 그는 까치발로 서서 몸을 굽히고 팔을 뻗어 집으려고 했지만, 손이 닿지 않았다. 그는 어깨를 금속 위로 계속 구부린 채 컨테이너의 가장자리를 따라 높이가 낮은 쪽 끝까지 이동했고, 뭔가 밟고 설 만한 것을 찾아내 가장자리를 넘어 미끄러져들어가려 했지만 넘어갈 수가 없었다. 리처드 그로브 교수는 활기 넘치는 사람이었고 섬 생태학 분야의 세계적인 석학이었으며 지저분해지는 것도 마다하는 법이 없었지만 좀 통통했다. 컨테이너에 패배한 그는 달아났다. 그리고 30분 후 날씬한 다이도 데이비스 박사와 함께 되돌아왔다. 다이도는 쉽게 기어올라가 (몸을 훌쩍 넘겨) 금속 경사면을 따라 미끄러져내려가서 커다란 상자 위에 발을 디뎠다. 플라스틱 욕실 패널이 쪼개지면서 부서졌고, 그 바람에 다이도는 반 인치 정도 내려섰다. 뭔가가 금속성 소음을 내며 무너졌다. 다이도는 손을 짚고 넘어졌다. 그제야 다이도—역사학자이자 수상 경력 있는 전기 작가, '레이철 스위프트'라는 필명으로 두 권의 섹스 안내서를 낸 저자, 그리고 세계에서 유일하게 토머스 모어 경의 유골이 어디 묻혔는지 아는 사람—는 리처드가 무엇을 보고 그렇게 흥분했는지 확인할 수 있었다.

부서진 샤워부스 바닥에 뭉텅이로 쌓여 있고, 떨어져나온 문짝 주변 틈새에 처박히고, 깨진 벽돌과 슬레이트 위에서 바람에 펄럭거리는 것은 한아름의 책들이었다. 그것들은 잡석더미 위에 보란듯이, 아무렇게나 널려 있었다.

"거기 놓인 지 한두 시간밖에 안 됐을 거야, 아주 깨끗해 보였거든." 몇 년 후 다이도는 회상했다. "갖다 버린 사람이 아직도 정원에 있을 것만 같았지. 하지만 리처드와 내가 둘러봐도 사람은 없었어. 난 생각했지, 누군가 머리가 확 돌아버려서 책들을 내버린 걸까? 책 주인이 죽은 다음 찾아온 사람이 홧김에 던져버린 걸까?"

책들을 발견하고 다이도는 케임브리지의 문학평론가 프랭크 커모드의 일화를 떠올렸다. "커모드가 이사할 때였는데, 엄청나게 귀중한 소장본들, 전부 초판에 전부 저자가 그에게 서명해준 책들을 상자에 꾸려두었지. 그런데 어쩌다 실수로 이삿짐 인부가 아닌 쓰레기 수거 인부에게 그 상자들을 줘버렸고, 그 소중한 개인 문고는 사라졌어. 다시는 그 책들을 보지 못했지. 그 쓰레기 컨테이너 안의 책들도 똑같았어. 사생활이 부당하게 침해당한 느낌. 쓰레기가 되어선 안 된다는 느낌이 확연했어. 주워들고 싶다는 마음이 들었지. 갖겠다는 것과는 별개였어. 그저 구해내고 싶었던 거야. 누가 그 책들을 쓰레깃더미에 버리고 사라진 지 고작 몇 분밖에 안 되었으니까. 그 책들은 살아 있었어."

몇 권은 앞표지에 왕실 문장이 새겨져 있었고,

곰팡내나는 청회색의 싸구려 연습용 노트패드도 있었다.

대개는 무늬 없는 고급 양장 노트로, 구식 회계사무소 장부책 같은 붉은색에 금박으로 '헤퍼스, 케임브리지Heffers, Cambridge'라 찍혀 있었다. 얇은 검은 노트들도 있었는데, 신경 패턴처럼 생긴 표지 무늬로 보아 의학 연구소에 있던 게 아닐까 싶었다. 1950년대 경찰관이 앞가슴 주머니에서 꺼내

곤 했던 수첩들, 내가 기억하기로는 1970년대에 학교 교복 판매점에서 본 게 마지막인 작고 두툼한 장부들도 있었다. 몇 권은 물에 일부 젖었다가 마른 흔적이 보였다. 종이는 귀퉁이끼리 달라붙어 덩어리가 된데다 스테이플러 침의 녹이 밴 자국이 있었다. 사람 머리가 들어갈 만한 크기의 상자 하나가 컨테이너 깊숙한 곳에 던져지면서 받은 충격으로 쪼개져 있었다. 안에는 노트들이 더 있었고, 전후戰後의 설탕 배급표부터 오늘 아침 막 산 듯한 반짝이고 매끄러운 양장본까지 표지는 다양했다. 상자 양옆에는 명랑한 녹색 글씨로 "라이비너!* 5펜스 할인!"이라고 적혀 있었다.

다이도가 집어든 버석버석한 노트는 초콜릿처럼 바스러졌다. 그 안의 썩은 종이에는 손글씨가 가득했다. 마치 말을 액체처럼 들이부은 듯, 종이 가장자리까지 꽉 차게.

그것은 일기장이었다.

쓰레기 컨테이너 안에 있던 책 148권은 모두 일기장이었다.

---

* 1938년부터 현재까지 판매되는 병에 든 과일 음료수. 2차대전 중 비타민C 보충을 위해 어린이들에게 배급되기도 했다.

2. 라이비너 상자

— 12세

사람은 자신에 대해 5백만 단어에 달하는 글을 쓰면서, 막상 자기 이름은 밝히지 않을 수 있다.

성별도.

일기에는 이름이 무엇이고 집이 어디인지 하는 당연한 신상을 적지 않는다. 일기를 쓰는 사람은 그저 살아 있는 '나'일 뿐이다.

그러다가 죽고, 쓰레기장에 던져진다.

일기를 쓴 사람은 죽은 게 분명했다. 죽기 전엔 내밀한 일기를 태워버릴 수는 있어도, 아무나 주워갈 수 있는 곳에 버리지는 않는다.

그 일기를 발견한 후 두 가지 끔찍한 일이 일어났다.

리처드가 오스트레일리아에서 파티에 갔다가 집에 돌아오던 중, 운전사가 깜빡 졸다 차로 나무를 들이받았다. 동세대 가장 용기 있고 독창적인 석학 중 하나인 그는 아직 살아 있으나, 휠체어 신세가 되어 잉글랜드의 요양원 이곳저곳을 전전하고 있다.

몇 년 후, 25년간 내 공동 집필자였던 다이도가 췌장에 10센티미터의 신경내분비종양이 있다는 진단을 받았다. 나도 함께 진단을 들으러 갔었다. 내가 진정한 용기, 돌이켜볼 때마다 경탄하며 놀라게 되는 그런 용기를 목격한 적은 그리 많지 않다. 성경에 나올 법한 담대함을 순위로 매긴다면 나는 지역 보건의의 진료소를 나오며 다이도가 보여준 아연한 침착함을 첫째로 꼽을 것이다. "뭐, 괜찮은 인생이었지." 그녀는 말했다. "그럼, 웨이트로즈 카페에 가서 네가 쓴 부분을 볼까? 거기가 시원하거든."

몇 주 후 다이도는 집 정리를 시작했다. 일기의 주인을 찾는 작업은 그리 진전이 없었다. 이름이나 반송 주소가 없는 것은 물론, 내용에 글쓴이의 외모나 직업에 대한 뚜렷한 설명도, 친구나 친척에 대한 알아볼 만한 세부사항도 없었기 때문이다. 남에게 자신이 누군지 명확히 밝힐 때 쓰는 모든 요소가 빠져 있었다. 왜 굳이 그런 점을 적겠는가? '나'는 이미 알고 있는데.

다이도가 그 일기를 가지고 대체 뭘 할 수 있었겠는가? 경찰에 가져갈 수는 없었다. 경찰은 웃어넘겼을 테니까. 불태울 수도 없었다. 그건 범죄가 되리라.

다이도는 일기를 내게 주었다. 이제 그것은 내 일이 되었다. 나는 이 '살아 있는 책들'의 정당한 상속자가 누구인지 알아내, 돌려줘야 했다.

일기장은 상자 세 개에 담겨 있었다. 원래의 라이비너 상자에는 뚜껑이 없었다. 한쪽 면이 우그러지고 윗부분은 반쯤 닫혀, 얻어맞은 눈 같았다. 다이도 전에 마지막으로 이 상자에 손댄 사람은 이것을 내다버린 사람이었다. 겉면에는 "5펜스!"라는 광고 외에 아무것도 쓰여 있지 않았다. 포장 라벨은 없었다. 참고할 만한 주소 같은 것도 없었다. 손잡이용 구멍 하나는 반으로 완전히 찢어져 있었다.

가장 큰 상자는 얇고 평범했으며 대략 넓적다리 길이만했다. 살진 것처럼 두둑했다. 판지 틈새로 요새 나오는 현란한 색의 일기장들이 보였다.

세번째 상자는 토르소만한 크기의 캐논 이동식 복사기("예열시간 제로") 포장 상자였다. 이 반짝거리는 상자는 덕트 테이프로 묶여 있었다. 한쪽 모서리에 "케임브리지, 트리니티 칼리지, 사서 귀하"라고 쓰인 라벨이 붙어 있었다.

아마 이 일기들은 트리니티 칼리지의 교수 것이었나봐, 이런 생각이 들자 기운이 빠졌다.

가장 흥미로웠던 것은 라이비너 상자였다.

그 상자를 쓰레기 컨테이너에 내던진 사람의 손이 판지 위에서 빛나며 여전히 머물러 있는 것 같았다. 철저한 과학적 분석을 거치면 (격분한 가해자가) 상자를 내동댕이쳐 손상된 건지, 아니면 (신중하게 계산한 가해자가) 가볍게 던져넣어 손상된 건지 알 수 있을까 궁금해졌다. 나는 휴대전화 플래시로 찢어진 손잡이 구멍 안을 들여다보았다. 안의 일기장들은 닥치는 대로 쌓여 있었다. 짙은 색 대형 일기장 사이사이 포켓북이 한 권씩 끼어, 켜켜이 쌓인 층에 암석 동굴 같은 좁다란 선반 모양 틈새가 생겼다. 한쪽 구석의 얇은 양장노트 한 권은 어찌나 세게 짓눌렸는지 책등이 망가져 있었다. 여러 권이 모서리부터 썩어가며 이끼 같은 색을 띠었다. 마치 아무도 모르게 다시 나무로 변하려다가 내 눈에 발각된 것 같았다. 한 권은 표지가 오래 묵은 체다 치즈에나 피는 흰곰팡이의 규칙적인 줄무늬로 뒤덮여 있었다.

나는 손잡이 구멍에 코를 갖다댔다. 서늘하고 애절한 냄새가 났다.

라이비너 상자에는 일기장이 스물일곱 권 있었다. 내가 처음으로 꺼낸 것은 포켓북이었다. 파란색에 책등이 붉은색으로 덧대어진 장정이었다. 안에는 "덴비 커머셜 북스"라는 인쇄업체 광고가 콧수염 모양 테두리 장식 안에 들어 있었는데, 그걸 보니 중서부 지방의 산들바람에 흔들리는 광고판과 클린트 이스트우드가 카우보이 부츠의 구둣굽 소리를 내며 마을에 등장하는 모습이 떠올랐다. 첫 장에는 보라색 잉크로 판매처 정보가 찍혀 있었다. "런던, 페컴 하이 스트리트 23/5, W. 캐닝스사." 가격은 왼쪽 맨 위 구석에 연필로 적혀 있었다. £3.10.

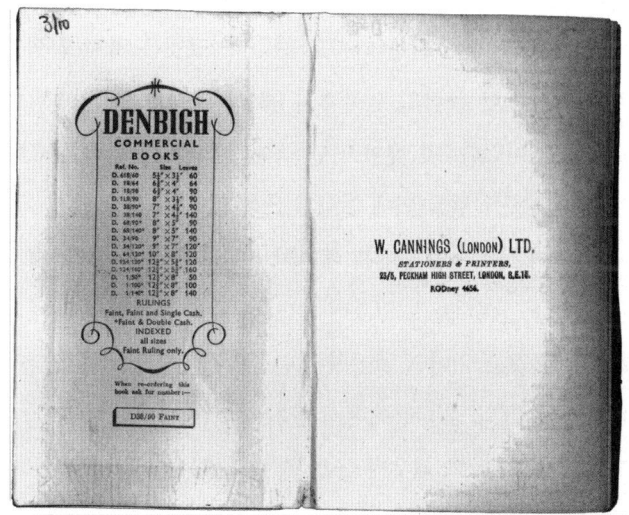

내지는 가장자리까지 글씨로 빼곡했다. 자신감 있고 여유로운 필체의 글자들은 한 줄에 여섯 단어씩 페이지의 공간을 모조리 채웠고, J와 H와 d에서 가끔 드러나는 명랑함을 제외하면

J H d

앞표지에서 뒤표지까지 거의 기계처럼 규칙적으로 계속되었다. 일기장 용도로 제작된 노트는 아니었다. 인쇄 제작된 일기장 중 이 글쓴이의 필요에 꼭 들어맞는 제품은 아무것도 없었을 것이다. 어느 날의 일기는 4천 단어에 달했다. 더 긴 날도 있었고, 빼먹은 날은 하루도 없었다. 그것은 자기 인생을 기록하려는 한 사람의 필사적인 몸부림에 급습당한 평범한 소형 공책이었다. 첫 페이지 맨 꼭대기에, 마치 전혀 중요하지 않다는 듯 각괄호 안에 연도가 쓰여 있었다. 1960년.

나는 이 사소한 부분에서 예기치 못한 감동을 느꼈다. 내가 관棺 속을 들여다보고 있으며, 그 관 끝이 지난 50년 세월의 흐릿함을 뚫고 50마일 떨어진 런던 남부에, 페컴 하이 스트리트를 걷는 그의(내 마음속에서 일기 주인은 이미 남자로 굳어졌다. 페이지를 꽉 채우며 글을 쓴 방식에는 갓 내린 눈을 지르밟는 사내아이처럼 파괴적인 구석이 있었다) 곁에 불쑥 솟

아난 것 같았다. 나는 이 관에 눈을 갖다대고 내 새로운 친구를 향해 깜빡였다. 그는 누구였을까? 그는 왜 그런 속도로 움직였을까? 그에게 '넌 결국 쓰레기장에서 끝을 맞이할 거야'라고 일러주는 뭔가가 이미 있었을까? 내 상상 속에서 캐닝스 문구점은 천장이 낮은 방이고, 내 새로운 친구가 들어서면 문 위에 달린 청동 종이 울리며 외부의 교통 소음을 흩뜨린다. 가게 한복판에 지하 매장으로 내려가는 가파른 계단이 있고, 땅딸막한 점원이 침울하게 계산대 옆에서 포장을 한다. 아직 이 일기를 한 단어도 읽지 않았는데, 일기 주인은 이미 내 마음속에 뚜렷하다. 그의 키, 중절모의 색, 기운찬 발걸음, 그의 갈색 구두가 브로그*가 아니라는 점까지(나는 브로그라면 질색이다).

캐닝스 노트는 10월 16일부터 12월 16일까지 두 달분이었고, 나중에 흥분해서 적은 듯한 첨언들이 여러 페이지의 위쪽 여백에 거품처럼 달려 있었다. 마치 노트를 말로 이루어진 물에 폭 담갔다가 콸콸 소리를 내며 건져올린 것 같았다.

표지가 뒤틀려 있다는 것을 눈치챘을 때는 너무 작은 주머니에 쑤셔넣거나 해서 구부러진 거라 생각했다. 하지만 곧 뒤틀림의 원인이 일기장 뒤편에 끼워진 작게 접힌 종이 뭉치라

---

* 신사화의 한 종류로 재단된 부분의 가장자리를 따라 장식 용도의 구멍이 점점이 뚫린 것이 특징이다.

는 것을 깨달았다. 이 일기의 작가는 노트 끝에 다다라서도 맹렬한 글쓰기를 멈추지 못하고 찢어낸 편지지 조각에 글을 쏟아부었던 것이다. 이 별도의 종이 중 한 장의 여백에 속삭임처럼 희미한 글씨로 휘갈겨적힌 것이 내가 읽은 첫 구절이었다.

Hope my diaries aren't blown up before puple can them — they had immortal value.

내 일기가 사람들이 읽기 전에 날아가지 않았으면 좋겠다.
불멸의 가치가 있는 글이니까.

캐닝스 일기는 마치 글쓰기에 혼을 빼앗긴 사람이 남긴 것 같았다. 본문의 글자들은 크고, 부드러운 연필이나 볼펜으로 빠르게 쓰였다.

다음으로 집어든 건 얇고 검은 싸구려 노트였고, 표지는 방수 재질의 인조가죽이었다. 이 노트의 글씨는 더 작았고 푸른색 만년필로 쓰였으며, 1년 뒤의 날짜부터 시작되었다.

나는 이 굶주린 생활을 계속해나가야 한다—점심은 샌드위치 하나뿐인 길고 느릿한 시간을—그리하여 이 일이 내 영혼을 채우고 지배하도록……

그는 어떤 특별한 프로젝트, 인생 최대의 역작에 매달려 있다. 하지만 그에게 대단히 중요한 다른 모든 것(이름, 성별, 주소, 외모 등)과 마찬가지로, 그는 이 프로젝트가 무엇인지 말하지 않는다. 그저 '그것'일 뿐이다. '그것'이 무엇인지 막연하게조차 설명하지 않는다. 그가 스파이나 폭탄 제작자라서 밝히기 위험하기 때문에, 혹은 '그것'이 그에게는 너무나 명백하고 너무나 중요한 일부분이라서 자신의 존재 자체와 다름없기 때문에.

나는 아주 필사적으로 생에 집착한다—내가 위대한 일을 할 수 있다고 느낀다—몸이 잘못되기라도 할까봐 몹시 두렵다. 그보다 끔찍한 일은 없다—내 재능을 세상에 바치기 전에 죽는 것은 견딜 수 없다—내 재능이 결실을 맺도록 지금껏 노력하고 고생해왔다.

어떤 부분에는 줄을 그어 지운 부분이 유독 많고, 밑줄 친 단어도 많으며 글씨도 고르지 못하다. "상처, 분위기, 나를 믿어주지 않는다!! 너무나 배고프다! 다 죽여버리겠어!"

위태롭게 살고, 위험을 감수해야 한다. 그러지 않으면 줄곧 평범한 일만 할 뿐이다…… 이제 나는 내가 할 수 있다는 것을 안다.

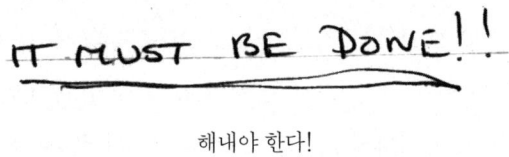

해내야 한다!

3. 가장 최근의 일기들…

꿈을 꾸었다, 피터를 두들겨패주는 꿈.
– 55세

가장 최근의 일기장에 담긴 필체는 가장 나이들었다.

이것들은 두번째 상자—넓적다리 크기만한 것—에 들어 있고, 라이비너 상자에서 찾은 1960년대 일기장들 옆에 두면 마치 에트루리아 시대 토기에 눌어붙은 풍선껌처럼 생뚱맞아 보인다. 한 권은 피시앤드칩스 가게에서 파는 으깬 완두콩 같은 분연한 녹색이고, 다른 한 권은 뽀얀 파르마 바이올렛* 색이다. 귤색 노트는 질감도 귤처럼 윤기가 돌고 옴폭옴폭 파였다. 라이비너 상자의 일기장들은 2차대전 직후의 영국 느낌이 물씬 난다. 반면, 넓적다리 상자의 일기장들은 아무리 일

---

* 영국의 유명한 단추 모양 사탕. 연보라색에 제비꽃 향이 난다.

러도 1990년대 이후의 것이다. 자동화된 화학 공정으로 제조되었다. 동남아시아에서 컨테이너에 담겨 해상 운송으로 먼 길을 여행해 왔고, 얇고 부드러운 고무 같은 질감이다. 감촉이 콘돔처럼 불쾌하다.

일기장을 살살 펼치자 면지들이 갈라졌다.

넓적다리 상자 속의 글씨 역시 앞선 시기의 일기와 다르다. 중간 굵기 펜촉에 블루블랙 잉크로 쓰였고, 볼펜은 결코 쓰지 않았으며, 꿈틀거리며 기어나오는 구더기가 연상되는 글씨다. 1960년대 일기의 글씨는 기운이 넘친다. 네 단어만으로 한 페이지의 너비를 전부 채우는 일도 있다. 더 최근에 가까운 이 일기에서 '나'는 한 줄에 열네 단어를 욱여넣는다. 글자의 높이는 펜촉 두께와 똑같다. 글자 모양도 바뀌었다. h는 종종 세로로 그은 줄 하나로 쓰이거나 ('that'이나 'the' 같은 짧고 흘려 쓴 짧은 단어들에서) 아예 생략되고, u와 d의 둥근 부분은 페니 동전처럼 납작하다. 모든 것이 꿈틀거리거나 짓눌려 있다. 하지만 처음의 충격이 지나가자 그다지 읽기 어렵지 않다.

If I was God, I would strike the people all dead.

만일 내가 "신"이라면, 사람들을 전부 죽일 텐데.

인쇄된 선과 선 사이에 두 줄이 거뜬히 들어간다.

Peter still risks having a knife stuck right through him; and the police coming up here and all that, just like with the widow lady.

피터는 여전히 칼에 찔릴 위험이 있다.
그럼 경찰이 여기 오고 한바탕 소동이 나겠지, 그 미망인 때처럼.

초기 일기에서 글쓴이가 항상 선에 맞춰, 혹은 선과 나란히 글을 썼던 반면, 여기서는 수평 방향으로 정확히 2도 기울어진다. 밧줄 같은 것에 팔이 묶여 있기라도 한 것처럼.

It was on the News that a man has been let out of prison — was wrongfully imprisoned since 1975, twenty three years; myself been shut up at Peter's for one year more;

뉴스에 한 남자가 감옥에서 풀려났다는 소식이 나왔다—
1975년 억울하게 투옥되어 23년간 옥살이를 했다.
나는 그보다 1년 더 피터의 집에 갇혀 있다.

그럼에도 이 일기를 쓴 사람이 라이비너 상자 속 일기의 주인과 동일 인물임은 의심의 여지가 없다. 글쓴이를 드러내는 것은 필체가 아니라, 절박함의 느낌이다. 어느 일기에서든 글은 이전 노트로부터 돌진해 와서, 글씨를 쓸 수 있는 맨 첫 페이지 왼쪽 꼭대기에서부터 200장을 지나 맨 뒤 백지의 마지막 몇 밀리미터에 이르러서는 내일을 향해 폭발한다. 이삿짐 인부라도 그보다 꽉 채워넣는 재주는 없을 것이다. 현란한 색의 최근 일기장에는 한 권당 15만 단어가 담겨 있고, 대략 두 달 분이므로 하루 2500단어에 해당한다. 일반적인 영국인은 1분에 30단어를 쓸 수 있다. 잠시 펜을 놓고 생각하거나 손 근육을 쉬는 시간이 없다고 가정하면, 이 사람은 자기 생각들을 종이에 떠넘기는 데 하루 평균 1시간 23분을 쓴 셈이다. 40분이 못 되는 분량은 하루도 없다. 드물게는 3시간 분량에 달하기도 한다.

줄을 그어 지우거나 머뭇거린 부분은 없다. 한두 번, 단어를 쓰던 도중 몇 글자에서 잉크가 갑자기 흐려진다. 하지만 글쓴이는 가까이에 예비 잉크 카트리지를 두었음이 분명한데, 즉시 잉크가 다시 뿜어져나오며 하루를 끌고 나가기 때문이다.

이 후기 일기 속의 인생은 공허다. '위대한 프로젝트'에 대한 이야기는 모두 사라졌다. '그것'은 언급되지 않는다. 그는 아무도 만나지 않고 아무데도 가지 않는다. '나'는 자신을 "망가졌고" "패배했고" "희생되었다"고 묘사한다. 모든 희망을 박살내는 일이 있었다. 이러한 파국은 피터라는 남자의 책임만은 아니다. '나'는 수차례 "잠으로 꽉 찬 사람들"을 비난하기 때문이다.

글쓴이는 이 피터라는 남자를 그의 "간수", "잔혹한" 사람이라 부른다.

> I just wish I could put my hands round his throat and strangle him – throttle him to death.

정말이지 그의 목에 양손을 감고 목 졸라 죽일 수 있으면 좋겠다—죽을 때까지 졸랐으면.

이 글에서 피터의 모습은 볼 수 없다. 글쓴이는 결코 그의 외양을 묘사하지 않는다. 냄새는 맡을 수 있다. '나'는 그에게 "구린내 피터" "냄새 고약한 피터"라는 딱지를 붙인다. 이따금, 특히 밤이면, 그가 내는 소리를 들을 수 있다. 그의 발소리가 삐걱거리며 아래층 복도를 지나고, 집 뒤편에서 덜그럭대는 소리와 물 내리는 소리가 난다. 그가 화장실에 다녀온 것이다.

It is still a riddle to me, how all the stink of his wickedness comes up to the back landing when he has a crap — if it comes up through the drainpipes or the ventilators or what. Or if the smell seeps out of his bedroom from the pipe to his washbasin.

여전히 내게 수수께끼인 건, 그가 똥 눌 때 변소의 악취가 어떻게 전부 뒤쪽 층계참으로 올라오는가 하는 것이다. 하수관이나 통풍구를 타고 올라오는 건지 뭔지. 아니면 냄새가 세면대 관을 통해 그의 침실에서 새어나오는 건지.

때때로 피터는 '나'의 방에 기어든다. 그다음에는 믿기 어려운 일이 벌어진다. 그는 '나'의 소지품을 훔친다! 책, 소중한 편지, 일기장까지도. 그러고는 정원에 훔쳐낸 물건들을 쌓아놓고 불을 붙인다.

I think Peter must have burnt all E's photos, and a lot of the music — took advantage when I was in hospital.

피터가 E의 사진 전부, 그리고 악보 여럿을 불태운 게 틀림없다—내가 병원에 있던 틈을 타서.

대체 무슨 일일까? 글쓴이는 왜 이런 혐오스러운 행동을 막지 않는 걸까?
피터는 가증스러운 사람이다.

He seems indestructible, like Nelson Mandela.

그는 무찌를 수 없는 인간 같다, 넬슨 만델라처럼.

4. 납작 얼굴

> 예순 살 즈음 힘겹게 싸워온 인생을 돌이켜보며,
> 다방면의 재능과 대단한 아름다움을 지녔는데도
> 무엇 하나 이루지 못했음에 깊은 슬픔을 느낄지 모르겠다.
> – 22세

 넓적다리 상자에 든 일기장 중 여섯 권은 '맥스-벨' 마크가 찍힌 연습장인데, 접힌 중앙선을 따라 스테이플러를 찍은 제본이고, 종이는 귀리 비스킷 같은 재질이다. 이 따분한 얇은 노트들의 색은 라틴 교과서처럼 물 빠진 푸른색이다. 각 노트 뒷면에는 단위환산표가 실려 있다. 천의 폭($2\frac{1}{2}$인치=1네일*), 풀 '한 다발'의 양(묵은 건초 56파운드, 햇건초 60파운드, 짚 36파운드), 그리고 내가 가장 좋아하는, 약품 조제시 '약재상용' 무게 단위, 20그레인=1스크루플.**

---

* 천의 길이를 재던 옛날 단위. 약 5.715센티미터.
** 1.296그램.

　안에는 파란 잉크로 슥슥 그린 연재만화가 있다. 한 페이지에 두 칸에서 여덟 칸 사이다. 요즘 같으면 그래픽노블이라 불릴 것이다. 장면마다 크기는 다양하고 하나같이 테두리가 쳐져 있다. 이야기 속 인물들은 망토 차림이며 번번이 학대당하거나 충격받은 모습으로 등장한다. 얼굴은 뒤틀려 있다. 하지만 어떤 상황인지는 도저히 알 길이 없다.

　서사는 확실하게 진행되지 않는다. 마치 멜로드라마적인 인형극단을 찍은 순간포착 사진을 늘어놓은 것 같다. 빠짐없이 등장하는 유일한 인물은 중성적이고 코뿔소처럼 큰 코가 달린 얼굴이다.

이 얼굴은 언제나 왼쪽에서 본 각도에 아래로 기울어진, 조금 비스듬한 옆모습으로 그려진다. 만화의 모든 칸에 등장하며—총 2천 회를 훌쩍 넘는다—항상 동일한 방식으로, 아홉 개의 기본선으로 그려진다. 이마는 선 하나, 커다란 코는 선 둘, 깐깐한 윗입술은 선 하나, 턱과 하관은 아랍 문자와 좀 닮은 꿈틀거리는 선 하나로 표현되고, 내리그은 선 하나가 보조개를 표현하며, 세 번의 빠른 손놀림이 눈이 된다. 머리칼(가끔은 말쑥하고, 가끔은 헝클어져 있다)은 꼭대기에 직직 긋거나 구불거리는 선들이다. 가발 쓴 넙치처럼 납작한 이 얼굴에는 대개 별 표정이 없다. 사근사근한 인자함의 화신처럼 보인다. 가장 흥분한 순간조차 시적으로 승화된 고통을 나타낼 뿐이다. 몸이 달려 있기도 하고, 없기도 하다. 어찌나 되풀이해서 나오는지 나중에는 보기만 해도 기분이 나빠진다.

이 납작 얼굴의 이름은 (보통) 클래런스다. 루바브나 포바브나 존일 때도 있다.

이따금 그는 감옥에 있다.

감방 농료 둘과 함께인데, 턱이 캐서롤 냄비처럼 생긴 '키퍼'와……

얼굴이 쭉쭉 늘어나는 흉물스러운 인간 '워풀'이다.

납작 얼굴 '클래런스'는 과거에 산다. 때때로 그는 감옥에서 나와 선술집에 행차해 어려운 수학 질문을 받고……

"2 더하기 2는 뭐지?"

……대답하느라
고심한다.

 이름이 '존'일 때 납작 얼굴은 만화가 그려진 시기인 1960년대 초에 살고 있다. 현대를 배경으로 한 이 장면들에서 '존'은 마티니를 들고 근사한 덱체어에 누워 있기도 한다.

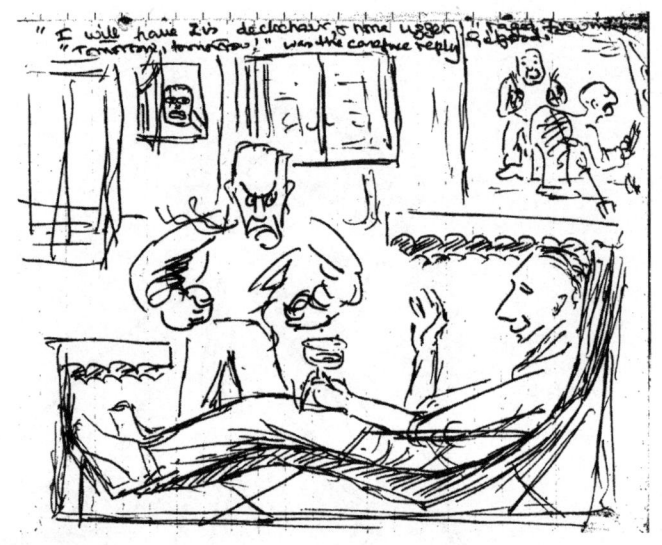

"난 이 덱체어를 가져야겠어, 다른 건 안 돼." 어원이 화를 냈다.
"내일, 내일!" 태평한 대답이 돌아왔다.

그는 어쩌다 이 의자에 들어앉았을까? 어원(알고 보니 그는 납작 얼굴의 형제였다)은 왜 독일어 어투로 말하는 것인가?* 공중에 떠 있는 두 사람은 뭘 하는 중인가, 당근 심기? 언제부터 덱체어에 발 덮개가 달려 있었던가?

'클래런스'일 때 납작 얼굴은 왕이 되기도 한다……

---

* 원문에서 어원의 대사는 "I will have zis deckchair, & none uzzer"로, 독일식 영어 발음을 흉내내고 있다.

……그 자리가 썩 달갑지는 않은 모양이지만.

다른 장면에서 납작 얼굴은 살날이 얼마 남지 않은 듯하다.

이 이야기는 결코 제대로 진행되지 않는다. 납작 얼굴이 끝없이 등장할 뿐이다. 15쪽이나 20쪽 정도 넘어갈라치면 만화가 갑자기 끊기고 한 면 가득 이 심란한 옆얼굴들이 채워진다.

그제야 직성이 풀린 듯, 글쓴이는 다시 이야기를 이어간다. 이것은 연재만화가 아니라, 한 얼굴에 얽매인 실패한 서사

도입부들의 연속일 뿐이다. 하지만 누구의 얼굴일까? '나' 본인의 얼굴이 아닌 것은 분명하다. 이렇게까지 자기 집착적인 사람이라면 자기 얼굴을 다양하게 그려보려고 하지, 하나로 고정해버리지 않는다. 이 얼굴은 어떤 사람이나 사물의 상징이다. 몇 년이 지나면 그림문자로 진화하여 중국 한자의 대열에 끼어들 것이다.

'나'가 아홉 개의 기본선에 그치지 않고 클래런스가 정면으로 독자를 바라보도록 한 경우가 딱 하나 있다. '나'는 이때 처음이자 마지막으로 색깔을 사용하여 폭로에 경악스러움을 한층 더한다.

5. 토르소 상자

> 두 가지 강박이 있다—내가 작가가 되리라는 것,
> 그리고 내가 질식하리라는 것.
> – 21세

2005년, 나는 케임브리지를 떠나 서퍽에 사냥터 오두막을 임대했고, 일기장들은 간이 부츠 거치대가 되었다. 2006년, 여자친구 플로라와 나는 런던으로 가 어느 피아니스트의 빈집을 관리해주게 되었다. 토르소 크기의 프린터 상자는 칵테일 테이블이 되고, 넓적다리 크기의 상자는 의자로 쓰였다. 기우뚱해서 아무짝에도 쓸 수 없는 라이비너 상자는 스타인웨이 피아노 아래 처박혔다.

2007년, 다이도는 췌장 신경내분비암이라는 진단을 받았다. 2009년에는 암이 전이되었다.

나는 25년간 다이도와 알고 지냈다. 처음 만났을 때는 우리 아버지가 죽어가고 있었고, 내가 그 일을 겪어내는 동안 다이도는 나를 지켜보았다. 나는 스물한 살이었고 멍청했다. 다이도는 열두 살 위였다. 그녀는 나를 키우고, 내게 생각하고 글쓰고 존재하는 법을 가르쳤다.

췌장 신경내분비암은 스티브 잡스를 죽음에 이르게 한 바로 그 암이며, 덕분에 그는 아이패드와 아이폰을 개발할 수 있었다. (당시 거의 모든 신문에서 주장했듯) 일반적인 췌장암이었다면 그는 맥북이 나오기도 전에 죽었을 것이다. 신경내분비종양은 아주 서서히 진행될 수 있다. 전이되지 않는다면, 암을 그냥 지닌 채 자연 수명을 다하는 이들도 있다.

다이도의 종양은 간에 씨를 뿌렸다. 혈액에는 그 홀씨들이 가득했다.

다이도의 지역 병원 전문의는 밥맛없는 놈이었다. 환자를 괴롭히고 겁을 주었다. 나는 다이도가 런던의 로열프리병원으로 옮겨 치료받을 수 있도록 손을 썼다. 신경내분비암 분야의 유럽 최고 기관이었고, 정밀 검사까지는 6주를 기다려야 했다. 그 기간을 열흘로 줄이기 위해 나는 매일 아침 전화기를 붙들고 있어야 했다. NHS*는 제대로 몰아세우는 법만 알면 훌륭한 기관이다. 항암 식단을 연구해야 하고, 운동 프로그램을 알아봐야 하고, 캘리포니아에서 100밀리리터 한 병에

---

* 영국의 국영 의료 서비스.

95달러씩 하는 고흡수성 리포솜 커큐민을 주문해야 하고(나중에 알게 되었는데, 제조자는 살인 혐의로 쫓기는 사람이었다), 이스탄불에서 전동 석류 착즙기를 들여와야 하고, 스웨덴에서 발표되어 탁월한 연구자 평가를 받았지만 잘 알려지지 않은 치료법을 조사해야 했다. 그러고 보니, 왜 아직 이 얘기를 하고 있는 거지? 넘어갔어야 하는데……

플로라와 내가 런던 집에 머무르던 5년 동안, 상자들은 이따금 내 눈에 띄었고 그때마다 나는 언짢은 심정으로 내용물을 기억해냈다. 그 끔찍한 얼굴, 흘려 쓴 오종종한 글자들, 미지의, 어쩌면 불가지의 인류적 과업을 향한 '나'의 운명과 헌신, 그에 뒤이은 모든 계획의 파국적인 실패. 몇몇 일기장의 번쩍이는 오렌지색과 진한 연두색 표지에도 불구하고, 내게 그 물건들은 흐릿하게만 여겨졌다. 그 상자들 속 일기를 향한 나의 감정은 M.R. 제임스*의 이야기에 등장하는 유령에게 느끼는 감정과 같았다. 오싹하지만 부재하는 힘, 선함이라곤 없지만 사악하지도 않은. 일기장들은 다이도가 건강했던 시절의 증표였다. 그것들은 그녀가 죽어가고 있을지 모른다는 사

---

* 1862~1936. 영국 중세 연구자이며 케임브리지 킹스 칼리지와 이튼 칼리지의 학장을 지냈다. 친구와 학생들에게 읽어주려 쓰기 시작한 그의 유령 이야기들은 종래의 고딕 클리셰에서 벗어나 있어 출간된 뒤 널리 인기를 끌었고 후대 작가들에게도 영향을 주었다.

실을 강조했다. 그렇기에 밉살스러웠다.

이따금 나는 스타인웨이 피아노 밑으로 기어들어가 라이비너 상자를 들여다보았다. 하지만 일기장들을 살펴보지는 않았다. 피아노 다리 사이로 다시 빠져나오며 나는 헤어날 수 없는 늪에 빠질 뻔했다는 가벼운 철렁함을 느끼곤 했다.

2011년 플로라와 나는 다시 이사해 노퍽의 그레이트스노어링으로 갔고, 그즈음에는 일기장들을 까맣게 잊고 있었다. 상자 세 개라고 해봤자 집주인이 바뀔 때마다 내가 말리의 쇠사슬*처럼 끌고 다니는 천여 개의 상자에 세 개가 더해졌을 뿐이었다. 나는 그것들을 다른 상자들과 함께 밴 뒤에 쑤셔넣었다가, 새집에 도착하자 닭과 오리들 한복판에서 끌어내 창고에 떨구었다.

그 순간 라이비너 상자가 왈칵 열리며 일기장 스물일곱 권이 쏟아져나왔다.

그중 한 권에서 피바다가 펼쳐졌다.

콜린스 '스리 데이 로열 다이어리' 노트는 청록색 표지에 통감자 구이보다 클까 말까 했고 확 쥐어서 짓뭉개기라도 한

---

* 말리는 찰스 디킨스의 소설 『크리스마스 캐럴』에 나오는 유령으로, 생전의 욕심과 이기심이 만들어낸 쇠사슬을 끌고 다닌다.

듯 책등이 반쯤 주저앉아 있었다. 나는 그레이트스노어링의 양계장을 돌아다니면서 직접 다양한 방식으로 노트를 쥐고 흔들며 시험해보았다. 그런 식으로 눌린 흔적이 남으려면 왼손이어야 했다. 내가 상상하기로는 전도사가 복음서를 그러쥐고 카우보이들에게 열변을 토할 때 취할 법한 자세였다.

표지 안쪽에 인쇄된 유용한 정보란에는 새해 첫날이 '그리스도 할례제'라고 나와 있다.

여기서도 역시, 일기 주인의 글씨는 글을 기입하는 부분이 본격적으로 시작되기 여러 장 전부터 내달려 들어간다.

11월 19일 수요일
거의 온종일 그림을 그렸다. 어쩌면 지금껏 그렸던 것 중 최고일지 모르고, 무엇보다도 반 고흐와 비슷하다.

그리고 126쪽이 넘어가고 4주가 지나, 글자를 쓸 수 있는 마지막 장 아랫부분에서 "불길한 예감을 느끼며 그녀가 가는 것을 지켜보았다……"라는 말이 튀어나온다.

그 사이에서, '나'는 칼부림을 묘사한다.

> to my horror, — a sudden burst Then,
> of blood rushed from my body
> Ran about, outside The house
> calling for Nizzy desperately.

그때 끔찍하게도 내 몸에서 왈칵 피가 뿜어나왔고
집 안팎을 뛰어다니며 필사적으로 니지를 불렀다.

> never lost so much so suddenly before
> in my life,

[피를] 그토록 많이 그토록 갑작스레 흘린 건 난생처음이었고,

> felt terribly afraid

지독하게 겁이 났다.

누가 그를 찔렀을까? 왜? 니지는 누구인가? '나'는 말하지 않는다. 그는 집밖에 있나? 길가에서 피를 흘리고 있나? 정원에서? 그가 상처를 부여잡고 암석 정원을 뛰어넘는 광경이

떠오른다. 시간은 몇시일까? 아침 일찍 일어난 일일 수도 있는데, '나'가 파자마 차림이라고 적었기 때문이다. 하지만 그가 화가임을 감안하면 하루 중 어느 때일 수도 있다.

이 극적인 에피소드를 적는 동안에도 질서정연하고 일정하게 간격을 띄운 '나'의 필체는 전혀 변함이 없다. 도리어 글에 침착함이 깃든다. '나'는 자신에게 "수혈"이 필요할 거라 예상하고, 병원에서 미리 준비를 갖추고 장비를 설치할 수 있게끔 전화해두기 위해 신중하게 집으로 돌아간다. 하지만 전화기 옆 전화번호 목록이 제자리에 없다. 전화선이 끊긴 것만큼이나 심각한 일이다. "거듭된 좌절"에 흐느껴 울며 '나'는 전화번호 목록을 찾아 사방을 뒤진다.

그러다 별안간 질풍이 뚝 그친다.

출혈이 멎는다. 니지가 집에 돌아오는데, 알고 보니 니지는 그의 어머니다. "이따금 그러듯 걷잡을 수 없이 울며" 그는 어머니에게 피 이야기를 한다. 니지는 그가 "쓸데없이 야단을 떤다"고 한다.

비밀에 싸인 우리의 일기 작가는 칼에 찔린 것도, 손목을 긋거나 창문으로 떨어져 온실에 추락한 것도 아니었다. 그는 "내 성별의 문제"로 괴로워하고 있다.

이 불쌍한 사내는 저주받았다.

그는 여자다.

6. 저주의 장

나는 사랑하도록 그리고 예술가이자 여자로 살도록 태어났다
정말로 굉장히 여성스러운 성격이다.
립스틱을 바르고 비명이나 질러대는 건 아니지만.
– 21세

여자의 생각을 들여다보고 싶었던 적 없는 남자가 있을까?

내가 일기에 도로 관심을 갖게 된 건 우울함과 시기적절함 때문만은 아니었다. 에로티시즘 때문이었다. 나는 일기를 다시 들여다보고 싶어 안달이 났다.

'여자인 내가 혼자 서성거릴 때 무슨 생각을 하는지 알고 싶다고?' 일기 주인은 이렇게 말하는 것만 같았다. '편히 기대고 앉아. 귀를 기울여. 그 답은 148권 분량이니까.'

일기를 읽고 나면 나는 테이레시아스처럼 될 터였다. 뱀에게 물린 후 7년간 여자 몸으로 살았다는 그리스 예언자 말이다. 제우스가 여자와 남자 중 누가 섹스에서 더 큰 기쁨을 느끼느냐고 묻자, 테이레시아스는 여자가 느끼는 쾌락이 아홉

배나 크다고 답했고, 즉각 헤라의 손에 눈이 멀었다.

이 일기를 연구하면 눈이 멀 만한 가치가 있는 비밀들을 알게 되리라.

나는 그레이트스노어링의 서재 커튼을 치고 문을 닫고는 홀로 틀어박혔다. 맨 처음 '나'가 나를 데려다줄 장소는 어디일까? 침실?

충격적이게도 그곳은 화장실이었다.

'나'의 저주는 열네 살 때 시작됐고, 스무 살 때는 인생을 송두리째 장악해 가장 심할 때는 한 달 4주 중 3주를 망쳤지만(일주일은 두려움으로, 일주일은 고통으로, 일주일은 진이 다 빠져서) 치료가 필요할 만큼 심각하게 여겨지지는 않았다.

> 이내 복통이 찾아들었다. 격심할 때만큼 고통스럽지는 않지만 괴로웠다. 내가 겪어본 통증 중 최악인 건 분명하다. 약을 먹고 바닥에 무릎을 꿇은 채 통증이 지나가기만을 기다렸다.

내가 마땅히 해야 할 일은 상자 세 개를 모두 케임브리지 경찰서로 가져가, 주인이 나타나지 않으면 어느 정도 시간이 지난 후 소각하는 것임을 잘 알고 있었다. 그 밖의 행동을 한다면 나는 변태였다. 점잖은 인간이 아니었다. 이런 상황에 처한 여자를 세상이 쳐다볼 권리는 없다. 글쓴이가 묘사하는 방식만 봐도 누가 내용을 알게 되리라고는 결코 예상치 않았고 원치도 않는다는 점이 이미 명확히 드러났다. 전기傳記에 싣는 건 말할 것도 없고.

나는 가슴을 두근대며 난롯불을 피우고 안락의자에 푹 기대 계속 읽어나갔다. 내 손에 들어온 행운을 믿을 수 없을 지경이었다.

시기적으로 앞선 일기들에서, '나'가 들려주는 월경 이야기는 내가 노숙인 쉼터에서 일했을 때 마약중독자들이 헤로인을 맞으면 어떤지 이야기해줬던 것과 똑같다. 월경이 찾아오면 황홀감이 들었다. 일요일 아침 눈을 떠, 이미 중천에 걸린 해를 보고도 일어날 필요가 전혀 없음을 깨닫고 다시 꿈속에 빠져드는 것처럼.

몹시 따스하고 졸린 기분이었다. 생리 때면 찾아오는 일종의 건전한 졸림. 아침엔 모든 것이 무척 아름답고 나 자신도 아름답다고 느꼈다. 남자들은 매력적으로 보인다.

저주가 찾아오기 한 주 전이 되면 그녀는 남자들이 우는 게 보고 싶어진다. 남자들이 달랠 길 없는 비탄에 휩싸여 무릎 꿇은 모습을 그린다. 한번은 이 생리 전 주간에 식스폼 칼리지*로 가는 버스 안에서 흥미진진한 몽상에 정신이 팔린다. 한 소녀가 '소유욕이 강하고 질투가 심한 후견인 아래서 지내고 있는데, 후견인은 소녀를 젊고 미남이지만 소녀가 사랑하지 않는 남자와 결혼시키려는' 내용의 오페라를 상상하고 있었다.

---

* 16세에서 19세까지의 학생이 고등교육 입시준비를 위해 다니는 학교.

호르몬에 사로잡힌 일기 작가는 버스에 타고 있는 내내 앞으로 흥미로워질 이 소녀의 상황에 몰두했다. 후견인이 화가를 고용해 소녀의 초상화를 그리게 하고, 화가가 그녀에게 손대거나 말 거는 것을 금한다고 상상한다. "하지만 열정 넘치는 화가는 언제까지나 입을 다물고 작업하지는 못한다……"

후견인의 발소리가 들리자 둘은 후다닥 원래 자리로 돌아간다. 〔화가는〕 붓에서 물을 뚝뚝 떨구며 성큼성큼 걸어간다.

그런데 소녀를 데리고 달아나려는 이 유혹적인 예술가의 생김새를 '나'가 마침내 보여주는 순간에는 크게 놀라고 만다. 풍성하게 늘어진 금실 은실로 수놓은 비단과 벨벳 가운데 드러누운 그의 모습은 삶은 두꺼비가 떡 버티고 있는 것 같다. "못생긴 편이며 머리털이 붉은 중년의 보헤미안, 약간 퉁퉁하다."

다음날 아침 출혈이 시작됐다.

생리 때문에 전반적으로 기운이 없다. 부엌 창으로 수선화와 정원의 아름다움을 내다보며 라디오로 베토벤을 들었고, 출혈이 상당할 때만 드는 깊고 통렬한 슬픔을 느꼈다. 신체 상태가 사람에게 미치는 영향은 이처럼 엄청나다. 덕분에 나는 직업도 전망도 없으며 완전히 침체되었는데도 명랑하다.

1960년, 월경주기의 패턴이 달라졌다. 글쓴이를 황홀케 하던 요소는 사라지고 과정 전체가 혐오스러워졌다. 곧 닥쳐올 저주를 알리는 월경 전의 긴장감이 살 주변에 맴돌고 방광을 누르고 복부에서 커지며 터질 순간만을 기다렸다. "육체와 영혼의 체증!"이었다.

남자인 주치의는 걱정할 만한 증상은 하나도 없다고 말한다. 그저 여자가 되는 거라고. "성숙해진" 거라고, 의사는 역겹게 중얼거린다.

온 인류가 나를 미치도록 짜증나게 한다. 습관적인 예의범절이 진짜 격분을 아주 얇게 덮고 있을 뿐.

그러다가 "체증"이 터지는데, "예정 시각 30분 내"일 때도 있지만 며칠씩 늦거나 이를 때도 있었다. 한번은 고용주의 그랜드피아노로 모차르트 소나타를 연주하던 도중 월경이 시작됐다. 버스를 타고 창에 비친 자기 모습을 바라보며 베르사유에 있다는 상상을 하다가 월경이 시작된 적도 있다. 순식간에 나이아가라폭포 위에 앉아 있게 된 것이었다.

다시 피가 흘러나왔을 때 오늘은 도저히 견딜 수 없을 것 같다고 느꼈다. 꼭 통증이라고 할 수는 없는 일종의 메스꺼움, 아니면 뱃속의 현기증이나 몸 전체의 뒤흔들림. 너무나 기력이 빠져 이래서야 어떤 일자리에도 붙어 있지 못할 것 같지만, 어쩌겠는가? 이것 때문에 아무것도 못하고 한 주를 날렸다. 일도 못하고, 아무것도……

생리 때 시험이라도 치게 되면, 고생이었다. '나'가 주의를 기울여야 하는 일 혹은 세심한 기계적 작업을 해야 하거나 화장실이 5분 이상 떨어진 곳에 머물러야 하면, 큰일이었다. 여학생들이 아침에 일어나는 것만 해도 놀라운 일이다. 학교에 가고 시험에서 남학생들 코를 납작하게 만들긴 고사하고.

스무 살에서 스물다섯 살까지는 글쓴이가 뭔가를 해보려 할 때마다 대자연이 발을 걸어 넘어뜨리고는 네댓새 동안 복부를 때려댔고,

어찌나 쇠약한 기분이 드는지. 고통을 끌어안는 것밖에 달리 할 수 있는 게 없다.

머리를 쥐어박고.

지독하게 어질어질했다. 초점을 똑바로 맞추는 것조차 못할 것 같았다.

귀를 찔러대고,

천천히 우체국까지 걸어갔다. 오늘은 감각이 과민해져 지나가는 차들의 소음을 도저히 견딜 수 없었고, 소리를 참을 수 없었다.

내장을 잡아채고,

자궁이 쑥 내려앉는 고통과 불쾌감.

심장을 멎게 했다.

아침에 일어났지만 이내 복통과 뒤이어 어지럼증이 엄습했다. 통증은 극심했다. 블라우스 단추를 풀고 온몸에서 땀을 흘리며 흐트러진 침대에 실신 상태로 아무렇게나 드러누워 있었다. 한 시간쯤 지나자 진통제 약효가 들어 통증이 가셨다. 그후엔 추워서 스웨터를 껴입고 뜨거운 물주머니를 준비했다. 그 끔찍한 시간이 지나고 도로 침대에 누웠는데, 몹시 졸렸고 맥박이 유난히 낮았다.

10월이 되자 그녀는 학교에서 "추한 감정들"을 키우기 시작한다.

범죄를 저지르고 싶다는 욕망이 이상할 정도로 들고, 까딱하면 저지를 것도 같다. 누군가를 공격하고, 협박하고, 때리고, 칼로 찌르고 싶기까지 하다. 외투보관소의 외투들을 불태우고 싶다. 물건들을 부수고 싶다.

그녀는 여러 차례 직업과 친구를 잃는데, 그중엔 남자친구가 될 뻔했던 사람도 둘 있다. 저주는 휴가를, 수면을, 식사를 망쳐놓지만, 놀랍게도 그녀는 결코 자제력을 잃지 않는다. 잘못된 건 아무것도 없다는 듯 침착한 표정으로 거리를 걷는다. "드러내지 말 것, 그건 올바르지 않으니까." 참으로 불굴의 의지를 지닌 인물이다.

아무래도 난 월경에 대해서는 미신적으로 구는 것 같다. 그건 전적으로 여성만이 겪는 일이고, 코감기와는 달리 불가사의하기 때문이다. 확실히 생리중에는 다른 어떤 병에 걸렸을 때보다, 홍역에 걸렸을 때보다 더 심하게 몸이 아픈 기분이다. 이 고통은 여자들이 짊어진 짐이겠지. 하지만 원래부터 고통스러운 것일 리는 없는데, 자연스러운 현상이니까. 땅과 가까이 사는 사람들은 그리 심하게 겪지는 않을 것 같다. 농부나 야만인 같은 이들.

'나'는 평생 450여 차례의 저주를 겪고, 36리터에 달하는 체액과 점막을 잃는데, 이는 온몸의 피를 여섯 차례 몽땅 흘리는 것과 맞먹는다.

일전에 나는 주유소에서 실험해보았다. 레버를 손잡이에 닿을 정도로 꾹 그러쥐고 노즐을 완전히 열면, 내 혼다 시빅에 36리터를 주유하기까지 1분 12초가 걸린다. 주유소 앞마당을 모조리 날려버리기에 충분한 양이다.

방광과 창자의 활동은 온통 구역질난다는 생각이 들고, 그런 기능을 창조해내다니 자연은 엄청난 악취미가 있는 것 같다.

7. 워

— 18세(?)

오후 내내 이 일기 작가를 연구한 후, 나는 일기장을 죄다 각 상자의 원래 있던 자리에 그대로 넣었다. 위대한 프로젝트—**해내야 한다!!**는 그것—에 대한 이야기가 있는 오래된 캐닝스 일기는 라이비너 상자에, 진부한 살기가 어린 현란한 색의 최근 노트들은 넓적다리 상자에. 그리고 그림 연습장 일곱 권. 내겐 상자 속 일기장들의 순서를 보존하는 게 극히 중요하게 여겨졌다. 마치 일기 주인에 대한 생생하고 아직 알 수 없는 뭔가가 일기장들의 배열에 담겨 있기라도 한 듯.

만화가 그려진 맥스-벨 연습장 첫 권을 제자리에 돌려놓으려던 차에 나는 클래런스가 누군지 알아차렸다. 마지막으로 페이지를 훌훌 넘겨보다가, (여기서는 이름이 '클래런스'인)

납작 얼굴이 감옥에서 나와 수도원 안뜰을 거니는 영문을 알 수 없는 에피소드에서 멈췄다.

다른 한 캐릭터의 이름은 브래큰버리였다. 브래큰버리와 클래런스? 잠깐, 이거 셰익스피어 아닌가? 맘지 포도주? 클래런스는 맘지 포도주 술통에 익사해 살해당한 클래런스 공이 틀림없다. 납작 얼굴이 키퍼와 워풀과 함께 머무르는 방은 그러니까 런던탑의 사형수 감방이다.* 그렇다, 맞다! 여기 나와 있다. 「리처드 3세」…… 클래런스 공: 왕의 동생. 로버트 브래큰버리 경〔가운데에 c를 넣어 Brackenbury라고 쓴다〕: 런던탑 관리관…… 그리고 등장인물 목록의 마지막 이름, 호화로운 단역들이 총집합한 곳의 맨 끝을 보라. 주교들, 주州 장관들, 시민들, 군인들, 전령들, 살인자들, 감옥의 간수 키퍼―턱이 캐서롤 냄비처럼 생긴 소년.

---

* 셰익스피어의 희곡 「리처드 3세」에서, 에드워드 4세 시절 "G가 에드워드의 후계자들을 살해하리라"라는 예언 때문에 왕의 동생 클래런스 공 조지(George)는 런던탑에 갇힌다. 이후 그는 동생 글로스터(Gloucester) 공 리처드의 음모로 살해당한다.

('웨사'는 '엉덩이'를 가리키는 '나'만의 단어인 듯하다.)

만화에 브래큰버리가 등장한 직후 내 추측은 사실로 밝혀진다. 왜냐하면 놀라우리만치 로런스 올리비에를 닮은 리처드 본인이 나타나기 때문이다.

바로 그거다! 이 기묘한 인물들은 로런스 올리비에 감독의 1955년 영화 〈리처드 3세〉의 배우들이다. 텅 비고 각진 거리 장면이 나오고 올리비에가 도마뱀 같은 왕을 연기한 작품. 클래런스 역의 배우는 존 길구드다.

만화에서 시대가 당황스럽게 급변하는 것은 현대 장면들은 무대 밖의 존 길구드를 그렸기 때문이다. 예를 들어 형제 어원네 화장실에 가려고 기다리고 있을 때처럼.

어원: "빌어먹을, 존, 그놈은 가버렸고 『오만과 편견』을 슬쩍했어,
게다가 그놈이…!!"
존은 공감해주기보다 오히려 재미있어했다.

혹은 알egg(여자를 가리키는 '나'의 단어)에게 쫓길 때도 있다.

"당신과 데이트하고 싶어요, 조니." 알이 말했다.

일기장의 어린 주인은 존 길구드에게 홀딱 반해 있다. 배우의 얼굴에 변화가 없는 건 그 그림이 완벽한 표상이기 때문이다. 아홉 개의 선과 솟아난 머리칼은 사랑의 상형문자다.

일기에 적는 걸 잊었는데, 월요일 밤, 아니 화요일 새벽이라는 편이 맞겠지만, 클래런스가 나오는 근사한 꿈을 꾸었다. 그는 갈색 가운을 입고 바닥에 누워 소매에 머리를 묻은 채 흐느끼고 있었다. 모호하고 c느낌*[흥분된다는 의미]이고 멋진 꿈. 할일이 많아 짜증난다. 휴. 연애 놀음이나 했으면!

그후에 발견한 연습장과 수첩에는 길구드에 대한 소설 습작들이 담겨 있다. 격정적인 이야기다. 사건은 시종일관 '갑자기' 일어난다. 사람들은 번번이 갑작스러워한다. 페이지마다 수차례 서술자의 손이 튀어나와 독자의 얼굴을 찰싹 때린다.

존은 여전히 속상했으므로 드라이 마티니를 제법 마셨다. 어쩌면 지나치게 마셨는지도 모른다. 마음을 달래는 술과 명랑한 주변 분위기 덕에 상처받은 감정과 자기혐오가 녹아내리기 시작했다. 어윈 역시 이제는 아주 명랑했고, 매 순간 점점 더 싹싹하고 호쾌해지고 있었으며, 줄곧 플로렛 블래비지의 시중을 들었다. 알고 보니 그녀는 새우 올리브 콩포트를 대단히 좋아하고 혼합 칵테일을 굉장히 즐겼다. 알은 술기운이 돌자 사뭇 우쭐거리고 자비로워졌다.

---

* 일기 주인이 만들어낸 자기만의 표현. 19장 참조.

"여러분, 들어보세요. 길구드 씨가 우리를 위해 연주를 해주신다는군요. 멋지지 않아요?"

존은 베토벤의 소나타 악보집 한 권을 집어들었다. 연주할 부분이 저절로 펼쳐졌다.

"악보가 정말 지저분하군요." 플로렛 블래비지가 지적했다.

"운지법을 적어놓아서 그렇답니다." 발〔존의 다른 형제, 이 소설 속에서도 그렇고 실제로도 그렇다〕이 일러주었다. "이 곡을 많이 연습했거든요."

존은 그들에게 미소 짓고는 보면대에 악보집을 올렸다. 그가 굶주린 듯 건반 위로 손을 뻗었다. 그러고는 연주를 시작했다.

소박하고 섬세하며 노래하는 듯한 멜로디가 마술적인 분위기를 띠며 피아노에서 음악감상실로 흘러나왔다. 플로렛 블래비지의 냉소적인 웃음이 사라졌다. 클룬스〔앨릭 클룬스, 영화 〈리처드 3세〉에서 헤이스팅스 역이었다〕는 열중해서 몸을 앞으로 내밀었다. 갑자기 베이커도 귀를 기울였다. 어윈은 얼굴을 찌푸렸다. 존으로 말할 것 같으면 그는 그들의 존재를 모두 잊고 자신의 고민거리도 잊은 채 소리의 마법에 사로잡혀 흑백과 형언할 수 없는 색채들과 무한의 세계에 있었다. 연주는 부드럽고 꿈결 같았다. 그러다 돌연 연주가 달라졌다. 거칠고 열정적으로 변했다. 존도 마찬가지였다. 일동은 모두 화들짝 놀랐고 일종의 충격을 느꼈다. 어윈은 이제 얼굴을 찌푸리지 않았다. 결국 존의 연주는 나쁘지 않았다. 뛰어나다 해도 좋을 정도였다.

그러다가 첫번째 테마가 되돌아왔다. 마치 머나먼 곳에서, 기나긴 세월을 뚫고 들려오는 전설 같았다. 마술적이고 신비로웠다. 존의 연주가 곡에 그런 특성을 부여한 것이다.

아무도 플로렛 블래비지에게는 전혀 주목하지 않았다. 알은 온 마음을 다해 존 길구드를 응시하고 있었다. 커다란 눈으로 그의 얼굴을 훑었다. 그녀의 눈길은 그의 곱슬거리는 머리, 커다란 코, 단단한 입매, 길구드 집안 특유의 준엄한 윤곽을 따라갔다.

"길구드 씨!" 별안간 알이 벌떡 일어나며 소리쳤다. "당장 그만두세요! 정말 못 들어주겠군요! 불쌍한 내 귀! 음이 전부 틀렸잖아요!"

'나'는 소설가로서의 실력보다 그림 실력이 더 뛰어나다. 마치 의도적으로 성급하고 원시적인 화풍으로 그린 듯 서툴게 보일지 모르지만, 그림들이 쓰레기장행이 된 건 재능이 없어서는 아니다. 동세를 포착하고 중량감과 균형을 파악하는 감각이 탁월하다. 케임브리지에는 돌발성과 열정이 그 반에도 못 미치지만 시들시들한 정물화와 한복판에 구멍이 뚫린

조각작품만으로 먹고사는 프로 예술가가 잔뜩 있다.

'나'가 예술가로서 실패한 이유는 그림 속에 있다. 하지만 그림 자체가 문제는 아니다.

워풀이라는 형상이 문제다.

워풀은 누구인가?

그는 〈리처드 3세〉에 등장하지 않는다. 희곡 등장인물 목록에도, 로런스 올리비에의 영화에도 그 비슷한 이름의 인물은 없다. 하지만 그는 이 일기 작가의 만화에 빠질 수 없는 감초 조연이다. 고무 같은 얼굴에 흉측하고 비겁하고 알랑쇠인 이 생물은 만화 여기저기서 납작 얼굴을 쫓아다니며 트림하고, 토하고, 혐오스러운 표정을 짓고, 모든 이를 배신한다.

그러나 워풀은 결국 필요한 고문을 당했다…

클래런스가 경건한 척하는 얼굴을 하고 있는 게 아니라 웃고 있는 유일한 순간은 워풀의 고통에 즐거워할 때뿐이다.

답은 그림 연습장 첫 권에서 나온다. 일기 주인의 어린 손으로, 큼지막한 글씨로 첫 장 맨 위에 쓰여 있다. 하지만 이 답은 못 보고 지나치기 쉽다. 사실이 너무나 고통스러웠던 건지, 이 설명을 쓴 직후 '나'가 줄을 그어 지웠기 때문이다. 방해되는 선들을 제거하려고 나는 스캐너와 포토샵으로 상당히 진땀을 빼야 했다.

워는 나다.

8. 생각이 들자마자…

> 내 일기는 이제 예술작품이다—
> 사람들이 읽어도 두렵지 않다.
> 아주 내밀한 내용이긴 하지만.
> – 21세

이 익명의 일기 작가에 대한 전기를 쓰겠다는 생각이 들자마자—전기를 쓰는 사람조차 그 대상이 누군지 모르는 전기—나는 기묘한 사실을 깨닫고 놀랐다. 그녀가 유명 인물이라고 공상할 때마다 그 즉시 지루해져버리는 것이었다. 마치 일기장들이 내 머리에 떨어지기라도 한 양 단박에.

익명 일기가 이토록 자극적인 것은 그것이 누구의 일기일 수도 있기 때문이다. '나'에게 이름을 붙이기만 해도 일기를 흥미롭게 만들던 필수적인 부분이 파괴된다. 고요한 보편성의 감각이. 나는 길에서 스쳐지나가거나 기차 옆자리에 앉은 여자들이 무슨 생각을 하는지 알고 싶었고, 이 일기가 말해줄 거라 생각했다. 하지만 일기의 주인에게 이름이 붙으면 내 시선을 받아들이려 하지 않는 또 한 사람의 낯선 이가 될 뿐이었다. 알고 보니 그녀가 어느 유명인이었다고 상상하면 이 일기는 (그리고 내 관음증은) 역겨워진다.

이후 4년간 이 일기를 계속 읽으면서 나는 그녀에게서 단 한 순간도 천박함이나 부도덕함을 느낀 적 없었고, 이는 작가에 대해 많은 것을 알려준다. 나를 안내해 자기 마음속을 돌아보게 해주는 내내 그녀는 정직하고 재미있고 별나며…… 존경할 만한 모습이었다.

무덤 저편에서 이 비범하고 평범한 여성을 만나게 되면 그렇게 말해주리라.

9. 확실한 것은 없다

난 내가 그리울 거야.
— 다이도

확실한 것은 아무것도 없다—암에 대해 제일 지겹게 듣는 말이다.

다이도가 첫 화학요법을 받은 지 1년도 채 지나지 않아 췌장과 간의 종양이 다시 커지기 시작했다. 드물게는 화학요법 약이 효과를 발휘한다. 많은 경우 그저 종양의 성장을 강화하고 이후 치료법이 듣기 어렵게 할 뿐이다.

"급상승과 낙하를 반복하는 거야." 다이도가 말했다. "죽지 않을 겁니다, 아니 죽겠군요, 아니 그렇지 않습니다. 어이쿠, 죄송합니다, 죽겠는데요."

병원으로 다이도의 문병을 간 어느 아침, 평소에는 탁월한 의사인 런던의 전문의가 그날은 잘 맞는 항구토제를 주지 않았다. 다이도가 병원 화장실에서 구역질하는 소리는 남자 셋이 다투는 소리 같았다.

과학적 무지, 피할 수 있었던 판단 오류, 뒤늦게 찾아오는 오싹한 깨달음, 이런 것들은 암과 별개가 아니라 거기 내재해 있다. 종양 그 자체만큼이나 병의 일부다. 나는 이런 인식을 다이도와 논하지 않는다. 다이도가 서서히 스러지고 있으며 내가 이해할 수 없는 어떤 의미로는 삶이 이미 죽음을 받아들였다는 느낌을 떼어내려는 내 나름의 방식이다.

죽음에 대한 생각을 피하려고 우리는 서로 봐주던 원고의 작업량을 늘렸다. 우리는 둘 다 추리물이라고 할 수 있는 글을 쓰고 있다. 다이도는 성 토머스 모어의 유골 수색에 대해(그녀는 세상에서 유골이 묻힌 장소를 아는 유일한 사람이다), 나는 '나'를 찾는 추적에 대해.

모어가 감옥에 있는 장에서(우연하게도 납작 얼굴/클래런스가 갇혔던 감옥과 같은 곳이다) 다이도는 이렇게 썼다. 런던 탑 부엌에서 요리사는 솥에 불을 때려고 천천히 타는 단단한 장작과 바싹 마른 불쏘시개를 한데 쌓고 있었다. 모어의 머리를 런던교에서 장대에 효수하려면 먼저 파스타 정도의 굳기로 데쳐야 했다.

"어떤 파스타요?" 나는 궁금했다. "하인즈 알파벳 파스타요, 아니면 알 덴테*?"

나는 가방에서 뒤틀리고 꿈틀대는 물체를 끄집어냈다.

"아니, 쥐가 한 짓은 아닌 것 같아." 다이도가 두 손가락으로 그것을 받으며 말했다. 그건 내가 라이비너 상자 바닥의 무더기에서 찾아낸, 오래되어 뿌옇게 변색한 비닐조각이었다. "쥐가 두번째로 갉기 좋아하는 게 책등인데, 일기장 책등은 멀쩡하잖아. 쥐가 제일 좋아하는 건 전선이지."

비닐조각 한 귀퉁이에 초록색이 도는 희미한 G자의 일부가 남아 있었다.

"그게 삭은 쇼핑백 조각이란 건 동의하시죠?"

"응."

"그렇다면 우리의 일기 작가의 방 창문이 남향이었고 회계사나 경찰은 아니라는 걸 알 수 있어요."

다이도는 초조하게 수액 튜브를 위아래로 탁탁 털 듯이 흔들어댔다. 마치 그게 외투 끝자락이라도 되는 듯. "이유는 이래요." 나는 말을 이었다. "라이비너 상자의 일기장들이 그렇게 마구잡이로 들어 있었던 건 일기 주인이 처음에는 일기장을 이 비닐 쇼핑백에 넣었다가 나중에 상자에 쑤셔넣었기 때문이죠. 그러니까 이 쇼핑백을 망가뜨린 게 쥐가 아니라면 범인은 햇빛이고, 그렇다면 창문은 남향이었을 테고, 쇼핑백은 여러 해 동안 그 상태로 있었다는 말이니까, 이 사람은 정리

---

* 파스타의 익힘 정도를 말하는 이탈리아어 표현으로 씹었을 때 적당한 단단함이 느껴지는 상태.

정돈을 잘하는 편이 아닌 거죠……"

다이도는 비닐조각을 내 손에 떨어뜨렸다. 그녀도 나름의 가설을 세웠다. "이 사람은 마을이나 소도시 출신이야."

"그거야 모르죠. 고향에 대해서는 아직 한마디도 하지 않았는데."

"알 수 있어. 저주를 겪고 나서 수혈 준비를 위해 병원에 전화하려는데 전화번호 목록을 못 찾았다고 했잖아. 왜 전화번호 목록이 필요했을까? 그냥 999*에 걸지 않고? 그 이유는, 999가 전국에 도입된 건 70년대 중반이었고 글 쓴 시기는 1960년이었기 때문이야. 그때 999는 대도시에만 있었거든."

그레이트스노어링으로 돌아오는 기차에서 나는 1960년 일기의 나머지 부분을 읽었다. 12월 초다. 일기 주인은 "피곤하고 초조"하다. 그녀는 여러 남자와 사랑에 빠져 있다. 한 남자는 그녀에게 "매우 섹시"하다고 말해준다. 다른 남자는 "무척 남성미 넘치는 부류"며(하지만 그녀는 겁이 나서 "근육질의 힘센 남자를 별로 좋아하지 않는다") 어울리지 않게도 이름이 위클리Weakley 씨다.

어느 저녁 '나'는 길버트와 설리번의 코믹오페라 〈이올란테〉를 보러 간다. 요정 이올란테는 인간과 결혼했고 상반신은

---

* 우리나라의 119에 해당하는 영국 응급 전화번호.

요정, 하반신은 인간인 아들을 낳았다. 아들은 필리스라는 여인을 사랑하게 되는데, 필리스의 후견인인 대법관 역시 그녀를 사랑한다.

> 하지만 그랬다간 의회에서 엄청난 후환을 겪어야 하리
> 후견인인 내가 그녀와 사랑에 빠진다면
> 상당히 성질 돋는 일이지, 왜냐하면
> 나는 무척이나 예민한 대법관이니까!

1960년 겨울 이 노래를 들으며 일기 작가는 계시와 같은 깨달음을 얻었다.

무대에서 짙은 화장을 한 인물이 몰입한 관객을 향해 노래하는 모습을 바라보는 동안, 인생에 대해 너무나 골똘히 생각하고 있었기에 갑자기 그 남자도, 연극도, 관객도 더이상 실제가 아닌 듯 느껴졌다. 그리고 우리가 인생이라 부르는 시각적인 것을 바라보고 있자니 머릿속에 불현듯 보편적 진실이, 인생의 목적에 대한 아주 단순하고도 명백한 설명이, 이 인생과 인생의 온갖 사소한 기쁨과 슬픔이 무엇 때문에 덧없는지가 떠올랐다……

나는 흐느끼며 기차 좌석에서 고개를 들어 여름 더위에 가려워하는 습지를 바라보았다. 이곳의 풍경은 빈 종이처럼 밋밋하다. 토탄 들판의 나무들과 선로는 손글씨다. 일리섬과 일리 대성당의 첨탑은 글쓴이가 펜에서 잉크를 떨구고 화가 나서 대지라는 섬유를 찢어놓은 곳이다. 강은 글쓰기의 리듬을 되찾은 곳이다.

이것이 '나'의 위대한 프로젝트였을까, 인생의 의미가? 그녀는 이런 질문들에 답할 수 있기를 바랐던 걸까? 왜 헨리 8세는 잘라낸 머리를 삶길 좋아했는지, 왜 독실한 척하는 허풍쟁이 토머스 모어는 삶아지길 바랐는지, 왜 그의 유골은 두개골만 남기고 전부 사라졌는지, 왜 일기장들은 버려졌는지, 왜 일기 주인은 그토록 많은 희망을 품고 또 그토록 많은 실패를 견뎠는지, 왜 리처드는 뇌손상을 입고 휠체어 신세가 되었는지, 왜 다이도는 죽어가는지? 대법관의 우스꽝스러운 노래를 듣는 동안 일기 작가는 이 가차없는 파괴를 이해하게 해줄 뭔가를 감지했던 걸까? 그리고 이후 450만 단어에 걸쳐 그 뜻을 설명한 걸까?

나는 감정을 추스르고 일기로 돌아와 그녀가 목격한 이 "불현듯" 떠오른 "보편적 진실"이 무엇이었을지 알아보려 했다.

momentary metaphysical insight but the passed was gone.

그러나 순간적인 형이상학적 통찰은 지나갔고 돌아오지 않았다.

10. 조상들

> E에게 우리 가문이 얼마나 명망 높은지 말해야겠다.
> – 19세

노트 148권의 의미를 파악하려 할 때 전기 작가에게 제일 먼저 필요한 건 다른 노트다.

익명의 기록 5백만 단어를 정리하려면 어떻게 시작할 것인가? W.H.스미스 문구점의 점착 메모지 코너에서 나는 포스트잇을 집어들었다. 컴퓨터 소프트웨어 코너에서 음성인식 소프트웨어 하나를 골랐다. 1만 5천 쪽 전부를 읽으려면 몇 년이 걸릴 것이다. 하드웨어 코너에서 나는 마음을 다시 바꿨다. 40파운드짜리 복사기를 보고 신이 나서 계산대에 한 대 가져갔다. 일기를 복사해 작업할 생각이었다. 그러면 3만 쪽이 된다. 생각해내는 것마다 일기에 훼손이 가거나, 준비 작업에 손이 너무 많이 가 살아생전에는 시작도 못할 것 같았다.

결국 나는 형광펜 한 세트를 샀다.

집에 돌아와 정보를 다섯 종류로 분류하고 새로 산 형광펜 색깔을 하나씩 지정했다. 신체적 묘사는 파란색.

엄마는 내가 병든 타조같이 생겼다고 한다.

전기적 사실은 오렌지색.

전생에 내가 로마 콜로세움에 있었을지 모른다는 어떤 느낌이 언뜻 든다.

이름은 핑크색. 니지, 스위트 스우 부디스, 결코 그녀의 연인이 되지 않았던 울프스키라는 미대생("빠드득!"), 'E'라고만 언급되는 그의 경쟁자, 부츠, 험피, 여동생 눈Noon과 워일, 그리고 일명 "지극히 넌더리 나는 아이" 케이트……

특히 잘 쓴 구절과 인용할 만한 글귀는 초록색 형광펜.

도서관과 백스*에 갔고, 저녁이 깃든 케임브리지의 세인트 존스 다리를 스케치했다. 여전히 케임브리지에 있는데도

---

* 캠강 양쪽 일대를 말한다. 케임브리지대학교 여러 단과대 건물 뒤편이 늘어서 있는 경치가 아름다운 지역이다.

케임브리지가 그립다—존스의 잎이 무성한 오솔길—마치 꿈속처럼, 길고 넓은 길을 걷는 내내 드리운 그늘과 햇빛의 패턴. 머리는 초록색 나뭇잎 속에 있고 발은 금빛을 밟으며 걸었다.

내 일기 쓰기는 기도의 형식에 가깝다—기도를 하지는 않지만, 그런 기질은 있다—종이에 마음을 털어놓고 거기서 힘을 얻으며, 그러면 영혼이 정화된다. 일기 쓰기는 기도와 마찬가지로 자기암시다.

내가 죽으면 수없이 많은 이 작은 일기장이 남겠지, 상심 가득한.

노란색은 일화들.

1959년 3월: 램지 대주교가 그녀의 침대에 들어온다.
1960년 3월: 2차 칼부림.
1961년 7월: 고용주의 최상급 양고기를 개에게 먹임.

나는 이 색색 구분법이 아일랜드 늪지에서 시신을 발굴하는 것과 비슷할 거라 생각했다. 삽 대신 형광펜을 사용하는 거다. 100년 후 일기장들이 영국박물관에 전시된 모습을 상상했다. 법의학적 전기가 여기서 시작됩니다! 저자는 스테들러 형광펜을 이용해 대상 인물을 발굴했답니다!

뒤에는 흐릿한 어둠 속에 주석 달린 일기장들이 연료봉처럼 형광빛을 발하며 늘어서 있겠지……

1961년이라 적힌 작은 수첩을 집어든 나는 파란색(신체적 묘사)과 초록색(인용할 만한 문구) 표시를 해가며 즉각 작업을 진전시켰다.

> 내 머리에 대한 기록. 내 머리칼은 눈부시게 근사하다. 엄청나게 숱이 많고 풍성한 금빛과 불그레한 갈색과 어두운 빛으로 윤기가 흐른다. 이는 자연이 내 젊음에 아낌없이 내준 풍성함이고, 영원하지는 않을 것이다. "사라질 운명인 아름다움."

나는 백지에 초상화를 그리기 시작했다.

가발을 쓰고 노려보는 이스트엔드*의 권투 선수 윤곽 같다. 120쪽의 그 공책에 신체적 묘사는 더이상 없다. 4년간 그녀는 가발로만 남아 있다.

오후에 헬리 선생님에게 갔다. 여러모로 나는 치과 방문이 즐겁다! 이 친절하고 다정다감한 남자와 이야기하는 게 좋다. 치료는 불편했고 턱 뒤쪽 정맥에 주사를 맞았지만, 나는 절박한 어린애처럼 사랑을 주고 또 받으려는 열망이 하도 커서 이런 사회적 접촉에서도 뭔가를 얻었다. 그가 앉아서 내 입에 손을 대고 시술할 때 그의 몸이 내 몸에 바싹 붙

---

* 전통적으로 노동자 계층이 사는 런던 동부 지역으로, 권투가 특히 인기 있다.

는 게 좋았다. 남자의 팔과 손의 아름다움과 부드러움도. 그리고 그도 나를 좋아하고, 머리숱 많은 여자의 매력을 느끼는 것 같다.

1963년도 날짜가 적혀 있는 다음 일기장에서 그녀는 런던 캠버웰 예술대학에 있으며, 그림 모델 역할을 한다.

어느 여학생이 나를 퍽 뛰어나게 스케치했고 카메라보다 더 진실하게 나를 담았다. 섬세한 얼굴, 흥미롭게 치켜올라간 눈썹……

일기장에 스케치는 없고, 코에 대해 더 알기 전에는 얼굴의 섬세함을 그려낼 수 없으니 나는 일단 눈썹만 그렸다.

"……가벼운 안경……" 일기는 이어진다.

"약간 모난 분위기를 주는 매우 긴 팔뼈."

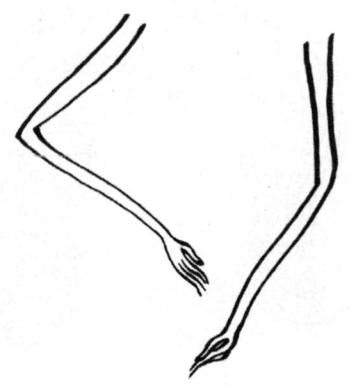

다음 권에서 그녀는 로커룸에 있고, "기대에 차 두근거리는 가슴으로" 에칭 담당 교사에게 그 깡마른 팔을 두를 작정이다. 'J'라고 불리는 그는 "근사한 눈, 천재의 눈"(노란 형광펜: 일화)을 하고 있다. 적어도 그럴 거라 여기는데, "근시가 너무 심해 그가 잘 보이지 않기" 때문이다. 그가 자신에게 달려들길 기다리면서 그녀는 러브레터를 건넨다.

하지만 'J'가 그녀의 이름을 모른다는 사실이 드러난다.

상황은 급속히 악화되고, 그래서 그는 편지를 받으며 무턱대고 던져본다.

"메리?" 그가 웅얼거린다.

그녀의 이름은 메리가 아니다.

하지만 우리에게 이름이 뭔지는 말해주지 않는다.

며칠 후 나는 형광펜 방법을 포기했다. 형광펜 때문에 책장은 시청에서 관리하는 화단 같은 꼴이 되었다.

젊은 시절의 일기에 등장하는 특히 중요한 이름이 하나 있다. 화이터스. 집사 같은 이름이지만 그는 동경의 대상이다. "화이터스를 사모한다." 그는 '메리 아님'을 자극해 시를 쓰게 한다. 그녀는 화이터스를 "내 핏속의 열정처럼" 사랑한다. 그의 곁에 있으면 로맨스가 "내 영혼을 채운다". 그러나 그는 모호한 인물이기도 하다. 그에 대한 신체적 묘사는 없다. 남자다운 것은 확실한데, 메리 아님은 그가 육체적으로 어떤지 알려주지 않는다. 내게 '화이터스'는 중년 후반에 가슴이 떡 벌어지고 다리는 우아하며 드라이클리닝된 미색 리넨 슈트를 입은 이미지다. 우리 아버지와 좀 비슷하다. 그녀가 그냥 'W'가 아닌 '화이터스'라는 별명 전체로 그를 칭한다는 사실 역시, 그가 아버지 같은 존재로 어느 정도 거리감이 있고 의지가 될 정도로 손윗사람이며 기혼임을 시사하는 듯 여겨진다. 그녀는 아주 어릴 때부터 그를 알았다.

그럼에도, 메리 아님은 오직 화이터스와 함께 있을 때만 진정으로 살아 있고 강렬하며 인생이 안겨줄 것에 대한 기대로 뼛속까지 황홀해지는 기분을 느낀다. 그것은 예술과 아름다움과 음악이 "지배하는" 인생이다. 화이터스는 이 빛나는 가능성의 분위기를 소극적으로 구현한다. 그는 예술가가 아니다. 그녀의 공식 남자친구 'E'와 달리, 그는 늘씬한 손으로 피아노를 치지 않는다. 화이터스의 가치는 마음을 편하게 해주는 인물이라는 데 있다. 그는 "너무나 다정하고 너무나 위안이 된다". 화이터스는 "이해심 깊고 편안하다". 화이터스는 "성마르고 조급한 내 신경에 위로가 된다". 화이터스와 있으면 외부 세계와 온갖 안달나는 것이 사라지고 메리 아님은 예술성을 펼친다. E(남자친구 1호)는 확연히 예술적이지만, 까다롭기도 하다. 화이터스는 "기쁨을 준다".

이 무렵 메리 아님은 20대 초인 듯하다. 돈 한푼 없이 단칸방에 세 들어 살며, 화이터스나 E 생각을 하지 않을 때는 아침식사 때부터 저녁식사 때까지 다른 남자들 생각을 한다.

> 요즘 난 '섹스 중독자'에 가까운 것 같다. 남자들은 날 흥분시킨다! 남자의 팔에 안겨 누워 있고 싶다(단 옷은 입은 채로. 알몸은 생각만 해도 구역질난다).

이 초기 일기장 중 한 권을 라이비너 상자에 도로 넣는데, 푸른색 편지지 한 장이 이불 위에 떨어졌다. 작고 반으로 꼼꼼히 접혀 있었으며, 그 편지지가 숨어 있던 책장 양쪽에는 살짝 눌린 자국이 남았다. 글씨는 없었다. 양면 모두 백지였다. 그럼에도 그것은 부정할 수 없이 화이터스로부터 받은 메시지였다. 편지지 맨 위 왼쪽에 예스럽고 자의식 강한 검은색 서체로 주소 세 줄이 찍혀 있었다.

> 화이트필드
> 힌턴 웨이
> 그레이트셸퍼드

'화이터스'는 화이트필드다. 연인이 아니라 저택이다.

"아뇨! 거기가 아니에요!"
"거기 들어가려거든 깔고 앉을 비닐봉지 하나 가져가세요!"
"그건 B…… F…… I예요."
"영국 영화 협회British Film Institute죠."
"바보들이 오는 부스Booths For Idiots라고 하는 게 어울리 겠죠! 거주자 주차권 두 개라고 하셨나요? 아뇨, 그건 안 돼요……"

나는 케임브리지 공공도서관 맨 위층 주차 허가증 데스크에서 향토사 구역이 어디인지 알아보려 하고 있었다.

"지난주에," 가장 가까운 카운터에 있던 여자가 속삭였다. "직원이 도와주러 왔었는데, 그만두라고 말해도 저 남자가 듣지를 않더라고요! 댁이 찾으시는 문은 저쪽이에요, 왼쪽."

케임브리지 공공도서관은 반 마일쯤 떨어진 대학 도서관보다 더 북적대고 재미있다. 누구에게나 열려 있으며 조용한 사적 시간만 빼고 원하는 건 뭐든 얻을 수 있다. 어린 학생들이 휴대전화에 대고 은밀한 대화를 한다. 외국인 학생들은 전자기기로 끊임없이 메신저 알림 소리를 낸다. 어머니들은 장본 짐을 다시 챙기고 자녀들은 DVD 틈새를 누비며 서로 총

쏘는 시늉을 한다. 정적이 깔린 장소는 단 한 곳, 케임브리지셔 컬렉션이 있는 공간으로, 은행 금고 같은 문을 사이에 두고 소란스러움과 동떨어져 있는 밝은 방이다. 안쪽의 책상들은 널찍하고 반들반들하다. 대학과는 아무 관련 없는 케임브리지 지역 출신 유명인들이 낸 소책자를 전시하는 진열장들이 있고, 1956년 홍수에 대한 기사 모음이 있다. 삭아가는 소형 전화번호부가 꽂힌 철제 서가도 셋 있다. 그 밖에 책은 얼마 없고 이용자는 더 없다. 날짜를 잘못 알고 찾아간 날 병원 대기실 같은 느낌이다.

"무엇을 도와드릴까요?" 컴퓨터 화면 뒤에서 날카로운 목소리가 말했고, 내가 들어서자 목소리는 여자 얼굴로 변했다. 컴퓨터가 낮게 윙윙거렸다. 긴 형광등의 웅웅 소리가 기분좋게 나고, 어딘가 창문이 열려 있는지 여름 공기가 들어왔다.

나는 화이트필드 주소가 적힌 푸른 편지지를 내밀었다.

"그레이트셸퍼드, 그렇군요, 음…… 힌턴 웨이." 여자 얼굴이 말했다. 얼굴 밑에서 키 큰 몸이 솟아나더니 똑 부러진 걸음으로 카펫 타일을 밟으며 전화번호부 쪽으로 가서, 꼭대기에 꽂힌 전화번호부 한 권을 끄집어내려 반대쪽에서 톡톡 두드렸다. "여기 살던 사람은 누군데요?"

"모릅니다. 음, 저는 메리 아님이라고 부르긴 해요, 이름이 메리가 아니니까요. 사실 이름은 알고 싶지 않습니다. 이름을 알아낸다면 가려주실 수 있을까요?"

사서는 톡톡 치던 것을 멈추고 놀란 기색 없이 나를 주의깊게 쳐다보더니 오른쪽으로 여섯 권 옮겨갔다.

"언제 여기 살았죠? 혹시 그것도 알고 싶지 않은 사실인가요?"

"여기 살았는지 아닌지는 모릅니다. 어쩌면 거기서 편지지를 훔쳤을 수도 있죠. 그렇다면 왜 백지를 보관했는지 이해가 갑니다. 일종의 전리품인 거죠. 글쓴이는 자기 이름이나 주소를 밝히지 않았습니다. 그저 살아가는 '나'일 뿐이죠…… 누구일 수도 있는 '나'요." 나는 거창하게 덧붙였다.

사서는 빙 돌아 내 뒤로 왔는데, 내가 그녀와 정보 사이를 가로막은 유일한 실제 장애물이기 때문이었다. 그녀는 몸을 굽혀 책 한 권을 더 꺼내 책장을 넘겨보고 어느 한 페이지에서 고개를 끄덕이더니 급히 사라졌다.

"편지가 있던 일기장의 날짜는 1962년이었어요." 나는 뒤에서 외쳤다.

케임브리지셔 컬렉션의 열람실은 연구자료를 보관하는 곳이 아니다. 정식 기록보관소는 사서 데스크 안쪽의 여닫이문을 지나면 나오는 '문서의 방'에 있다.

20분 후 사서가 두툼한 서류철을 들고 돌아오더니, 서류철이 팔 위로 미끄러져내려오게 해서 책상에 쿵 놓았다. 그리고 다른 손에 들고 있던 얇은 소책자를 내게 내밀었다.

"댁의 미스터리를 풀려면 제일 먼저 그것부터 읽어야 해요. 4억 년 전부터 시작하죠."

소책자의 제목은 '화이트필드, 힌턴 웨이, 그레이트셸퍼드: 고고학적 평가'였다.

4억 년 전, 브리튼섬은 얕은 대양에 잠겨 있었다. 피크 디스트릭트*는 군도였다. 스노도니아**는 하와이 같은 기후였다. 이 물바다 이곳저곳에 소형차만한 암모나이트가 가득했다. 그러다가 아이슬란드의 화산활동으로 스코틀랜드가 높이 솟아올랐다. 아프리카가 지중해판에 충돌하고 브리튼섬은 주름진 뭍이 되었다. 화이트필드라는 이름은 오래된 조개류로 이루어진 주름진 지형에 자리하고 있다는 데서 유래했다. 저택 뒤에는 폐쇄된 채석장이 있는데, 근처 셸퍼드의 현장 노동자 오두막에 쓸 건설 자재로 경화 점토—질 나쁜 석회암—를 채취하던 곳이었다.

---

* 잉글랜드 중부에서 북부에 걸친 해발 300미터 이상의 고원지대로 국립공원으로 지정되어 있다.
** 웨일스 북부 지방에 해당하며 국립공원으로 지정되어 있다.

화이트필드 하우스는 케임브리지에서 가장 비싼 부동산 중 하나다.

너무도 배타적인 나머지 눈에 보이지도 않는다. 두툼한 케임브리지셔 컬렉션 서류철에는 1974년도 판매 안내책자가 들어 있는데, 저택과 부지에는 실내 수영장, 온실, '오락실', 현관 로비, 귀족스러운 디자인을 서투르게 따라 한 계단, 서재, 침실 여덟 개가 있으며 전체가 팝스타 같은 녹색과 은색으로 장식되어 있다. 보리수가 늘어선 대로를 따라 저택으로 이어지는 진입로는 길이가 4분의 1마일에 달한다. 건물은 케임브리지 바로 남쪽, 24에이커의 숲 한복판 언덕 꼭대기에 서 있다. 주변을 둘러싼 나무들에 막히지 않았다면 경치가 기막힐 것이다. 셸퍼드역에서 기차가 출발해 케임브리지를 향해 마지막으로 속도를 올릴 때 밖으로 눈을 돌리면 이 아름다운 장소가 뒤로 사라지는 모습을 언뜻 볼 수 있다. 오른쪽 창문 위쪽 반쯤, 거킨타워*처럼 잎을 뻗어올린 시가형 품종목** 오크나무들이 이루는 구불구불한 차양이 스쳐지나간다. 저택은 코빼기도 보이지 않는다. 화이트필드 하우스는 현대 전화번

---

* 런던 시내에 있는 로켓 앞부분 모양의 마천루.
** 조경의 포인트가 되도록 골라 심은, 다른 나무들과 구분되는 독특한 형태나 색을 지닌 나무.

호부에 실려 있지 않다. 너무 고귀해서 눈에 보이지 않을 뿐 아니라 귀에도 들어오지 않는 것이다. 화려하게 우거진 초록은 언덕 꼭대기에 뚱하니 두둑한 모습으로 앉아 있다. 은퇴한 수상이 살기에 제격인 장소다.

숲 왼쪽 들판은 우아하게 경사지며 내려오다가 다시 올라가며—여기도 잡목림이 있고, 나무들 틈을 파고든 집 두 채가 있다—철도 선로와 나란히 다시 내려와 애든브룩병원 소각로까지 이어진다.

거기서 떡하니 케임브리지가 나타난다.

"제대로 된 미스터리를 찾으셨네요." 기록 담당 직원이 말했다. "말씀하신 여자분은 죽은 후 쓰레기장에 버려졌을진 몰라도, 처음부터 그런 신세는 아니었던 게 틀림없어요. 화이트필드와 조금이라도 연관이 있다면요."

도서관에서 돌아온 후 나는 화이트필드 하우스로 엽서를 보냈다. 답신이 없었다. 2주 후, 런던에서 차를 몰고 돌아오다가 약간 짜증이 난 나는 연락 없이 방문해보기로 마음먹었다. 고속도로에서 빠져나와 린턴에서 케임브리지로 가는 옛 런던길로 접어들었다. 린턴은 우리 부모님이 1966년 잉글랜드에 왔을 때 처음으로 집을 빌려 살았던 곳이다. 내친김에 조상도 찾아보고 싶은 기분이었다.

이쪽 방면에서 케임브리지시에 다가가면, 온통 나무로 이루어져 있는 걸 보고 놀라게 된다. 눈에 띄는 건물들―대학 도서관 탑, 킹스 칼리지와 지저스 칼리지의 예배당 첨탑, 시 북쪽 앵글로색슨 시대 성의 잔해인 언덕―은 섬처럼 나무들 위로 솟아 있다.

멀리서 내가 나온 세인트에드먼드 칼리지 탑을 알아볼 수 있었다. 일류는 아닌 게 확실한 수학 전공 대학원생으로 다녔던 곳이다. 내가 다이도를 처음 만난 곳이고, 다이도와 리처드가 일기장들을 발견한 장소 지척이다.

화이트필드를 떠받치는 산등성이는 케임브리지 남쪽에 있다. 시에 도달하기 4분의 1마일 전, 길 하나가 힌턴 웨이를 따라 왼쪽으로 꺾어진다. 길은 살짝 오르막이며, 나무에 구부정하니 기대앉아 술판을 벌이려는 듯 은밀히 늘어선 방갈로들을 사선으로 가르며 지나간다. 나는 어느 농장 대문 옆에 차를 세웠다. 화이트필드 하우스와는 고작 몇백 야드 거리였다.

저택은 아직도 보이지 않았다.

일기 주인은 평생 이곳의 나무들과 거기 둘러싸인 행복한 추억들을 짊어지고 살았다. 이제 나는 화이트필드가 그저 편지를 훔쳐온 장소가 아니라, 숲속에 감춰진 그녀의 가족 저택이었음을 알 수 있었다. 몇 에이커나 되는 주변을 둘러싸고 우거진 나무들 사이에서 우크 삼촌이 "축음기로 새소리를 틀었"고, "온갖 색의 빗방울이 진주처럼 맺힌" 널찍한 잔디밭이 있었고, 어여쁜 돌 숙모가 "박시 데이-나이트"에 제초제와 전지가위를 들고 달리아 화단으로 행진했다. 기쁨의 아비 시니아였다!

내가 서 있는 외부에서 저택은 어디 하나 뚜렷하게 보이는 데가 없었다. 표지판 하나조차 없었다. 옆에 있는 밭의 옥수수가 열기 속에서 바삭바삭 소리를 냈다.

옆길로 샌 사업가 하나가 아우디를 몰고 요란하게 지나갔다. 사이언스파크로 가는 새로운 지름길을 발견해 히죽거리고 있었다.

30분이 지나서야 나는 화이트필드를 발견했다. 천천히 숲 속으로 차를 몰아, 너도밤나무 사이를 헤집고 들어선 신축 고급 주택 여러 채를 지나쳤다. 입구를 찾을 수가 없었다. 이렇게까지 넓은 녹지가 딸려 있다면 정말로 거대한 저택이 틀림없다는 생각이 들던 차에, 나무들이 사라지고 언덕은 그레이트셸퍼드를 향해 급경사를 이루며 뚝 떨어졌다. 나는 도로 돌아가 다시 농장 대문 옆에 차를 대고 부지 동쪽 가장자리를 따라 걸었다. 나무가 헤어브러시 모만큼 빽빽이 심겨 있었다. 케임브리지 주민이라면 언젠가 메리 아넘의 옛 저택 부지 이쪽 면을 찬찬히 볼 날이 찾아올 가능성도 없지 않다. 애든브룩병원 종양 병동 입원실에서 이 풍경이 보이기 때문이다.

그럼에도 진입로는 보이지 않았다.

길을 세번째로 왔다갔다했을 때야 그동안 못 보고 놓친 것을 찾았다. 곡선을 그리며 올라가는 금 간 벽 두 개가 담쟁이 덩굴과 관목에 파묻혀 있고 그 사이에 아귀가 맞지 않는 철대문 한 쌍이 달려 있었다. 옆의 나무둥치에 세인트존스 칼리지에서 작성한 종이 안내문이 붙어 있었다. 사유지, 위험, 접근금지.

철문 뒤로, 한때 메리 아님의 "꿈의 집", 화이트필드로 가는 정문 진입로였던 길은 다 허물어져 잡초 틈새 아스팔트의 강이 되어 있었다.

11. 들어가기는 쉬웠고…

> 아이러니하다—내가 이런 상황 속에
> 태어나야 한다는 것이.
> – 61세

들어가기는 쉬웠다. 철망으로 된 보안 울타리는 문 양옆으로 몇 야드까지만 쳐져 있고 그 뒤는 가시덤불이었다. 나는 허리를 숙이고 엉덩이를 뒤로 뺀 채 뒷걸음질로 덤불을 헤치고 들어갔다.

이곳 나무들은 분위기가 달랐다. 더 가늘고 휘청거렸다. 숲 바닥에 햇빛이 아른대며 장난스러운 기분을 자아냈다. 잡초들은 즐거이 메리 아님의 집 정면 진입로를 파괴하고 있었다.

허공에 걸린 나뭇잎의 가뿐함을 사랑한다. 혹은 나무의 잔가지나 줄기 끝에서 까치발을 뗀 꽃송이처럼, 온통 공기로 가볍게 빚어진 것들을.

산미나리 틈으로 도로의 잔해가 보였고, 내가 서 있는 곳 가까이에서 진입로는 두 갈래로 갈라졌다. 왼쪽 길은 흙더미에 막혔지만 오른쪽 길은 난데없이 나타난 밭을 따라 이어졌는데, 이 밭은 마치 숲이 몸값을 받아내려고 농장의 좋은 경작지를 직사각형으로 떼어낸 것 같았다. 그러다가 길은 쇄석 틈바구니에서 가지를 마구 뻗은 자주색 부들레이아에 가로막혔다. 부들레이아 맞은편엔 경화 점토 채석장 터가 있었다. 그 깊은 구덩이 가장자리에는 한때 손님들을 보호했을 울타리가 쐐기풀 때문에 허물어져 있었다. 안쪽에는 바위 표면에서 덤불들이 솟아 있었다. 바위 틈새로 튀어나온 뿌리가 뒤틀리고 구부러지며 딱총나무 꽃을 다발로 피워올렸다. 육중한 너도밤나무들이 하늘을 가렸다. 내가 채석장 바닥으로 기어내려가자 제정신이 아닌 듯한 새 한 마리가 나뭇잎들 사이로 원을 그리며 날아가버렸다. 이 아래쪽의 공기는 덩굴손에 단단히 붙들려 있었다. "요정의 빈터." 메리 아님은 이곳을 그렇게 부른다. "잎사귀 틈으로 햇빛이 비쳐드는 천상 같은 곳…… 외떨어지고, 몽환적이고, 현실이 아닌."

채석장에서 큰 숲으로 되돌아가는 한줄기 흙길이 나 있었다. 그 길은 한때 잔디밭이었을 넓고 웃자란 풀밭으로 곧장 이어졌고, 그 옆에 작은 언덕이 있어 올라가보았다.

머리 위로 소형 비행기 한 대가 나무우듬지 사이로 날아갔고, 나무들 사이에 서서 올려다보니 마치 조종사가 전쟁 후에 살아남은 동네를 찾는 듯했다. 메리 아님은 이런 비행기들을 반가운 우연이라 부른다. 머리 위를 지나는 비행기를 볼 때마다 화이트필드가 세상의 "광란"에서 동떨어진 도피처, "현실"과 분리된 숲속 비밀장소, "꿈"의 보금자리, "지상의 천국", "내가 영적으로 충만하고 희망찬 기분인" 유일한 장소임을 더욱 강렬하게 느꼈다.

하지만 저택은 여전히 미스터리였다. 어디 있는지 당최 알 수가 없었다. 2층, 박공지붕, 침실 여덟 개, 14피트 높이의 무도회장, 서재, 오렌지나무 온실, 꼭대기엔 그에 걸맞은 수의 굴뚝들. 못 보고 지나칠 만한 집이 아니다. 어리둥절해진 나는 전망 좋은 언덕에서 다시 기어내려오기 시작했고, 땅에 난 각양각색의 기묘한 구멍에 빠지지 않으려고 발치를 살피다가 문득 깨달았다. 나는 화이트필드가 어디 있었는지 알았다. 지금 그 위에 서 있었다. 내가 올라간 작은 언덕은 썩어가는 벽돌 무더기였다.

화이트필드의 피아노실: 나는 완전히 몰입해 내가 지닌 음악성의 아름다움에 빠져서 즐겁게 자작곡을 연주했다. 그리고 영혼이 정화되어 그 날 밤 나머지 시간도 속속들이 즐겼다.

오렌지나무 온실에 면한 잔디밭: E와 내가 장미에 둘러싸여 있는 꿈을 꾸었다. 수많은 가시투성이 초록 잎과 노랑, 빨강 등 온갖 색깔의 장미. 그런데 내 몸에 걸친 것도 전부 장미덤불이었다. 머리카락도, 셔츠도. E는 나를 꾸짖으며 머리를 더 짧게 잘랐어야 한다고 말했다… 꿈의 다음 장면에서 나는 잔디밭에 누워 하지 말라고 소리지르고 있었는데, 머리에 전지가위가 닿아 있고 나는 손으로 가위 손잡이를 붙들고 있었지만 내 항의가 그다지 진심은 아니었다. 사실은 이 상황이 좋았다. 그리고 E는 성을 내며 내 몸을 덮은 장미들을 자르고 내 셔츠도 짧게 잘랐다.

하녀용 화장실?: 이해할 수 없는 신비로운 마술의 시대가… 그 감방 같은 하녀용 화장실 안에 있다. 꿈들의 은신처, 밖에는 소나무 사이로 바람이 불고, 하얗게 회칠한 벽에는 빛과 그림자가 비치는 곳. 꿈꾸기에 더할 나위 없이 좋은 장소… 이곳이 내 감옥이었으면 하는 마음도 든다.

거실: 아주 근사한 날, 행복하고 기운차며 농담도 주고받는다. 즐거운 점심식사. 점심식사 후 라디오에서 음악이 나오자 깊고 진정한 창작의 기운이 찾아오는 걸 느꼈다.

12. 두 번의 위기일발

문가에서 E가 한 잽싼 키스, 빼앗긴 키스.
- 19세

"전에 말했던 일기 작가 있잖아요?" 다음번 케임브리지셔 컬렉션실에 들어서며 나는 속삭였다. 2주 전 내게 화이트필드 하우스 서류철을 갖다준 유능한 여성이 그대로 컴퓨터 화면 뒤에 있었다. "새로운 사실을 발견했어요. 기막힌 우연이죠. 그 사람 여기서 일한 적 있어요! 그래요, 이름이 메리가 아니고 어디 살았는지 내가 알고 싶지 않은 그 여자는 6개월간 기간제 사서로 일했답니다, 여기 케임브리지 공공도서관에서요!"

사서의 친숙한 얼굴이 전과 똑같이 모니터 위로 솟아났다. 얼굴은 잠깐 거기서 까닥거렸다. 좀 긴장되어 보인다고 나는 생각했다. 이용자가 없어서 어쩌면 그날따라 더 피로했는지 모른다. 그러다 얼굴이 도로 사라지더니 화면 오른쪽에서 다시 나타나 흥미로워하며 앞으로 나왔다.

나는 이 전기를 올바른 연대순으로 쓸 수 있기를 바랐다. 맨 처음은 메리 아님의 조상(4억 년 전 암모나이트부터 시작한다), 다음에는 그녀의 출생, 학창시절, 성년기, 이에 더해 감정적으로 중요한 순으로 중대한 질문들의 답까지(그녀의 "불멸의" 프로젝트는 무엇이었나? 후기 일기에서 "간수"라 묘사하는 피터는 누구인가? 일기장들은 왜 버려졌는가?). 그러면서도 어떻게든 이름은 밝히지 않은 채로 나아가다, 고딕 단편소설에서처럼 마지막 페이지에 이르러서야 묘비 사진과 함께 처음으로 유일하게 등장하는 것이다. 세계 최초의 이름 없는 이에 대한 전기는 아인슈타인 전기와 같은 패턴을 따르게 될 것이다.

그러나 곤란한 '정보'들이 자꾸 튀어나왔다. 글쓴이의 정체를 밝혀낼 새로운 방법에 대한 실마리들이었다. 파헤쳤다간 일을 죄다 그르치겠지만 그럼에도 무시할 수 없었다.

내 잘못이었다. 학자라면 응당 그래야 하듯 5년간 서재에 틀어박혀 있어야 했는데. 그러기는커녕 새로운 실마리가 나올 때마다 벌떡 일어나 언덕 꼭대기 덤불 속으로 뛰어들어갔다. 지금은 여기 또 찾아와 프로젝트를 해결의 위기에 몰아넣고 있다. "보이시죠?" 나는 작은 검은색 인조가죽 노트를 펼치며 말했다.

> 또 도서관 근무일. 이곳은 정말 무미건조한 세상이다. 딱딱하고 현실적인 업무들, 끝없는 '반납 연체'.
> 사랑스럽고 소중한 E에게 깊은 사랑을 느낀다……

"바로 이 도서관을 말하는 거예요. 1958년에 그녀는 여기서 일했죠. 기록은 또 있어요. 마을 분관 어딘가에서 일했을 때……"

> 싸늘한 홀(현대적이긴 하지만. 트럼핑턴보다 책이 적고, 완전 천박하고 모자란 사람들만 있다)……

"그렇지만 좋은 얘기도 많이 썼답니다." 나는 황급히 덧붙였다.

> 1월 22일: 오늘은 완전히 기쁨에 취했다. 신비로운 마법이 깃든 근사한 날…… 오늘 도서관 근무는 선물 같았다. 서가 정리는 즐겁다. 책을 도서관 여기저기 서가에 꽂고 있으면 뼛속까지 사서가 된 기분이 들고 내 성격에 잘 맞는 일이라는 느낌을 받는다. 교양 있고, 진지하고, 감수성 풍부하고

지적인 사람이라는 느낌. 책들과 커다란 책 정리함을 카운터 위로 쓱 미는 건 신나는 일이다.

"일이 너무 좋아서 사서 시험을 칠 작정이었죠."

1월 26일: 나는 사서가 되도록 타고난 듯하며, 직업적 자부심을 느낀다. 오늘 기분좋은 칭찬을 들었다. 이용자 한 명이 조니[수석 사서]가 나를 두고 "똑똑한 애들 중 하나"라 했다고 말해준 것이다. 끈기 있게 이 열의를 이어가 인생에서 뭔가 달성해야 한다. 성공보다 사람을 행복하게 하는 게 있을까?

"그리고 사흘 후 해고당했어요. 보세요, 여기."

1월 29일 목요일: **일자리를 잃었다.** 그리하여 카드로 지은 집처럼 내가 가진 모든 게 완전히 무너졌다—사랑하는 일자리도, 케임브리지 시립 도서관 사서로서의 경력도, 독립도. 지금은 인생이 너무나 두렵다……

"50년 전 일기 주인은 당신 자리에 있었을 수도 있어요. 어쨌든 여기엔 그녀가 누구였는지에 관한 정보가 전부 있죠. 건물 어딘가에 있어요. 담당하시는 문서보관소 깊은 곳에. 이름은 여태껏 기록보관소에 있었던 겁니다."

긴장되는 순간이었다. 사서가 과거 직원 파일을 확인하기만 하면 '나'의 이름을 찾을 수 있을 것이고, 그 순간 내 추적은 끝날 터였다. 성공을 피할 방법은 없음을, 나는 간절한 슬픔을 느끼며 깨달았다.

사서는 고개를 젓고 다시 컴퓨터 화면에 집중했다. "미안해요. 도와드릴 수 없어요. 정보 보호법 때문에 그런 정보는 보관할 수 없게 되어 있어요. 지난주만 해도 과거 직원 관련 서류철 열다섯 개를 폐기했답니다. 아이러니하지 않아요? 여기는 향토사 부서인데, 우리 자신의 역사를 태우고 있으니."

나는 기쁜 한숨을 쉬며 도서관을 나와, 전기를 쓸 때는 아무것도 확실하지 않다는 사실에 생기가 솟아 시장 광장을 세 바퀴 돌았다. 딱 떨어진 답을 내놓을 뭔가를 덮치려는 순간, 그것은 훅! 하고 사라진다.

E라는 미스터리한 인물이 메리 아님의 일기에 처음 등장하는 건 도서관 근무에 대한 글에서다. 당시 도서관은 지금 있는 장소인 시 쇼핑몰이 아닌, 시장 광장을 막 벗어난 곳, 지금은 제이미 올리버 식당이 된 건물에 있었다. 메리 아님의 시

대에 지금 프로슈토 햄이 있는 매대는 소설 서가가 배치된 곳이었다. 라비올리 만드는 기계가 있는 곳은 원예 서적 코너였다. E가 처음 일기에 등장한 날, 메리 아님은 열아홉 살이었고 '칠린드레티 파스타 필로우'가 될 예정인 토마토 바구니 틈에서 책에 도장을 찍고 있었다.

방금 페기 애슈크로프트의 화집에서 "존 길구드의 근사한 사진—곱슬곱슬한 머리, 옆모습"을 발견한 참이라 "이상하게 들뜨고 몹시 흥분한" 그녀는 도장 찍던 책상에서 고개를 들었고 바로 거기, 그녀 앞의 줄 맨 앞에 E가 있었다.

예상치 못하게 E를 보았을 때 늘 그러듯 나는 펄쩍 뛰었다가 의자에 앉았다.

"넌 재밌는 애야." 메리 아님이 예기치 못한 만남에 놀란 마음을 가라앉히자 E는 말했다. 그후에도 그는 도서관을 떠나지 않았다. 보이지 않는 곳에서 돌아다니며 메리 아님의 가슴을 뛰게 했다. 메리 아님의 묘사 속 그는 "아담한" 유대인으로, 어떤 때는 눈이 "강렬한 푸른색"이며 어떤 때는 "선명한" 갈색이고, "남자다운 손"을 지녔지만 화가 났을 때 메리 아님은 그의 손이 "울퉁불퉁"하다고 표현한다. 그에겐 독일이나 오스트리아 같은 외국 억양이 있다. 그가 대문자 E 뒤에서 나와 이름을 밝히는 일은 결코 없지만, 1958년의 두번째 일기장과 1980년대 초 일기장들 사이에 메리 아님이 E를 350번 미만으로 언급하는 권은 단 하나도 없다. 앞선 시기에 쓴 일기에서 그녀는 그가 한 말들을 최면에 걸린 듯 충실하게 인용한다.

    E는 내가 눈에 띄게 예쁘다고 했다.
    E는 피렌체[도시]가 냄새난다고 했다.
    E는 생리가 여자에게 큰 핸디캡이고 짐이며, 끔찍하고 불필요한 것이라 했다.
    E는 남자에게도 나름의 골칫거리가 있다고 했다. 예를 들면 면도의 번거로움.

  E는 예술의 천재성이 인류의 가장 위대한 성과이며, 베토벤의 피아노 콘체르토 4번이 그 고귀한 정점의 최정상이라 믿고, 자신도 시 몇 편을 발표한 적 있음을 (말해달라고 조르면) 기꺼이 인정한다. 1950년대와 1960년대에 메리 아님이 기록한 그의 발언은 총 60쪽에서 70쪽에 달하며, 모두 "E는……"으로 시작한다.
  이따금 그는 폐를 부풀려 한 호흡에 다섯 쪽에 달하는 "E가 말하기를"을 내뿜는다.

E는 내가 노력하고, 노력하고, 노력해야 한다고 했다.

E는 우는 건 소용없다고 말했다.

E는 필요하다면 밤을 새워서라도 작업을 마쳐야 한다고 했다.

E는 그건 전혀 우울하지 않으며, 오히려 정반대라고 말했다.

도서관에서의 그날 E는 메리 아님 앞에 두 차례 나타났다. 두번째로 왔을 때는 책을 들고 있었다. 그가 선택한 책은 무엇이었을까? 릴케의 『두이노의 비가』? 『바흐와 대위법의 의미』? 『이탈리아 예술의 연구와 비평』 제2권?

아니다. 줄 앞으로 다가오면서 그는 메리 아님에게 "짓궂은 미소"를 보낸다. 책은 『컬러로 보는 잉글랜드의 마을들』이었다.

E도 여느 사람 못지않게 즐길 줄 알았다.

도서관에서 해고당한 후 메리 아님은 다른 직업을 구하기 위해 이력서를 써야 했고, 이력서엔 학력 관련 질문이 있었다.

케임브리지에서 퍼스 여학교를 다녔다고 썼다. 사실 그런 건 쓰지 말아야 하는데. 퍼스의 명성에 누를 끼치니까.

그러긴 싫었지만, 나는 학교에 전화를 걸었다. 학교에서 메리 아님이 누구였는지 말해줄 수 있을지도 몰랐다.

잉글랜드 최고의 중등학교로 꼽히는 퍼스 여학교(현재는 스티븐 퍼스 재단)는 케임브리지대학교 식물원과 가까운 시의 고풍스러운 구역에 숨어 있다. 알록달록한 주택들 틈에 끼어 있는데, 가장 작은 주택도 집값이 50만 파운드는 나간다. 메리 아님은 이 지역을 '슬럼'이라 부른다.

이들 주택 뒤에 비집고 들어선 학교는 규모가 크지만, 들어가는 길은 쪽문처럼 위장되어 있다. 이 겸손한 옆문을 통해 세계가 넓게 열린다. 로비 포스터에는 축구를 하는 당당한 젊은 여성들, 보안경을 쓰고 화학 실험용 증류기에 둘러싸인 젊은 여성들, 눈썹을 찌푸리고 아프리카인들을 도와 물 공급 프로젝트에 열중한 피부가 그을린 젊은 여성들이 나와 있다. 포스터들 사이로 학교 이곳저곳으로 향하는 복도가 나 있다.

"그분이 메리가 아니라는 사실 말고는 참고할 게 아무것도 없나요?" 캐서린이라는 여성이 그 터널 같은 복도들 중 하나에서 나타나 나를 맞이하며 재미있다는 기색으로 물었다. 캐서린은 학교 사서이자 기록 담당자다.

"아, 있고말고요." 나는 말했다. "그것 말고도 많이 안답니다. 1957년부터 1959년까지 이 학교에 다녔다는 걸 알아요. 이름이 메리가 아니라는 건 그녀가 루턴 칼리지에서 어떤 남자를 유혹하는 데 실패한 덕에 알게 됐죠."

잠시 사서와 나는 바깥의 작은 공원처럼 보이는 장소 옆에 있었다. "어맨다!" 운동화를 들고 줄지어 가는 여학생들 곁을 지날 때 캐서린이 외쳤다. "메리 비어드의 『파르테논』 들어왔어. 네가 빌려갈 수 있게 따로 보관해놨어."

우리는 서둘러 경사로를 내려가 넓은 식당 옆을 지나갔다. "하지만 그 책을 대출하려면," 캐서린이 뭔가 생각해내고 다시 외쳤다. "시몬 드 보부아르를 반납해야 해."

"기록보관소는 좀 어수선해요. 양해 바랄게요……" 괴상하게 생긴 벽장과 진열장이 들어찬 어둑한 방에 도착하자 캐서린이 말했다. 그러고는 허리를 숙이고 안으로 들어가 즉시 오래된 보고서에 쌓인 먼지를 불어서 떨어내고, 새 교실의 건축 모형을 들어 치우고, 액자에 든 〈오레스테이아〉 공연 홍보 포스터 뒤에서 얼굴을 찡그렸다. 몇 분 만에 그녀는 방을 반 정도 돌았다.

나는 거의 한 시간가량 이 열정적이고 친절한 여성과 잡동사니 틈을 뒤졌다. 하지만 아무것도 없었다. 화이트필드에 살

앉던 학생이 포함된 과거 학생 목록은 없었다. 졸업생 명부를 봐도 언젠가 세상을 놀라게 할 "불멸의" 프로젝트를 완수할 작정으로 미술 쪽 진로를 향해 여기서 첫걸음을 뗀 퍼스 출신 학생이 있었음을 시사하는 점이라곤 없었다. 그녀가 "간수"라 부르는 피터라는 남자의 주소로 모금 안내문을 보냈다는 기록도 없었다.

그러다 별안간 캐서린이 승리의 함성을 질렀다. "아마 이게 찾으시는 분의 사진 아닐까요?"

의심할 나위 없이 그랬다.

하지만 그 사진에는 이름 모를 다른 사람 72명도 함께 찍혀 있었다. 그건 1957년 학교 단체사진이었다.

13. 출생

> 내가 창조하고자 하는 어떤 매체에서든
> 나는 예술가로 태어났다는 소신이 날이 갈수록 커져간다…
> – 21세

"우와아앗! 이 필체를 보았을 때 처음 든 생각이 뭐였는지 알아요? 익명의 글쓴이 씨, 누구신지는 몰라도 댁과 같은 방에 있고 싶진 않네요. 딱 이런 생각이 들었어요."

공인 필적학자 협회 회장 바버라 위버는 내가 준 일기장을 식탁에 내려놓고 개암색 눈이 크게 확대되어 보이는 얇은 안경 너머로 들여다보았다. 원피스에 가까울 만큼 긴 갈색 블라우스 차림이었다. 그녀는 의자에서 내려와 들쥐처럼 재빨리 방을 나갔다가 빵 도마만한 확대경을 들고 재빨리 돌아왔다.

"그래요, 처음 드는 생각은 그거예요." 그녀는 다시 자리에 앉으며 만족스럽게 엉덩이를 흔들면서 말을 이었다. "필체가 이런 사람은 완전 괴짜예요."

바버라는 케임브리지 필적학파의 수장이기도 하며("'학파'라고 해봐야 나뿐이지만 말예요") 케임브리지 바로 북쪽의 랜드비치라는 마을에서 여러 채의 창고를 개조해 사업을 운영한다. 우리는 바버라의 집 식당에 앉아 있었다. 광을 낸 마호가니 식탁이 은은하게 빛났다. 연푸른색 카펫은 내가 커피를 한 방울이라도 흘릴세라 노려보는 듯했다. 바버라가 사는 곳의 바로 옆 마을은 워터비치인데, 내 첫 책의 주인공이 살았던 곳이다. 스튜어트 쇼터. 그 역시 많은 사람이 한방에 있고 싶진 않다고 여기는 인물이었다.

바버라는 식탁 옆자리에 쏟아둔 연필과 각도기 무더기에서 플라스틱 자 하나를 파냈고, 도마만한 확대경을 일광욕하는 여자 배우들이 거울을 대는 것과 같은 각도로 가슴에 대어 균형을 잡은 후,* 신난다는 듯 페이지를 들여다보았다. "오오오, 이 미드 존을 보세요……"

일기는 지독한 거짓말쟁이다. 앞뒤 맥락도 없이 감정에만 치우쳐 기록하고, 피해망상을 부추기고, 사실들을 재배열하고, 의도적으로 편향과 자기정당화에 빠지고, 중요하지도 않은 일들로 관점을 흐려놓고, 다른 의견을 검열하고, 사소한 불평을 비극적 상징으로 부풀린다. 특히 낙담에 대해서는 어

---

* 선탠할 때 얼굴색이 잘 나오도록 가슴 쪽에 반사판을 세워 햇빛을 반사시키는 것을 말한다.

떤 바보라도 쓸 수 있지만 행복을 묘사하는 데는 굳은 의지와 솜씨가 필요하다는 것이 사실이다. 일기는 대개 징징거림을 글로 적어놓은 것이다. 글쓴 사람이 행복할 때조차도.

바버라를 알게 된 건 인터넷에서다. 바버라는 웹사이트를 하나 운영하고 있는데, 교구 주보처럼 세로단과 글상자를 많이 쓰고, 소문내고 싶은 걸 꾹 참고 있다는 투의 글이 올라오는 옛날식 사이트다. '펜글씨 하나로 정신분석하기'라고 홈페이지는 큰소리친다. "이 연구 결과가 얼마나 정확한지 언니와 나는 솔직히 깜짝 놀랐답니다." '일란성쌍둥이'인 M과 L("사생활 보호를 위해 이름은 밝히지 않음")의 글이다. "우리 남편들도 읽고 똑같이 생각했어요. 이 연구는 저희 사이에 열띤 토론을 불러일으켰고 영혼을 탐색하는 계기가 되었습니다."

각 단어의 마지막 글자마다 마을 술집에서 치맛자락을 펄럭이는 여자처럼 최종 획을 쏘아올리는 필체 견본 밑에, 바버라는 딱딱하게 썼다. "관심받으려는 욕구." 메리 아님은 단어를 그렇게 끝맺지 않는다. 그녀가 쓰는 단어들은 배수구 격자망에 나란히 비집고 늘어선 것 같다. 말년의 일기에 이르러 확실해지지만, 메리 아님에겐 사라지고자 하는 욕구가 있다.

또다른 특이한 필체 견본에서 바버라는 d와 t에 강조 표시를 했다. t의 세로선이 올라갔다 내려오며 뚜렷한 '텐트' 꼴을 이룬다.

> Next weekend could be
> a bit hectic. I tried
> to write to Dan but he
> was spending the day

"완고함." 바버라는 선언한다.

메리 아님의 d는 이와 상당히 달라, 그리스어 델타 같다. 목덜미를 정통으로 얻어맞은 d다.

바버라의 사이트에서 '서비스'를 클릭하면 딸의 필적 일부를 몰래 보낸 한 어머니가 손으로 쓴 메모 일부를 볼 수 있다. 바버라는 인정사정없다. 딸의 필체에 대해서는 아무 말도 하지 않고, 어머니의 글에서 '꼬인 선들'을 지적한다. "관심사의 혼란," 그녀는 단호히 선언한다. 다른 예에서는 글자 a와 o에서 기만이 드러난다. 이 모음들을 마무리하는 획이 보통 그러듯 맨 꼭대기에서 겹치는 게 아니라, 글자 내부에서 고리를 이룬다. 기만적인 글쓴이가 부엌 창 너머에서 전화선을 잡아채 탐욕스레 둘둘 감아버리기라도 한 듯. 메리 아님의 글씨는 절대 이렇지 않다.

나는 바버라에게 일기장 세 권을 주었었다. 하나는 메리 아님의 글씨가 한 줄에 네 단어씩 힘차게 종이 위를 뛰어가는 60년대 일기장.

> Try not to talk
> too much about myself
> to him; though so
> interesting to me, it could
> bore others, even him.

하나는 필체가 처음으로 줄지어 선 벌레들을 닮아가기 시작하는 1979년 일기장.

> Went on foot to town this afternoon — A number
> of people about. Somehow, I felt afraid of every
> group of ruffians or layabouts I saw, wondering
> if they were strikers, or people laid off. One day
> they will knock me down, and run off with
> the groceries or goods I have bought. It only
> needs the police to strike next

그리고 2001년의 화려한 색 노트 하나. 바버라가 충격을 받은 것은 이 마지막 일기였다. 메리 아님의 뇌에서 단어가 생겨나고 펜 끝에서 모습을 나타내기까지, 그사이 어딘가에서 그녀의 생각들은 벌레로 변했다. 아주 작고 꿈틀거리고 셀 수 없이 많은. 바버라의 어깨 너머로 책장을 들여다보며 나는 그녀의 분석적인 정신 일부를 흡수했다. 충격을 느끼며 나는 생각했다. 이건 쓰레기장에 내던져질 준비를 하는 이의 글씨야.

Of course, all my own plans in my youth were just a pie in the sky, so I have a quite different "God".

물론 젊었을 때 내가 세운 계획은 모두 이루어질 수 없는
꿈에 불과했다. 내 "신"은 아주 다른 신이니까.

"이렇게 글씨를 작게 쓰는 건 시력 때문이 아니에요." 바버라는 메모장에 뭔가 적으며 말했다. "시력이 딱히 나쁘지는 않아요. 그랬다면 이렇게 길게 쓰기도 전에 지쳐버렸을 테니까요. 알츠하이머도 작은 글씨와 연관 있지만, 이 사람은 뭐든 기억하니 그건 아니고……" 바버라는 메리 아님의 윤곽이 나타나기라도 한 듯 눈을 가늘게 뜨고 허공을 보다가 재빨리 메모장에 뭔가 더 쓰고는 다시 확대경에 고개를 박았다.

필적학자들은 중추신경계가 감정과 직접 연결되어 있으며, 따라서 뇌의 미세한 자극이 필체에 개별적 다양성을 부여하고 이는 성격과 확실히 연관이 있다고 믿는다. 단순하게 설명하면, 필체를 해석한다는 것은 평균적이고 별 특징 없는 손글

씨의 모양을 정하고, 필체가 그 무난한 중도에서 어떻게 벗어나느냐를 분석해 어떤 사람의 비정상적인 성격 특성을 밝혀낸다는 것이다.

분석을 단순화할 목적으로 필적학자들은 필체를 세 구역으로 나눈다. 어퍼 존, 미들 존, 로어 존이다. '어퍼 존'은 세로로 긴 글자들이 차지하는 위쪽 공간이다. 이 구역은 지적이고 영적인 면을 나타낸다. 일상이 이상과 꿈의 영역까지 확장된 것이다. 빌 게이츠의 필체는 어퍼 존이 크다.

언젠가 당신이 몇십억을 벌기를

브리트니 스피어스는 어퍼 존이 작다.

지난번 우산 사건에 대해 사과하고 싶습니다.

메리 아님의 어퍼 존은 크다.

'로어 존'은 단어 덩어리의 아래 공간, g나 p의 밑에 매달린 부분이 발을 뻗는 곳이다. 이 구역은 글쓴이의 본능, 활동, 동기를 드러낸다. 바버라의 말에 따르면 "어떤 사람이 돈, 소유물, 자기 육체의 힘에 대해 어떻게 느끼는지"를 보여준다. 바버라의 사이트에 있는 링크 하나를 열면 스튜어트 블랙번이 쓴 편지 스캔본이 뜬다. "살인자의 필체"라고 떠들어대는 헤드라인이 붙어 있다. 혐오스러운 사건이었다. 블랙번은 여자친구 몸에 불을 붙이고 방에 가둬 살해했다. 발췌문은 그가 유죄판결을 받은 후 여자친구 부모님에게 쓴 편지의 일부다. 그가 쓴 y는 로어 존이 독특하다.

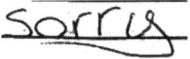

"'극단적으로 왼쪽으로 치우치는 경향'은 그가 어머니나 '어머니 같은 존재'와의 사이에 '해결되지 않은 문제들'을 품고 있음을 보여주죠." 바버라는 말한다. 메리 아님이 y와 g를 쓰는 방식도 비슷하다(특히 알록달록한 색의 일기장들에서).

I want on with the book on "Dennis Nielsen."
It seems he was very good at English Literature, and was a good writer; I might think he could have been a novelist, if he hadn't turned to murdering

잠이 오지 않아 "데니스 닐슨"의 책을 계속 읽었다
그는 영문학에 조예가 깊은 것 같았고 글을 잘 썼다. 살인을 저지르지
않았다면 소설가가 될 수도 있었을 것 같다.

필체의 '미들 존'은 d의 높은 부분과 y의 낮은 부분 사이의 전부다. 글의 대부분에 해당한다. 평균적인 손글씨는 각 구역당 대략 3밀리미터를 이용한다. 그 범위를 훨씬 벗어나거나 비율이 다른 경우가 바버라의 관심을 특히 자극한다. 완벽히 평균적인 사람의 글씨라면 t자 꼭대기에서 p자 맨 아래까지 약 9밀리미터 떨어져 있을 것이다.

세번째 일기장에서 그 간격은 2밀리미터다.

"하지만 그저 글자 모양만을 대상으로 분석하지는 않아요. 그렇게까지 단순화할 순 없죠." 바버라가 주장했다. 종이의 눌린 자국이 관심을 끌었는지 그녀는 일기장을 머리 위로 쳐들어 빛에 비춰 보고 페이지를 넘겨 뒷면을 확인하고는 경찰 수사관처럼 딱 부러지고 분명하게 말하기 시작했다. "글씨가 종이 뒷면에 눈에 띄는 눌린 흔적을 전혀 남기지 않음……에너지 레벨 높지 않음…… 경험은 글쓴이를 스쳐지나가고, 거의 인상을 남기지 않으며…… 과거의 잘못에서 배우는 것 없음……"

바버라는 말을 멈추고 깜짝 놀란 듯한 미소를 지으며 고개를 들었다.

"글 전체를 봐야 해요. 모든 것을, 문장들이 페이지에서 서로 어떻게 이어지는지까지 연구했을 때에야 제대로 판단할 수 있죠. 오늘 아침 읽은 글만 해도 어떤 전문가가 g를 이렇게 쓰면……

……레즈비언이라고 주장하더군요. 아래쪽의 작은 리본 모양, 올가미 고리처럼 생긴 부분이 되돌아오고 있기 때문에 죄책감의 징표라고요. 하지만 g를 저렇게 쓰는 게이 남성도 많이 봤어요. 남자 여자 누구나 그렇죠…… 아아악! 컵 거기다 놓지 마요!" 그녀는 식탁의 광택 위로 컵받침을 밀어 보냈다. 컵받침은 내 머그잔 아래 안착했다. "남편이 이 식탁을 만든 직후 그런 짓을 했죠. 그이는 한 모금 마시자마자 일어서서 나무를 벗겨내고 처음부터 다시 작업해야 했답니다."

필적학자들은 어림짐작과 과장된 허풍만 부리면서 기가 막힌 확신을 팔고 다니지, 바버라를 만나기 전 내 생각은 그랬다. 그들은 장사치다. 처음엔 스스로를 속여 확신을 팔고 그다음엔 남에게 팔아넘기려 한다. '누구랑 비슷한 것 같은데.' 오늘 바버라를 만나러 랜드비치로 차를 몰고 오면서 나는 생각했다. '그렇군, 누군지 알겠어. 바로 전기 작가들과 똑같아. 나와 닮은 거야!' 필적학자들은 전기 작가와 동일한 종류의 언어를 쓴다. 자신들이 '진실'을 추구한다는 막연한 거만함을 띠고 움직이는데, 다시 말해 그건 독단적이라는 소리를 듣기 좋아한다는 뜻이다. 둘 다 똑같은 가십성 호기심에 이끌려 행동한다. 두 필적학자(혹은 전기 작가)를 한방에 두면 통성명을 하자마자 서로의 이름을 가지고 의견이 갈릴 것이다.

내가 만난 필적학자들은 좋았다. 몇 달 전 나는 제인 오스틴의 필체에 대한 논문을 발표한 퍼트리샤 필드를 만났다. 바버라처럼 퍼트리샤도 d에 관심을 보였다. 그녀는 메리 아님의 델타 모양 d의 중요성을 지적했다. d를 그렇게 쓰는 건 창의력의 징표로 잘 알려져 있다.

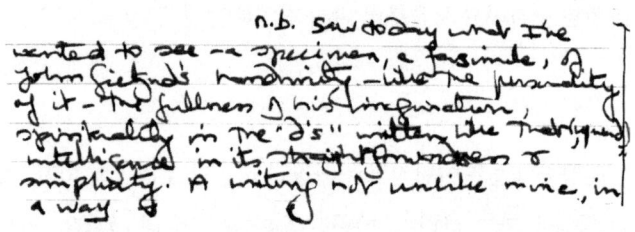

중요한 정보. 오늘 보고 싶었던 걸 봤다—존 길구드 친필의 견본, 복사본이다—필체의 개성이 마음에 든다—그런 식으로(바람을 거스르듯) 쓰인 "d"에서 드러나는 상상력과 영성의 충만함, 진솔함과 소박함에 깃든 지성. 어떤 면에서는 내 필체와도 다르지 않은

나는 만족스레 동의했다. "그래요, 나도 d를 델타처럼 쓴답니다."

"그건 관심받고자 하는 과도한 욕망, 어쩌면 열등의식을 내비칠 수도 있어요. 주목받기 위해 무슨 짓이든 할 사람들 말이에요."

일기 주인의 d를 글의 나머지 부분과 비교해보고, 퍼트리샤는 망설임과 결단력 부족이 '나'의 발목을 잡고 있었다고 말했다. 대단한 예술적 욕구를 품었음에도 메리 아님은 평범한 조리사에 그쳤을 수도 있다.

퍼트리샤의 견해에 따르면 또한 m은 메리 아님의 성격이 폐쇄적이었음을 시사했다. m의 꼭대기가 고가철도 아래 아치처럼 구부러진 방식 때문이다. 개방적인 사람들은 u 두 개를 붙여 놓은 것처럼 아치가 주저앉은 m을 쓴다. 퍼트리샤는 m의 형태가 아이들이 둥글게 돌며 놀 때 손잡는 방식과도 연관이 있다고 말했다. 노래를 부르며 도는 동안 주먹 관절을 위쪽으로 향하고 있는 마르고 날카로운 얼굴의 아이들이 m을 메리 아님처럼 쓴다. 주먹 관절을 아래로 하여 밑에서 손을 잡는 호구 같은 아이들은 m을 무너지게 쓰는 경향이 있다.

한편 바버라는 몹시 조심스러워해서 명확한 신체적 서술을 이끌어낼 수 없었다. 필적학으로는 글쓴이가 남자인지 여자인지조차 결론지을 수 없다는 것이 바버라의 의견이다. 메리 아님은 s를 둥글게 쓰는데, "물론 이는 고분고분하다는 의미이고, 여자라면 타협하고 굽힐 가능성이 높죠. 하지만 남자에게도 해당되는 얘기니까요".

바버라는 내가 가져온 일기장 세 권을 읽고 각 권의 필체를 연구하고 비교한 뒤 100파운드라는 조촐한 금액을 대가로 30장짜리 전문적인 보고서를 작성했다. 그 결론에 따르면 일기 작가는 말년에

> 부정적인 정신상태이며 대부분의 시간 동안 무기력에 빠져 있다. 고질적인 걱정꾼이며 사람이나 상황을 맞닥뜨렸을 때 대체로 최악을 예상한다. 수줍음이 많고 소심하며, 어색하고 불편해하는 모습이다. 이목을 끌지 않는 검소한 옷차림일 가능성이 높고 늘 손에 닿지 않는 누군가에게 이끌린다. 부모님이 부족했다고 생각하기에, 이는 '좋은 부모'—자신의 진정한 모습을 봐줄 사람—에 대한 갈망을 낳는다. 극단적인 경우 감정적으로 무너지거나 자살할 가능성이 있다.

영화에서 법의학자는—불신에 차 콧방귀를 뀌는 경찰에게 첫 사망 추정 시간을 알리기 위해—수술대 앞에 서서 시신의 사후 부검을 실시한다. 미지의 일기 작가를 다루는 전기에서,

바버라 위버는 마호가니 식탁을 바라보며 말뭉치의 사후 분석을 행한다.

필체의 기울기는 '감정 다이얼'의 척도다. 바버라는 날카로운 시선으로 고개를 들어 도구 무더기에서 가장자리에 선들이 파인 플라스틱 각도기를 꺼냈다. 오른쪽으로 기울어지는 글은 글쓴이가 외향적이고 자신감 있다는 의미다. 똑바로 오르내리면 독립적인 영혼이라는 뜻이다. 왼쪽으로 기울어지는 건 수줍음을 의미한다.

"그래요, 음, 수줍음쟁이…… 자살 성향이 있는 심각한 경우…… 알코올이나 약물 남용 가능성…… 저장 강박증…… 실의에 차고 우울하며…… 어디 보자, 생년월일은 5월 22일, 19…… 1939년."

"필체로 그런 것까지 알 수 있어요?" 나는 더이상 불신을 감추지 못하고 내뱉었다.

"아니죠!" 바버라는 즐거워하는 미소를 띤 채 도마 크기의 확대경에서 눈을 들었다. "쓴 글을 읽었으니까 알 수 있는 거죠. 안 읽어보셨어요?"

5월 22일, 토요일. [1999년]

오전: 기록해둘 것—오늘은 내 생일—"기념할 만한 생일"이다. 오늘 자정 즈음은 되어야 진짜이긴 하지만. 어쨌든 이제 글로 읽었던 연금 수급자가 받는 온갖 할인 혜택을 받을 자격이 있다.*

---

* 일기가 쓰인 시점에서는 60세.

14. 축하의 장: 13세부터 62세까지 생일들

1952년 생일 선물 목록

1. 만년필이나 볼펜
2. 대형 펜나이프
3. 침낭
4. 사전
5. 인형(남자 인형이든 여자 인형이든)
6. 도화지 드로잉북(bla)
7. 파스텔
8. 발레슈즈
9. 바지
10. 헨리에게 줄 총
11. 야비에게 입힐 새 하얀 조끼
12. 욜리의 티 세트
13. 헨리에게 입힐 파자마
14. 헨리에게 입힐 실내복
15. 핑크색 리본 넉넉히
16. 파티 드레스

― 13세

1961년 기대했던 대로 즐거운 생일이었다. 기분은 최고이고 건강과 청춘다운 낙관주의가 마음 가득하다. 지금까지는 스물두 살이 되었다는 게 즐겁다. 지금이 인생 최고의 때일까 궁금하다.

— 22세

1962년 c느낌의 멋진 꿈을 꾸다 깼다. 그야말로 생일 선물이다. 내게는 행복한 꿈이다. 탁월하고 사회적으로 가치 있는 사람이고 싶은 내 욕망이 충족되는 꿈.

— 23세

1964년 생일을 집에서 보냈다. 이해할 수가 없다. 나는 잘 먹고, 양이 지나치게 많지도 않다. 모든 여자가 생리 때 이렇게까지 심하게 기운 없고 신경질적으로 반응하는 걸까? 4주에 한 번씩 일주일 내내 피 흘리며 끔찍한 기분으로 보내야 하다니!

— 25세

1974년 내 생일, 그리고 살면서 제일 축하를 못 받은 생일일 거다!

저녁 늦게 데임* 해리엇이 거실에 있을 때 살짝 엿들었다.

기묘한 직감이 있어 누가 내 이야기를 하면 바로 알 수 있다. 미스 N은 내가 매우 행복하다고 했다. 내 관심사가 뭐냐고 묻자 D.H.는 어리둥절해했다. 내가 '줄창' TV만 본다는 그녀의 말에 나는 짜증이 났다. 그건 전혀 사실이 아니니까.

― 35세

1975년 내 생일, 지금껏 가장 조용히 지나간 날.

평소와 같은 조용한 날이었고, 해리엇은 내 생일인 걸 몰랐다. 그런 일로 신경쓰게 하고 싶지 않았다. 하지만 여전히 그녀가 곁에 있는 것만으로도 충분한 선물이다. 사실 노인들 모두가 곁에 있다는 걸로 충분하다.

― 36세

1977년 내 생일, 따분한 날이었다. 다행히 난 아무렇지도 않다. 노인네들은 정말 질렸다. 지겹기 짝이 없는 사람들이다.

― 38세

1978년 내 생일, 받은 것을 헤아려본다. 내가 간절히 원하는 건 말과 사랑이며, 물질적인 것이 아니다. 눈[여동생]이 준

---

* Dame. 기사 작위를 수여받은 여성에게 붙는 경칭. 남성의 Sir에 해당한다.

잠옷은 후한 선물이지만 내가 바라는 건 아니다. 나는 말을 듣고 싶다.

퍼든(다른 여동생)이 독신으로 사는 게 최고라고 생각한다는 게 대단히 위안이 된다. 그 말은 진심이다. 그애는 잘 안다. 남자를 많이 겪어봤으니까. 그애 말이, 매력은 시간이 가면 사라지고, 그러고 나면 자유롭지 못하고 갇힌 신세가 된다.

E는 조금씩 죽어가느라 너무 바빠 내 생일이라는 생각을 못하는 게 틀림없다.

39는 캘리그래피의 관점에서 보면 쓰기 근사한 숫자다.

- 39세

1982년 내 생일, 하지만 이 사실을 자꾸 잊어버리는데, 한참 전부터 마흔셋이라는 기분이었기 때문이다. 소피아 로렌이 감옥에서 사치품을 요구한다는 신문기사를 봤다. 저 잘난 줄 알고 제멋대로인 끔찍한 여자다. 감옥에 들어가도 싸다. 지나치게 운좋고 자기만족에 도취된 건강한 사람이 이처럼 사소한 시련을 겪는 걸 보면 기분이 좋다. 잠이 가득하다.

- 43세

1983년 푹 잘 잤고, 내 생일이라는 게 생각났다. 체중을 쟀고 66킬로그램이다.

— 44세

1984년 태어났을 때 나는 거의 죽을 뻔했는데, 신생아에게 있는 점액을 제거하지 못했기 때문이라고 한다. 나는 태어나자마자 세례를 받고 종부성사를 받았다. 가슴 아픈 이야기다. 첫아이인 내가 죽었다면 엄마와 아빠에겐 끔찍한 일이었을 거다. 죽는 게 더 나았을까 하는 생각이 든다.

— 45세

1993년 오늘이 다시 돌아와 기쁘다.

— 54세

1996년 내 생일이고, 한가로운 날은 아니었고, 나는 바쁜 연금 수령자로 하루를 보냈다. TV에서 웬일로 굉장히 좋은 내용을 방송했다. 심장수술의 최신 근황에 대한 의학 프로그램이었다. 네 남자가 나와 전문가의 수술을 받는 내용이었는데, 그중 세 명은 일흔이 넘었다. 늦은 시간이었지만 환자들이 어떻게 되었는지 알고 싶어서 끝까지 봐야 할 것 같았다. 결국 세 명은 사망했다.

— 57세

1997년 내 생일이다! 그다지 신나지는 않는다. 몸이 너무 거대한 느낌이라고 생각했다. 해변에 밀려온 고래 같다. 가슴조차 부풀어오른 것 같다. 그 부위는 원래 늘 말랐었는데.

- 58세

1998년 기록해둘 것. 내 생일이다. 처음엔 기억도 못했다. 엄마는 지독했다. 내게 9파운드를 보냈다.

연금 수령자들은 신체보다 두뇌가 먼저 무너지는 것 같다. 그것만이 유일한 설명이다.

- 59세

1999년 기록해둘 것—오늘은 내 생일—"기념할 만한 생일"이다……

엄마가 식물원에서 내가 몰랐던 얘길 해주었다. 내가 유도 분만으로 태어났고, 그래서 진행은 빨랐지만 굉장히 고통스러웠다고. 의사가 다음날 비행기를 탈 예정이어서 그랬던 것 같다. 그리고 비슷한 방식으로 분만된 다른 아기는 산소 공급량이 지나치게 많아 실명했다. 나 역시 '점액' 때문에 문제가 있어 산소호흡기를 달았다.

내가 겁 많은 사람인 건 그 때문인지 모른다.

- 60세

2000년 기록해둘 것, 내 생일이다. 생일치고는 꽤나 우울하다. 하지만 내 나이에 멋진 일들을 하는 사람들도 있다. 올여름 결혼하는 '안나 포드'처럼. 히스턴 로드에 다녀왔다. 돌아와서 보니 와인 가게에서 산 사과주 캔에 새는 곳이 있었다.

– 61세

2001년 기록해둘 것, 당연히 내 생일이다. 진입로를 따라 멀어지는 엄마를 보며 아주 늙어 보인다고 생각했다. 꽤 괜찮은 생일이었다, 올해가 끔찍한 기억으로 남은 해라는 걸 감안하면. 한 해가 지나면 상황이 어떻게 변할지 궁금하다.

– 62세

15. 가장 오래된 노트

1952년 일기와 오래된 기록들을 읽었다.
나는 참 골칫덩이였구나.
- 20세

라이비너 상자에서 가장 오래된 노트는 얄팍한 베이지색 하드커버로, 내지는 무지 종이 스물세 장이고 갈색 포장지를 감싸 붙인 판지 두 장이 표지다. 책등의 리넨은 원래 오렌지색이나 핑크색이었지만 삭았다. 앞표지에는 커다란 정사각형 안에 이런 설명이 인쇄되어 있다.

일반 교육
종합장

이 글귀를 둘러싸고 어린아이가 뭔가를 끄적거린 듯 잉크 얼룩과 엉터리 단어가 남아 있다. 맨 아래 오른쪽에 뿌듯해하는 필기체로 연도 칸에 숫자를 써놓았다. "1952."

그리고 두 차례 밑줄을 그었다. 샥! 샥!

노트 안의 글씨는 큼직하고 서툴며 종이 위로 무너져내린다.

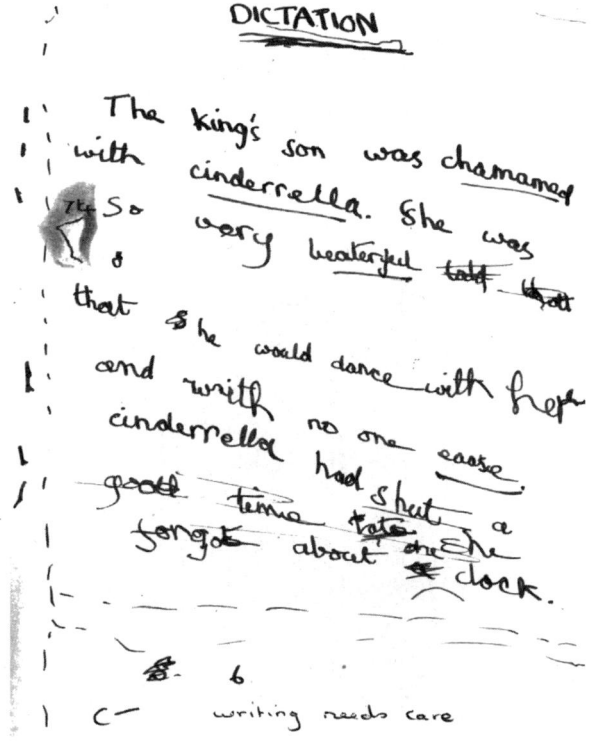

그림이 그려진 장이 여럿인데, 어린 사내아이가 그린 듯한 것도 있고

여자아이가 그린 게 확실한 것도 있고

정신질환을 앓는 사람의 그림임이 분명해 보이는 것도 있다.

착실한 계산이 있는가 하면

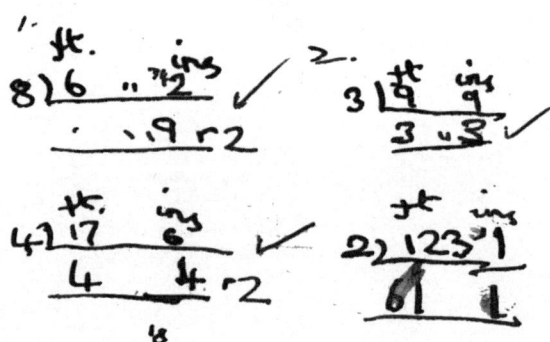

비노라는 이름의 가상의 나라도 있는데, 이 나라는 프랑스처럼 생겼고 강에는 유제품과 프랑스 지식인 이름과 흑인을 모욕적으로 부르는 단어에서 따온 이름이 붙었다.

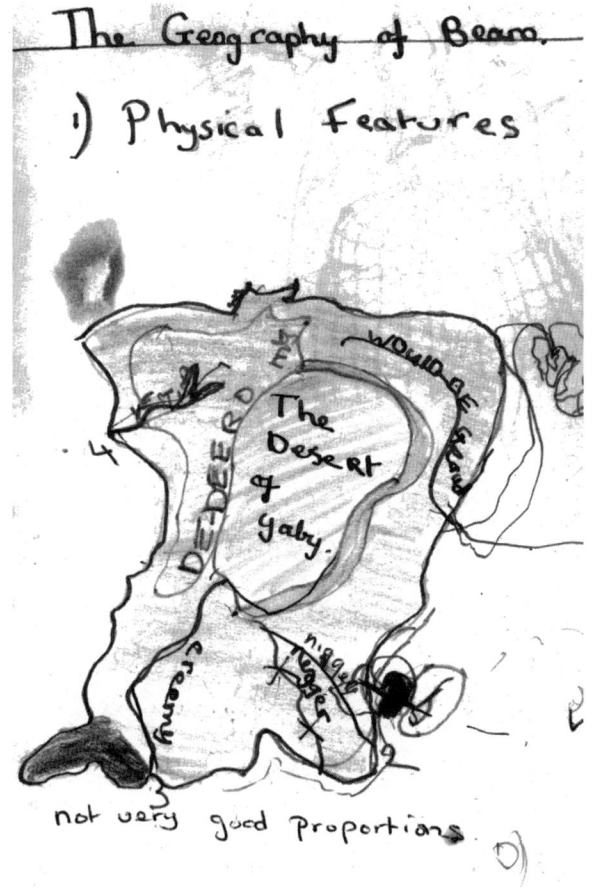

중앙의 다섯 장에 그려진 그림은 너무 흐릿해서 복사할 수 없었다. 어찌나 희미한지 진짜 선은 종이 뒷면에 있는 게 아닌가 싶은 생각이 잠시 들 정도다. 거의 보이지 않는 연필선으로 피아노 앞에 앉아 울고 있는 작은 소녀를 그렸다. 아이는 의자에 푹 주저앉아 찰스 디킨스 작품에 나오는 딱한 고아처럼 팔오금에 고개를 파묻고 있다. 얼굴은 없다. 머리카락과 팔다리와 패배감이 있을 뿐.

이 공책은 메리 아님의 것이었을까, 아니었을까? 탐정 놀이에 신이 난 나는 일기장 148권 전체를 총 여덟 부류로 나누었다.

1) 오발틴* 냄새가 나고 만화가 그려진 맥스-벨 연습장 일곱 권

2) "'정말 아름다운 아침이야!' 클래런스는 흥얼거리며 낮게 노래를 불렀다"로 시작하는 소설 초고가 든 인조가죽 커버 빨간 패드 여섯 권.

3) 1952년이라 적힌, 아주 초기의 바로 이 연습장.

---

* 맥아 추출물, 설탕, 유청으로 만들어진 우유나 물에 타 먹는 분말 식품.

4) 갓 성년이 된 시기에 쓴 일기. 필체는 깔끔하고 꼼꼼하지만 여전히 큼직하며, 글자들이 물뿌리개로 뿌린 것처럼 페이지 공간을 온통 차지한다.

5) 두 종류의 사무용 노트에 작은 글씨로 기록한 장기간의 일기. 콜린스 '레드 북스'와 바다를 보는 느낌을 주는 푸른 대리석 무늬 커버의 브랜드 없는 하드커버 노트.

6) 1990년대부터의 요란한 색 일기장. 굳이 읽지 않고 페이지를 넘겨보기만 해도 글쓴이가 뭔가 심각하게 잘못되었음을 알 수 있다.

7) 소형 일일 기록 수첩 네 권, 책등에 주사기처럼 생긴 연필을 꽂아 보관할 수 있는 것.

8) 빈 노트들. 이 부류는 어떤 기분일 때 마주하느냐에 따라 특히 더 뭉클하거나 충격적이다. 빈 노트는 열한 권이고 전부 다른 종류다. 미술용 수채화 패드, 한쪽 모서리에 알파벳이 계단처럼 붙어 있는 주소록, 치즈 곰팡이 같은 줄무늬가 있는 노트. 나는 이 빈 노트들이 메리 아님의 사망 이후 책상

에 쌓인 채 결코 오지 않을 때를 기다리는 광경을 상상한다. 아니면 다른 노트들을 채우느라 바쁜 그녀의 눈에 들지 못하고 방 전체에 흩어져 있는 광경을 상상한다.

나는 스스로가 자랑스러웠다. 스코틀랜드 야드* 방법을 사용해 대상에 가까워지고 있었다. 화이터스를 방문해 그녀의 가계를 밝혀냈다. 필적학자를 찾아간 덕에 당혹스럽긴 했지만 생년월일을 알아내는 결실을 얻었다. 출생 다음은 세례명을 부여하는 일이니, 다음 순서로 나는 그녀의 이름을 알아내야 했다.

새로 산 스웨덴 디자인의 금색 노트에 지금까지의 진척 상황을 종합해 적었다.

이름? 메리는 아님.

생년월일? 1939년 5월 22일.

형제 관계? 자매 셋.

부모(언제 나와도 딱히 흥미로운 질문은 아니지만)? 알 수 없음.

'위대한 프로젝트'의 주제? 알 수 없음. 과학 프로젝트일 가능성은 낮음. 일기장에 수학 공식이나 기술적 설계도는 없음. 아주 젊었던 시절 일자리를 찾다가 도서관 일을 거절하는데

---

* 런던 경찰국.

"거기는 곰팡이 슨 낡은 과학책밖에 없으니까"가 이유였음. 과학은 지루하다고 느낌. 의학은 예외. 의학서를 많이 읽음.

프로젝트 실패 이유? 알 수 없음.

일기장들을 쓰레기장에 내버린 사람의 이름이나 이유? 알 수 없음.

E는 누구? 알 수 없음.

나는 침대 베개에 기대앉아 다른 생각을 했다. 메리 아님이라는 사람이 마음에 드는지 자문해보았다. 세상을 향해 그렇게 성난 고함을 치고 말년에는 피터라는 남자에게 속박되어 그를 목 조르고 찌르고 싶어하기는 해도, 메리 아님은 온화하고 순한 사람으로 보인다. 그녀에겐 소심함과 삶을 향한 열망이 사랑스럽게 뒤섞여 있다. 나는 초기 일기에서 그녀가 케임브리지로 자전거를 타러 가려고 화이트필드 숲을 떠나는 장면을 떠올렸다. 불안해하며 페달을 밟아 애든브룩병원 쪽으로 언덕을 내려가면서(그녀가 두려워하는 것 중 하나는 교차로와 진입로마다 차들이 도사리고 있다가 튀어나와 자신을 치는 일이었다) 그녀는 "멋진 원시적 환상"을 품었다. 숲속으로 달아나는 상상을 했다. 거기서 "대지 가까이, 그것도 가장 깊고 어둡고 바람 부는 숲속 깊숙한 곳에서 자연의 삶"을 영원히 살며, "품에는 사랑스러운 존재, 내 연인을 안고 누워 있을" 것이었다.

이 부분에 그녀는 새침하게 덧붙이는데, 이 남자에게 "섹스에 대한 육체적 욕망은 없"고, "그저 정신적 욕구"뿐이다⋯⋯

그러나 그다음, 섹스에 대한 언급을 하면서는 처음으로, 그녀는 머뭇거린다.

귓전으로 돌진하며 지나가는 밤, 방금 화이트필드에서 목욕하고 나온 살결의 부드러움과 아직도 느껴지는 따스함⋯⋯

"섹스란 엄청나게 흥분되는 것일 테지." 그녀는 덧붙인다.

그리고 롱 로드 고양이 사육장 앞에서 핸들을 재차 꽉 쥐고 다리를 박차고는 전율어린 생각을 하면서 "비누 향기를 풍기며" 케임브리지로 나아갔다.

내가 그 사실을 알아차린 건 한밤중이었다. 그게 잘못됐던 거였어!

어린애 낙서가 있는 1952년의 노트는 너무 얇았다.

애초에 스물세 장밖에 없는 노트가 어디 있을까?

손을 거의 움직일 필요도 없이 그 얄팍한 노트를 집어올리니 이제 앞표지가 속지 위로 부자연스럽게 미끄러지는 게 느껴졌다. 표지를 젖히자 책등 아주 가까이에서 속지 3분의 2를 제거한 흔적이 보였다.

나는 서둘러 침실을 나가 서재로 가서 확대경을 갖고 돌아왔다.

 면도칼로 잘려나간 거야, 나는 흥분해서 숨을 들이켜며 결론을 내렸다.

16. 사립탐정 빈스

사립탐정 빈센트 존슨과의 인터뷰

장소: 케임브리지 CB2 카페

일시: 2012년 3월 12일/2015년 4월 14일

AM: 이 인터뷰의 일부는 녹음됩니다. 괜찮으십니까?

VJ: 괜찮습니다.

AM: 차후 제가 녹음을 이용하게 된다면, 그 목적은 당신을 불리하게 몰아세우는 것이 아닙니다. 말하는 내용을 제가 정확히 기록하는지 확인하기 위해서입니다.

VJ: 이해합니다.

AM: 이 책을 위해 인터뷰한 모든 분이 그렇듯, 책이 나오기 전에 내용을 미리 확인하실 수 있습니다.
VJ: (재미있다는 듯) 알렉산더, 난 걱정 안 해요. 선생이 어디 사는지 아니까.
AM: 빈스라고 불러도 되겠죠?
VJ: 예.
AM: 빈스, 하는 일에 대해 말씀해주시죠.

카페의 어둑한 안쪽 공간에서 봐도 빈스는 풍채가 겁나리만치 위압적이다. 피부가 아닌 나무껍질에 덮인 사람 같다. 그가 악수하려고 테이블 위로 팔을 뻗자, 나무 몸통에서 굵은 가지가 뻗어나오는 것 같다.

VJ: 나는 케임브리지 탐정사무소의 수사원이자 설립자입니다. 우리 사무소는 감시, 소장 송달, 추적, 이혼, 실종자 수사를 비롯해 좀도둑질에서 살인까지 다양한 방범 케이스를 맡아 처리합니다. 우리가 하는 일은 대부분 지극히 평범해요. 위험한 일은 빈번하고, 기묘한 일도 가끔 있죠. 30년간 사무소를 경영하며 우리가 수사한 사건은 2만 건이 넘습니다. 그전에 나는 케임브리지셔 경찰대의 최연소 범죄수사과 형사였습니다.
AM: 어떤 계기로 탐정이 되셨나요?

VJ: 젊은 경찰이었던 시절 경찰서 위층에 살았죠. 당시 이 지역은 처음이라 지루할 때면 경찰서 정보실인 아래층 자료 수집실로 내려가 범죄자들의 사진을 외우고, 그들의 주소, 우편번호, 같은 패거리에 누가 있는지, 어떤 차를 모는지, 등록번호는 무엇인지도 외웠습니다. 선생의 지난번 전기 주인공을 여러 차례 만났던 것으로 기억합니다.

AM: 스튜어트 쇼터 말씀이죠?

VJ: 괜찮은 친구죠.*

[2012년 빈스는 실종자 수사에 기여한 공로를 인정받아 ABI 올해의 수사관 상을 받았다. ABI는 영국 수사관 협회 Association of British Investigators로 전문적인 영국 민간 수사원 관리 기관이다. 사립탐정에게 이중 원 안에 국기가 휘날리는 ABI 로고는 배관공의 checkatrade.com**과도 같다.]

---

* 빈스는 나중에 이메일로 설명했다. "한번은 그를 면담했을 때—용의자는 아니었고, 노숙과 관련있는 다른 사건 조사차였습니다—내가 입은 드라이저 본 방수 재킷에 관심을 보이더군요. 길거리 생활을 하며 따뜻하고 몸이 젖지 않게 그런 게 하나 있으면 좋겠다면서요. 당시에는 조금 당혹스러워서 아무 말 하지 않았지만 그 일을 기억하고 있었고 2개월 후 그 친구가 비를 맞으며 시드니 스트리트에 앉아 있는 걸 발견했죠. 난 재킷을 벗어 어깨에 둘러주고 가던 길을 갔습니다. 별로 대단하다 생각하지 않았는데, 그건 내가 했던 최고의 자발적인 선행일 게 분명합니다." (원주)

AM: 그 사건의 내막을 간략하게 설명해주시겠습니까? 독자들이 그 건이 이 일기를 쓴 '나', 일명 '메리 아님'을 찾는 실종자 수사와 어떤 연관이 있는지 알 수 있도록 말이죠.

사립탐정 빈스 존슨, 익명의 일기 주인을 발견하지 않는 법에 대한 조언자, 리비아 탈출 직전 촬영, 2012년.

** 수리가 필요한 집주인에게 인증받은 수리공을 연결해주는 사이트.

1부 미스터리 155

VJ: 어느 젊은이와 관련된 사건이었습니다. 편의상 제이컵이라 부르죠. 벨기에의 보안이 철저한 정신감호소에서 탈출했는데 부모는 그가 케임브리지에 왔을지도 모른다고 여겼습니다. 그가 떠돌이가 된 건 처음이 아니었어요. 지난번엔 가족이 열 달 동안 추적해서야 프랑스 리옹의 공원 벤치에서 그를 발견했죠. 꾀죄죄한 꼴에, '식물인간'이나 다름없고 대화가 불가능한 상태였어요. 정신적으로 불안한 젊은이의 인생을 구하려는 슬픈 사건이었습니다.

AM: '지칠 줄 모르는 집요한' 추적으로 칭찬받았던 걸로 압니다.

VJ: 인터폴에서 부친에게 마켓 스트리트 현금인출기 한 곳에서 현금이 인출되었다고 알렸죠. 가족은 내게 사진 세 장을 보냈습니다. 그는 케임브리지의 여느 청년과 다를 바 없는 생김새였어요. 선생의 메리 아님처럼, 그 역시 친구 하나 없고, 휴대전화를 사용하지 않고, 매우 비사교적이고, 자취를 남기지 않으려 현금을 썼고, 천재에 가까운 지능이 있었죠.

AM: 적어도 이름은 알았군요.

VJ: 그는 유령이었어요.

유령을 어떻게 찾을까? "말할 것도 없이," 빈스는 사건 요약서에 이렇게 썼다. "나는 차로, 자전거로, 도보로 이동하며 시를 조직적으로 수색했다." 그는 "완전히 몰입"했다. "모든 정황을 완전히 파악하고 있는 사람은 나밖에 없다고 생각했다. 다른 사람들은 사건을 이해하지 못했으며, 나는 화가 나고 좌절에 빠지곤 했다."

VJ: 쉴 틈이 날 때마다 옛 경찰 동료들이나 근무중인 경관들과 이야기를 나눴습니다. 옛친구 그리스인 조지 곁에 앉아 길거리에서 그를 본 적 있느냐고 묻기까지 했죠. 내가 모든 각도를 커버하고 있는지 확인하고 싶었습니다. 그 청년은 건강이 악화되고 있었어요. "빌어먹을, 이 친구의 목숨을 구하려면 X일 남았어, 약 복용을 중단하자마자 상태는 악화되니까," 이런 상황이었죠. 난 그의 머릿속에 들어가려고 최선을 다했고 그처럼 행동하기 시작했습니다. 아내는 꽤 살뜰한 사람인데, 차를 몰고 계속 돌아다니다보니 이런 생각이 들더군요. '세상에, 이 냄새는 뭐지?' 사나흘 동안 샤워를 하지 않았던 거죠. 내게선 그와 같은 냄새가 났습니다. 제이컵은 확실히 멍청이가 아니었어요. 한 번 탈출할 때마다 기술을 갈고닦아 흔적이라 할 것을 거의 남기지 않았고 투명인간이 되어갔죠.

AM: 그래도 인구 12만의 도시에서 2주 만에 그를 찾아냈죠?

VJ: 때로 일을 해결하려면 집착해야 하는데, 내겐 집착적인 면이 있는 것 같습니다.

AM: 돌파구가 된 것은 무엇이었습니까?

VJ: 책입니다, 선생의 일기 작가의 경우와 마찬가지로요. 천문학 책이었죠.

작은 계기가 커다란 성과로 이어지는 걸 보면 무척이나 기쁘다. 잠시 나는 우리가 하나가 되었다고 느꼈다. 나와 메리 아님과 빈스와 제이컵, 모두 작은 것 안에 숨은 큰 것을 찾는 데서 기쁨을 느낀다. 빈스의 경우, 책 제목조차 모르는 상태에서 그 분야만으로 그의 경력을 통틀어 가장 까다로운 수사의(그는 이 사건을 '금붕어 어항 속 대형 백상아리'라 칭한다) 해결책을 얻었다. 나의 경우, 이미 고인이 된 익명의 심술궂은 할머니가 남긴 작디작은 필체에서 보편적인 뭔가를—이전에 탐험된 적 없는 어떤 공통의 정서를—찾아낸 것 같다. 잘난 척하고 거창하게 군다고 스스로를 웃어넘기려 그토록 시도했음에도 말이다. 메리 아님의 경우 '기쁨'이라는 말은 적절하지 않지만, 그래도 작은 것들이 일으키는 파문에 시

달린다(음식 입자 때문에 질식하리라는 공포, 작디작은 글씨에 욱여넣은 거대한 야망, 화이트필드 옆 농지의 "흩뿌려진 귀리"에 비유한 희망들). 미치광이 제이컵의 경우, 책장의 방정식에서 우주를 찾았다.

AM: 잘 모르겠는데요. 책이 어떻게 돌파구가 된 거죠?
VJ: 나는 제이컵의 모친에게 전화해 아들이 정신병원에서 탈출하기 전 마지막으로 무슨 책을 읽고 있었느냐고 물었습니다. 모친은 천문학 책이라고 했어요.
AM: 그게 어떻게 도움이 되었죠?
VJ: 그 대답을 듣고 대학 천문학부로 갔거든요.
AM: 그러고는요?
VJ: 기다렸습니다.

며칠 후 제이컵은 천문학부에 나타났다. 그는 수척하고 "꾀죄죄"하고 "반송장"이나 다름없었다. 그리하여 추적, 은밀한 비디오 촬영, 벨기에 정신과의사들과의 연락, 케임브리지와 유럽 국제 경찰의 공조가 뒤따른 끝에 시립 정신병원에 제이컵을 잠시 수용했고, 마침내 빈스가 구급차 뒷자리에 나란히 앉아 제이컵이 가장 좋아하는 휴가지 사진첩을 보여주며 그를 달래가면서 벨기에 정신병원으로 이동했다.

빈스가 상을 탄 건 끈기 덕분만은 아니었다. 심리학적 통찰력과 따스한 마음 덕택이었다.

이 복잡한 실종 사건을 해결한 바로 그해, 빈스는 카다피 대령에게 반대하는 내전이 발발했을 무렵 사막을 넘어 리비아에서 탈출해 지역 신문에 대서특필되었다.

우리가 만나기 일주일 전 나는 빈스에게 메리 아님의 일기 몇 부분을 복사해 보냈다. 그중 하나는 메리 아님이 서른다섯 살인 1974년 것으로 다음 내용이 나와 있었다.

> Still loving Dame Harriette extremely — wish I could love her less. Seem to have such a crush on her, I feel quite ashamed of myself. And it effects me physically most ~~little~~ My anguish would be awful ~~though~~ if I lost her in any way, in fact. Of course worry about my health and ability to cope, in view of ~~her~~ being in charge of something so precious. My little love, my little jewel, my little flower. She is 99.

여전히 데임 해리엣을 지극히 사랑한다—덜 사랑할 수 있었으면 좋겠다. 짝사랑에 홀딱 빠진 것 같아 스스로가 무척 창피하다. 그리고 그 일로 몸이 가장 큰 영향을 받고 있다. 사실 어떤 식으로든 그녀를 잃는다면 난 끔찍하게 괴로울 거다. 그토록 소중한 존재를 맡아 돌보고 있으니 내 건강과 대처 능력이 걱정되는 것도 당연하지. 내 작은 사랑, 내 작은 보석, 내 작은 꽃. 그녀는 99세다.

"오늘 아침 나오기 전에 선생에 대해 예비 조사를 좀 했습니다." 빈스는 의자 다리 옆에 감춰두었던 서류가방에서 복사물 몇 장을 꺼내며 말했다. 맨 위에 있던 것은, 그가 잽싸게 뒤집었는데, 내 사진이었다. 다음 장은 은행 입출금 내역서 비슷한 문서였고—이 역시 그가 황급히 뒤집었다—그다음 꺼낸 것이 위에 실린 데임 해리엣에 대한 '짝사랑'을 쓴 일기 일부였다.

VJ: '데임 해리엣'이라는 이 사람(이름을 톡톡 치며).
AM: 난 누군지 모릅니다.
VJ: 이 사람은 칙입니다.
AM: 메리 아님은 분명 그렇게 여기더군요.*
VJ: 성이 칙이라는 겁니다. 데임 해리엣 칙. 일곱 자매 중 하나죠. 1875년 출생, 1977년 사망. 일류 영양학자입니다. 런던 웰컴도서관에 논문들이 있죠.

---

* 칙(chick)은 속어로 매력적인 젊은 여자나 애인을 가리킨다.

데임 해리엇 칙과 여섯 자매. 중앙에 흰 모자를 쓴 인물이 해리엇이다. 그녀는 당대 최고의 미생물학자가 되었으며 구루병 치료법을 찾아내는 데 지대한 역할을 했다. 경력 초반에 찍은 초상 사진 속 그녀는 칼라와 타이를 착용하고 곱슬곱슬한 머리칼을 오븐용 장갑 크기로 머리 양쪽에 단단히 틀어올린 호전적인 젊은 여성이다. 매력적이고 강인한 머리는 손닿지 않는 곳에 있는 빵 한 덩이를 집으려는 사람처럼 보인다.

VJ: 이 일기에서 언급된 데임 해리엇이 선생이 말했던 도려낸 책장들과 연관이 있을까요?

AM: 어떻게 그럴 수가 있겠어요? 그 노트는 1952년, 메리 아님이 열세 살 때 쓰였습니다. 데임 해리엇에 대한 일기는 25년이나 지난 뒤의 것이고요.

VJ: (이 세상에는 어떤 사건이 어떻게 조합되든 그렇게 이상할 것도 없다는 듯 고개를 기웃하며) 옛날 노트를 이용했을 수 있죠. 자기 생각을 거기 숨긴다거나? 이제는 인생에서 그 특정 부분을 없애고 싶은 거고요. 그런 사례들을 본 적이 있습니다. 데임 해리엇이라는 사람이 자기 일기를 오염시키는 게 싫은 거죠. 온전한 정신을 지키기 위해서라면 많은 이가 기꺼이 특정 인물을 언급한 부분을 모조리 제거하려 들 겁니다. 인생에서 제거하면 더이상 상처가 되지 않는 거죠. 어떤 사람이 글을 뭉텅이로 잘라낼 이유를 그 밖에는 상상할 수 없군요. 그 시점에서는 여전히 책을 내고 싶다는 포부가 있었는데도 말입니다.

빈스는 내가 보낸 복사본 다른 한 장을 집어들어 젊은 시절의 큼직한 글씨를 말년의 꽉꽉 들어찬 잔글씨와 비교했다. "아예 처음부터 정해진 권수의 노트를 샀나요?" 그가 물었는데, 내가 아닌 메리 아님에게 하는 질문이었다. 이후 몇 분간 일기를 살펴보면서 그는 마치 금고문을 여는 번호를 조합해보듯 시제와 주어를 왔다갔다했다. 어떤 때는 그 자신이 메리 아님이 되어, 어떤 때는 그녀를 향해, 어떤 때는 조금 냉정하게 나 자신을 향해. "자기 자신에 대해 뭔가 알았을 수 있죠. 어떤 크기로 글씨를 쓰기 시작했다가 그 반만한 크기로 줄어든다는 건 이상해요. 그녀에겐 공간도 시간도 부족하고,

끝이 다가오고 있어요.

한정된 시간만이 남았다, 그렇다면 그 노트들에 모든 걸 욱여넣으려 노력할 거고 따라서 작은 글씨로 쓸 수밖에 없겠죠. 글씨에 떨림은 없습니다. 매우 명확해요…… 구두법은 이전 일기보다 더 철저하고…… 지나치게 작아요. 왜 이렇게 작을까? 시력은 분명 무척 좋아요. 그래요…… 자기 작품이 출판되지 않으리란 걸 스스로 인정하고, 그렇다면 무슨 상관이람? 뭐하러 알아보기 쉽게 써? 아니, 내 사적인 인생만큼이나 작게 쓰자. 결국, 일기만이 그녀가 남긴 유일한 장소인 겁니다……"

나는 한정된 시공간과 장소에 대한 빈스의 심리학적 비유에 흥미를 느꼈다. '나'의 일기는 그녀의 갑갑한 인생을 상징하며, 필체는 스스로 느끼는 하찮음을 나타내는 척도다. 페이지에 글을 적어내려가며, 그녀는 한껏 작아진 채 겁에 질리고 외로운 중년 여인으로 방에 앉아 있다. 빈스는 제이컵을 추적할 때도 비슷한 방식으로 그의 행동을 해석했다. 알고 보니 빈스가 길거리나 시 근방 쉼터나 호텔 어느 곳에서도 제이컵을 찾을 수 없었던 건 당연했다. 천문학부에서 제이컵을 발견한 후 그는 "들키지 않으려 이 나무 저 나무 뒤에 숨으며" 은밀히 뒤를 밟았다.

VJ: 나는 당연히 제이컵이 게스트하우스나 학생 숙소로 갈 줄 알았어요. 그가 내 시야에 들어왔고 날이 어두웠으므로 상당히 들떠 있었습니다. 그런데 제이컵은 내가 차를 세워둔 곳으로 가더니—전혀 예상 못한 일이었는데—웬 망할 렌터카에 올라타더군요. 나는 들키지 않게 보닛을 뛰어넘어 내 차에 타야 했습니다. 풀이 무성한 제방을 가로질러 건너편에 쿵 하고 내려가서는 그를 뒤따랐죠. 그는 스토리스 웨이에서 멈춰 차에서 내리더니 뒷좌석에서 노트북 컴퓨터를 꺼내 차에 도로 타선 공부를 시작했습니다. 차가 그의 강의실이었죠. 노트북에서 나오는 빛에 얼굴이 환해졌습니다. 잠시 후 그는 침낭에 들어갔고 이제 차는 호텔이 되었죠. 그의 마음속에서 차는 이렇게 서로 다른 방이었습니다. 저런, 이건 별로 보기 좋지 않군요……

제이컵 이야기를 하면서 빈스는 내가 보낸 잘려나간 공책의 복사본을 훑어보았는데, 지금은 정신질환자로 보이는 여자 그림을 살펴보고 있었다(144쪽 참조).

VJ: 이건 뭔가 잘못됐어요. 아기 눈요. 꼭 외계인 같잖아요. 인간처럼 생기지 않았어요. 어머니는 화가 난 것 같네요. 왜 어머니가 화가 났을까? 입은 뾰로통한 표정의 요즘 젊은 아가씨들 같군요. 화난 표정과 어울리지 않아요. 분명 상냥한 얼굴은 아닙니다…… 난 어머니를 사랑하지만, 엄마가 내게 화가 났다고 나이든 여성들과 관계를 가져야 한다? 데임 해리엇에 대한 기록에서 자기 건강 얘기를 했는데, 어쩌면 정신건강을 말한 건지 모릅니다. 이 여성은 30대 중반이고, 정신적으로 문제가 있으며 자기 고용주를 짝사랑하는데 그 사람은 아흔아홉 살이고 3년 후에 사망했죠…… 어떻게 죽었나요? 범죄가 얽힌 것은 아닙니까?

AM: 그 정도로 미쳤던 것 같지는 않습니다. 제이컵처럼 정신병원에 감금될 정도는 아니죠. 외롭고 낙담했던 거지, 미쳤던 게 아닙니다.

VJ: 자기만의 정신병원에 감금되어 있었죠.

그걸로 충분했다. 나는 빈스에게 더이상 알려주고 싶지 않았다. 그가 이 수수께끼도 해결해서 또 한 차례 상을 받길 원치 않았다. 애당초 그에게 연락한 이유는 사라진 일기 주인을 찾으려면 어떤 방법을 써야 할지 알고 싶어서가 아니라 그 반대였다. 나는 어떻게 해야 성공적인 방식을 피할 수 있을지 알고 싶었다.

빈스가 설명하길 제일 먼저 할 일은 선거인 명부를 찾아보는 것이었다. 나는 그쪽으로는 발도 들이지 않겠다고 결심했다.

VJ: 그녀가 살해당하지 않았고 스파이나 뛰어난 과학자도 아니고 대단한 비밀 따위는 없다면 어떻게 됩니까. 그녀에게 중요한 특성이라곤 아무것도 없다면, 그저 평범한 사람이라면?

AM: 하지만 그거야말로 요점입니다. 그게 최상의 결과죠. 미지의 인물로 남아 있는 한 메리 아님은 귀중합니다. 그녀의 평범함, 그리고 그 평범함에 대해 그토록 많이 썼다는 사실 때문에 그녀가 흥미로운 겁니다. 유명인이라면 완전히 김이 새버리겠죠. 세간을 떠들썩하게 한 인물이나 정치가나 팝스타라면, 특징 없는 평범한 이웃이 아니게 될 테죠. 그러면 난 큰일이고요.

빈스는 일어섰다. 그 놀라운 서류가방을 열어 내가 준 복사물과 나에 대한 참고자료를 집어넣었다.

"알겠지만, 일기장 148권에 비하면야 선생의 큰일은 별 큰일도 아닐 겁니다."

그러더니 그는 다시 나무 몸통 같은 몸에서 가지를 휘둘러 작별의 악수를 했다.

17. 두번째 칼부림

> 이런, 이래서야 대체 어떻게 인생을 헤쳐나가지?
> 1960년 4월 2일 토요일
>
> 다행히 블루 대니시 치즈는 그리 두렵지 않다.
> 1960년 3월 30일 수요일
> - 20세

1960년 4월 3일, 메리 아넘은 벽을 칼로 찌르기 시작했다.

아침 내내 그녀는 "고집스레 우울에 잠겨, 완전히 나태하게 빈둥대고" 있었다. 여동생들은 "짜증나게 휘젓고 다녔다". 점심식사 때는 "너무 화가 나고 신경이 곤두서서" 음식을 넘기지 못하고 빈 접시 이쪽저쪽으로 두 손을 "물고기처럼 파닥대며" 앉아 있었다. 왕성하게 먹어대는 가족들을 보며 그녀는 질겁했다.

메리 아넘은 끔찍한 생각에 사로잡혀 있었다. 내가 삼킨 음식이 잘못되어 폐로 들어가면 어떡하지? 몇 개월 후, 사소한 정신적 강박으로 시작되었던 증상은—매일같이 아이들을 괴롭히며, 우리 대부분은 즉시 무시하고 지나갈 줄 아는 수십

가지 중 하나는—메리 아님의 경우 완전한 신경증이 되었고, 메리 아님은 이를 '공포증'이라 불렀다. 내게도 그런 것이 있었다. 일곱 살 때 미국인인 부모님이 나를 미국으로 다시 데려가면서 생긴 것이었다. 어느 날 아침 고속도로를 달리다가 우리는 '더 스톱 앤드 스터프 인'이라는 식당을 지나갔다. 무슨 이유에선지—누가 알겠는가?—그 구절은 머릿속에 들러붙어 2년간 내 머리를 두들겨댔다. 스톱 앤드 스터프 인, 스톱 앤드 스터프 인, 스톱 앤드 스터프 인, 스톱 앤드 스터프 인…… 40년이 지난 지금조차 그 말들을 글로 쓰며 불안해진다. 이걸 떨쳐내지 못해 밤중에 토할 것 같은 기분으로 잠에서 깨곤 했다.

메리 아님의 고형 식품에 대한 공포는 이내 음료수를 꿀꺽 삼키는 일까지 퍼졌다(홀짝거리는 것은 '공포증'이 가장 심할 때라도 어떻게든 할 수 있었다). 식사 때면 두 시간 가까이 깨지락거려야 한 접시를 다 먹을 수 있었다. 식스폼 칼리지, 이후에는 미술학교에서 학생식당은 생각도 할 수 없었다. 친구를 사귈 수도 남자와 데이트할 수도 없었다. 라이언즈 코너 하우스*조차 난감했다. 언제나 케이크가 있었기 때문이다. 탈수 상태가 되고 절망에 빠져 방광염이 생겼고, 따라서 '공포

---

* 20세기 초중반 영국에서 인기를 끌었던 레스토랑 체인. 4, 5층 규모에 층마다 다양한 테마의 실내장식과 오케스트라를 갖추고 1층에서는 조제 식품을 팔았다.

증'은 화장실 문제로까지 번졌다. 식사를 앞두고 마음을 졸이고 있거나, 소변을 볼 수 없어 공황 상태에 빠져 있거나 둘 중 하나였다.

내가 좋아하는 메리 아님의 성향 하나는 젊은 시절의 이런 문제들이 강렬한 신체적 표현으로 나타난다는 것이다. 회고록은 심리적 트라우마를 징징대며 늘어놓느라 책등이 터질 지경일 때가 많다. 아빠가 날 사랑하지 않았어, 엄마가 네 살 때 날 때렸어. 메리 아님은 자신의 정신이상을 절대 부모 탓으로 돌리지 않는다. 그건 부모와는 아무런 상관이 없다. 한번은 정신과를 찾는데, 의사는 '삼키다'라는 단어에 특히 자극받아 뻔한 에로틱한 헛소리를 늘어놓는다. 하지만 그 소견은 메리 아님에게 별 영향을 주지 않는다. 메리 아님의 곤란함은 소화관의 시작과 끝으로 요약됐다. 시작: 누구에게나 일어날 수 있는 식사에 관한 어린애다운 정신적 강박, 그러나 그녀의 경우 걷잡을 수 없이 심해진. 끝: 방광염. 이에 더해 매달 피를 흘리는 데서 오는 영향도 충분히 이해할 만하다. 농장 짐승처럼 아이를 생산하는 것이 제 기능이고, 몸에게 A-레벨 시험이 있는 주만이라도 협조해달라고 아무리 애원해도 내장은 언제든 제멋대로 돌변해 경련성 복통을 시작할 수 있다는 사실을 매달 깨우쳐야 하니 말이다.

주유소에서 여자가 한평생 흘리는 피의 양을 실감했던 날 이

후 나는 어떤 여자든 제정신인 게 용하다고 생각하게 되었다.

메리 아님이 섭취와 배설 과정만 제대로 해결했어도 1960년대 초의 인생은 괜찮았을 것이다.

그녀는 체중이 줄기 시작했다. 1960년 3월 17일에는 64킬로그램이었던 몸무게가 5월 7일에는 58킬로그램이 되었다.

> 히스테리적으로 두려워하며 내가 점점 말라가는 걸 본다. '걸어다니는 해골'이 될 거라는 공포에 질려.

두려움이 식욕부진으로 이어지지는 않았다. 식도가 받아들이기만 했다면 바위의 이끼라도 갉아먹었을 것이다. 그러나 포크를 입가에 갖다댈 때마다 목구멍은 꽉 막혔고 음식을 삼킬 수가 없었다.

'공포증'은 이 무렵 일기의 모든 페이지에서 그녀를 쫓아다닌다. 한번은 소가 되어 풀을 먹는 꿈을 꾸었다. 땅에는 먹을 것이 널려 있었다. 그러나 잠에서 깨자 몸무게는 100그램이 더 줄어 있었다.

> 이제는 뼈가 튀어나와 딱딱한 의자에 앉으면 불편하다.

그녀는 영양소를 섭취하려고 정교한 기술들을 고안했다. 침대에 등을 대고 누워 모서리 너머로 고개를 젖힌 채 거꾸로 먹으려고 해보았다. 그렇게 하면 (중력의 도움으로) 음식이 폐와 위를 나누는 중대한 갈림길에 도달했을 때 어떤 쪽으로 갈지 통제하기가 쉬웠다. 부모님 차 뒷좌석에 숨어 자신의 눈이 보지 못하도록 빵을 "종이봉투에서 곧장" 입에 밀어넣었다. 소용없었다. 다른 방법은 욕실에 틀어박혀 세면대에 머리를 넣고 수돗물을 틀고 물 흐르는 소리를 들으며 먹는 거였다. 내가 아는 한 이 마지막 방법에 논리적인 이유는 없었다. 하지만 때때로 성공했다.

"글을 쓴다는 건," 그녀는 스무 쪽에 걸쳐 쓴 어느 일기에서 이렇게 적는다. "살고 싶은 충동을 낳는다. 죽고 싶은 충동을 '삼키며'."

이 장 첫머리를 열었던 칼부림이 있던 날, 메리 아님의 "넌 더리 나는" 여동생들은 점심을 포식한 후 서둘러 외투를 걸치기 시작했는데, 할머니 댁에 가서 저녁때 또 한바탕 폭식할 생각이기 때문이었다. 진저리가 난 메리 아님은 식탁에서 조용히 일어나 자기는 가고 싶지 않다고 말했다. 대신 베드퍼드에 가 영화관에서 〈나비 부인〉을 보겠다고 했다.

그러더니 베드퍼드에 가기엔 좀 피곤하다고 말했다.

그냥 침대에 들 생각이었다.

그런 다음 그녀는 위층 자기 방으로 올라가 펜나이프로 벽지를 공격했다.

'공포증'은 월경과 마찬가지로 거의 항상 존재했으나 최악의 상태가 일주일 이상 지속되지는 않았다. 나머지 시간에는 서툰 집사처럼 식사 때마다 메리 아님의 의자 뒤에서 어슬렁거렸다. 그보다 사소한 것들과 더불어 인생을 비참하게 하는 정신적 문제 무더기의 일부였다.

길을 건널 때 느끼는 공포, 자전거를 탈 때의 불안도 있었다. 자신이 냄새나고, 멍청하고, 독신으로 늙어 죽을 것이며, 미움받는다는 확신도 있었다. 양팔과 시력을 잃게 되지 않을까 하는 의심도 있었다. 그녀가 무엇보다 원하는 건 작가나 화가나 음악가가 되는 거였고, 신은 신답게 그에 필요한 신체 부위를 앗아가리라는 생각이었다. 간헐적인 광장공포증도 있었다……

메리 아님의 의자 뒤 억압적인 집사는 사람이 아니었다. 다리 여러 개로 숨통을 죄어오는 문어였다.

여기에는 심리학적 용어를 늘어놓을 여지가 많다. 그래도 나는 메리 아님이 딱히 걱정되지는 않는다. 자기 자신을 보는 일그러진 관점이 일반적인 사춘기의 정신적 불협화음보다 심할지 모르지만, 아이들은 이 시기를 지나간다. 잘 해결해낸다. 메리 아님은 스물한 살이니 이런 터무니없는 생각을 하기에는 조금 나이가 많지만, 4백만 년 된 언덕 꼭대기 숲에서 자란 사람이지 않은가.

칼부림 사건 일기의 뒷면, 종이 위쪽 모서리가 석회암 절벽 모양으로 삭은 곳에 그녀는 고통과 살해에 관한 공상을 펼친다.

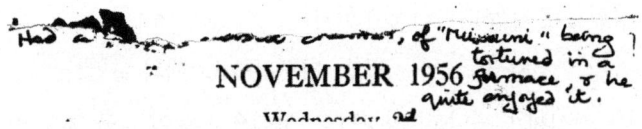

꿈을 꾸었다… "무솔리니"가 용광로에서 고문당하는 꿈이었는데, 그는 사뭇 즐거워했다.
(실제 기록 날짜는 1960년 5월)

나는 잠재적 살인자가 아닐까 싶다—내 감정은 너무나 유독해졌다—맹목적인 분노조차 아닌—내 괴로움에 대한 순수한 복수의 욕망, 씁

쓸한 잔혹함.
어쨌건 나는 잠재적 자살자다

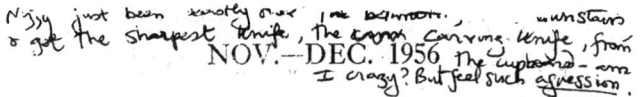

니지[어머니]가 방금 불쾌하게 침실을 휩쓸고 갔다. …아래층에서 가장 날카로운 칼, 고기 써는 칼을 찬장에서 가져왔다—나는 미친 걸까? 하지만 너무도 강한 공격성을 느낀다.

이런, 인생은 힘들다—아직 희망을 버리진 않았다—자살 생각은 없다—하지만 인생이 손에 잡히는 거라면, 머리를 한 대 갈겨줄 테다. 망할 것.

퍼스 여학교를 나온 지 얼마 안 되어, 아직 열아홉 살에 불과한 메리 아님은 "세번째 소설" 집필을 시작했다("『닥터 지바고』만큼 뛰어나진 않다"). 그녀에겐 "셰익스피어 권위자이자 작가"가 되려는 야망도 있었다.

소설, 희곡, 오페라, 노래도 쓰고 싶다…… 아름다운 봄날

1부 미스터리 175

씨―천국에서 불어오는 바람, 변덕스러운 태양, 비, 활기찬 나무들이 나를 극도의 흥분으로 몰아갔다.

그녀의 예술성은 문학뿐 아니라 음악과 그림을 향해서도 불타올랐다.

나는 개별적 존재고, 창조하기 위해 태어났으며, 대중에 휩쓸리지 않는다! 버스 창에 비친 내 모습을 바라보며―심오한 젊은 얼굴―드는 생각은, 내가 사서나 요리사가 아니고…… 대학의 영문학부 학생이나 학자조차 아니며―예술가라는 거다(하지만 여러 표현 수단을 가진 예술가가 되었다가, 이후에 학자가 될 수도 있다).

그녀는 토마스 만의 전기에서 진정한 예술가는 "고립되어 있고 남들과 다르며, 평범한 인간 동료들에게 배척당한다"는 내용을 읽었다. 그 책에 따르면 괴테는 사교계에서 괴짜로 유명했다.

내 안에는―어쩌면―막대한 힘이 있다.

그녀가 케임브리지 중심 부근에 방을 구한 것은 "조용하고 규칙적인 도서관 체질"에 가까워지기 위해서였다. 외조부모가 사는 캐슬힐 바로 옆이었다.

근사하고 멋진 하숙방…… 침실 창문으로 보이는 아름다운 풍경—킹스 칼리지와 파노라마처럼 펼쳐진 케임브리지의 지붕, 교회, 첨탑들—연기를 내뿜는 굴뚝, 파란 슬레이트 타일, 흔들리는 나무들, 극적인 하늘.

메리 아님이 이 시기 하숙했던 케임브리지의 집은 다이도가 44년 후 일기장들을 찾아내는 쓰레기 컨테이너가 있던 곳에서 약 4분의 1마일 거리다. 하숙집 주인 미스 램지는 캔터베리 대주교 마이클 램지의 고모였다.

미스 램지는 일주일에 25실링을 받았고, 여기엔 각종 요금과 아침식사가 포함되었으며, 신성한 조카가 들를 때면 메리 아님은 방을 비워줘야 했다.

'대주교'가 지난 이틀 밤 내 침대에서 잤다—오늘 그는 열람실에 왔다—자기가 이야기하고 있는 여자가 지난밤 잤던 침대의 주인이라는 건 몰랐겠지.

그런 때 메리 아님은 바로 옆 조부모님 댁에서 지냈다. 하숙하는 동안 많이 만났을 텐데도 그들에 대한 언급은 거의 없다. 하지만 그 집 거울을 보았던 기록은 있다.

할머니 방 거울에서 내 얼굴을 보았다—또 달라져 있었다—여전히 좀 작고 말랐지만, 괜찮아 보이고 무엇보다 영혼이 한층 더해졌다—W. 부인이 말했던 광채가 틀림없다. 또렷한 눈썹, 가벼운 안경 뒤 강렬하고 커다란 눈, 반쯤 미소 짓는 섬세한 입과 예술가다운 턱.

램지 대주교가 캔터베리로 돌아가자마자 미스 램지는 베개들을 부풀리고 시트를 갈고 메리 아님을 다시 맞아들였다.
"미스 램지의 집이 주는 이 일시적인 행복을 나는 좋아한다." 메리 아님은 작은 빨간 수첩에 썼다.

"대주교"가 내 핑크색 비누를 썼다.

눈은 강렬하고 크다. 입은 섬세하고 반쯤 미소 짓고 있다. 그런데도 여전히 가발을 쓴 권투 선수 같다. 이제는 화장을 한 것 같을 뿐. "예술가다운" 턱이 뭔지 나는 모르겠다.

  이번에도 나는 화이터스에 대해 잘못 짚었다. 확실히 알아냈다고 생각한 전기적 사실 또하나가 훅! 사라졌다.

  화이트필드는 가족 저택이 아니었다. 메리 아님은 거기서 태어나지 않았다. 그곳은 그녀가 환상을 품은 장소였다. 메리 아님이 친할머니 소유였던 화이트필드에 머물렀던 것은, 열여섯 살에서 열여덟 살까지 퍼스 여학교에 다니던 시절이 유일했다.

메리 아님이 태어난 곳은 30마일 떨어진 베드퍼드 외곽 헤인즈의 집이었고, 그곳은

> 모든 건물이 땅딸막하고 흉하고 더럽고, 사람들은 멍청하고 혐오스럽게 생겼다……

메리 아님의 글쓰기 방식이 늘 그렇듯, 헤인즈의 집이 어땠는지 구체적인 그림을 그리기는 어렵다. 그곳은 '튜더 코티지'라는 진부한 이름이 붙은 곳이었다. 주도로와 가까웠다. 내가 상상하기로는 낮은 정원 담장이 네거리에 면한 테라스* 모퉁이의 집이다. 질감이 느껴지는 하얀 벽, 녹색 유리를 끼운 양쪽 내닫이창 사이에 있는, 착색 도료를 바른 목재로 된 1930년대식 현관 지붕, 잎사귀 아래 자동차 매연에 시들시들한 장미 덤불. 생각하면 할수록 상상 속 벽은 더러워지고 꽃밭은 엉망이 되었다. 2차대전 후인 그 시기에 헤인즈는 동부의 건축 붐에 부응하여 스튜어트바이의 벽돌공장에서 갓 구워낸 건축자재인 뜨거운 화물을 운송하는 대형 트럭들 때문에 밤에도 잠들지 않는 지역이었다.

메리 아님의 일기에는 잠들기 어렵다는 말이 있다.

---

* 비슷하게 생긴 주택이 나란히 붙어 있는 구역.

튜더 코티지에 함께 사는 가족은 어머니, 여동생 둘("입정 사납고 잔소리쟁이인 워일, 넓적한 얼굴에 냄새나는 애새끼인 내 동생 케이트"), 그리고 거의 등장하지 않는 "인색한 사람" 아버지다. 한 일기장에 그려진 집 스케치에는 벤들로라는 인물도 나오는데, 이는 하인일 수도 변소일 수도 있다.

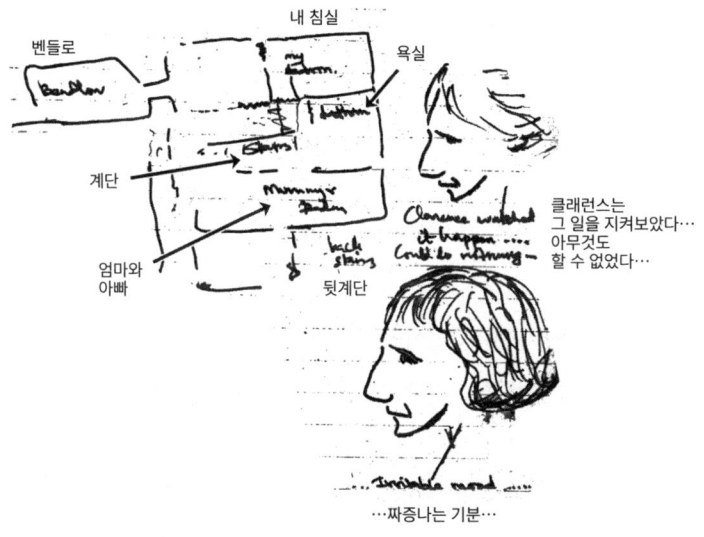

벽 찌르기 사건 중 어머니가 계단 꼭대기까지 오자, 메리 아넘은 여전히 펜나이프를 켠 채 소리쳤다. "나를 부끄럽게 여길 테니까 같이 차를 타고 화이터스에 가지 않을 거야. 하지만 다들 집을 비운 사이 난 아마 손목을 긋겠지."

가족은 억지로 그녀를 화이터스에 데려갔다.

차를 타고 30마일을 가는 동안 메리 아님은 뒷좌석에 웅크리고 있었다. 감정의 강렬함에 스스로 겁을 먹었다. 가는 길은 보기 흉한 소도시들을 지나쳐 과도하게 경작된 완만한 언덕들로 이어졌다. 길 대부분이 흐릿한 산울타리였다. 진정한 삶이 예술가에게 안겨줘야 마땅한, 선명하고 거의 고통스러울 정도의 생생한 감각이라곤 전혀 없었다. 경치는 소리 없이 휙 지나갔다.

차가 화이터스 가까운 그레이트셸퍼드 마을에 다다랐을 때에야 공허한 기분이 저절로 채워지기 시작했다. 성모마리아 교회의 첨탑은 적어도 예쁘긴 하다고, 그녀는 인정했다. 시내 중심가 술집 앞의 땅은 한때 색슨인들이 살던 곳이었다. 마음에 위안이 되는 사실이었다. 밭으로 이어지는 문이 나올 때마다 힌턴 웨이를 따라 늘어선 산울타리는 사라졌다 금세 나타났고, 그 재빠른 틈새로 아래편 케임브리지의 넘실대는 숲이 메리 아님의 눈에 들어왔다. 그녀는 으스대는 칼리지 첨탑들을 알아볼 수 있었다.

운전대를 잡은 것은 어머니나 아버지가 아닌 동생 케이트였다.

"차를 운전한다는 건 인생에 들어서는 것이다." 메리 아님은 스스로에게 선언했다. 케이트가 맞은편에서 오는 차들의 굉음을 날쌔게 이리저리 피하고, 나무가 늘어선 화이트필드의 진입로로 통하는 문기둥 사이로 쏙 들어가 기어와 페달을 신속하게 조정해 "사이사이 양귀비가 자라는, 핑크빛 도는 구릿빛의 살랑이는 밀밭"을 수월하게 지나가는 걸 보며 그녀는 경외감을 느꼈다. 나중에 동생이 그 능숙한 일련의 동작을 하면서 "조금도 긴장하지 않았다"고 말했을 때, 메리 아님은 믿을 수 없었다.

케이트는 "인생을 나보다 훨씬 잘 꾸려나가고 있다".

벽을 찔렀던 그날 저녁, 메리 아님은 보리수나무 길을 홀로 걸어갈 수 있게 진입로 초입에서 내려달라고 청했다. 자기 자신으로 돌아올 시간을 갖기 위해 그럴 필요가 있다고, 그녀는 설명했다. 거기 살았건 살지 않았건 오직 화이트필드 하우스에서만 메리 아님은 진짜 정체성을 갖는 느낌이었다. 오직 화이트필드에서만은 메리 아님, 배척받는 이, 이름 없이 죽어 쓰레기장에 던져질 여자가 아니라,

"로라!" 할머니가 현관문을 열어젖히며 외쳤다. "잘 왔다!"

18. 성장

>나는 지나치게 키가 크다.
>- 35세

빈스를 만나고 돌아오는 기차에서 나는 충격적인 발상을 떠올렸다. '나'를 무덤에서 불러내 키를 재볼 수 있음을 깨달은 것이다.

'나'는 자기 키가 크다고 말한다. 키 때문에 등을 구부리고 다녔다. 너무 큰 키가 싫어 구부정해졌고 이상하게 걸었다.

E는 내가 키 큰 어린애에 불과하다고 했다.
E는 내가 어디 좀 이상한 사람처럼 걷는다고 했다.
E는 소피아 부인이 돌보는 여자애가 나처럼 걷는데, 그애는 히스테릭해질 때가 있고 제정신이 아니라고 했다.
E가 그랬는데 로라 너는……

내가 일기 주인의 이름이 로라임을 알아낸 건 그런 경위였다. 일기 주인의 키를 밝혀낼 실마리를 찾으러 인간성을 짓밟는 E의 공격을 읽다가.

이제 나는 로라가 답을 알려주길 기다릴 필요가 없다는 걸 깨달았다. 내가 계산해볼 수 있었다. 나는 승리감을 되새기며—로라! 그녀 이름은 로라였다!—기차 창 너머로 흘러가는 시골 풍경을 바라보았고 모든 것이 상징이라고 느꼈다. 선로 한쪽을 따라 나란히 펼쳐진 삼림지대는 나의 무지였다. 햇빛 비치는 관개수로에서 마을 교회까지 펼쳐진 반대편 풍경은 마침내 밝혀진 '나'의 이름이었다. 이 풍경이 번쩍거리는 오렌지색 간판을 단 B&Q 창고에 갑자기 막힌 건 내 전문가로서의 태도를 상징했다. 이름을 밝혀내 기쁘긴 했지만, 거기에 정신 팔리지 않을 작정이었다. 이름은 이름일 뿐이다. 쉽고 피상적인 결론을 이끌어내선 안 된다. 하지만 나는 아무래도 메리 아님을 키 큰 사람으로 그려볼 수 없었다. 메리 아님은 작은 사람의 이름이다. '로라'는 꽤 체격이 좋다.

키가 얼마인지 알아내는 게 중요한 건, 신장에 대한 로라의 태도가 특이하기 때문이다. 중년에 그녀는 버진스 식료품점에서 물건을 사지 않으려 했는데, 가게에 온 "키 작은 사람들" 위로 불쑥 솟아 있는 자신에게 시선이 쏠려 다들 자기가 사과주를 사는 것까지 알아채기 때문이었다. 하지만 정확히 얼마나 컸던 걸까? 구체적인 언급은 하나도 없다. 로라는 거인이었을까?

로라가 퍼스 여학교를 나온 1950년대 영국 여성의 평균 신장은 157.5센티미터였다. 현재는 162.5센티미터다. (〈데일리 메일〉 기사에 따르면, 부분적으로 이는 중앙난방 덕이다. 성장기에 추위에 떠느라 소모하는 에너지가 적어져서 키가 크는 데 더 많은 에너지를 쓰는 것이다.) 하지만 이것도 여전히 작다. 내가 아는 175센티미터의 여성들은 자기 키를 의식하지 않는다. 로라의 키가 고작 그 정도였다면 우리는 로라의 정신상태에 대해 뭔가 알게 된다. 그녀가 피해망상에 시달리고 있다는 것을. 178센티미터쯤 되면 키를 언급하기 시작한다. 183센티미터가 넘으면 코 위에 걱정스러운 표정이 어리는 사람도 있다. 내가 아는 가장 키 큰 여성은 188센티미터인데, 자세가 구부정하다. 로라의 키도 그 정도였을까?

기차역에서 나는 서둘러 문구점으로 향했고 몇 분 후 45펜스짜리 작은 플라스틱 조각을 들고 나왔다. 이걸로 로라를 무덤에서 꺼내 내 앞에 눕혀놓은 거나 마찬가지로 쭉 펴볼 수 있었다. 나는 그녀의 성별을 캐냈고, 생년월일을 밝혀냈고, 우연히 이름과 마주쳤다. 이제는 치수를 재볼 참이었다. 그녀를 둘러싼 안개는 벗겨지고 있었다.

키 문제에 대한 답은 1990년대 말, 노년의 현란한 색깔 노트들에 있다. 매 페이지에 있다. 예를 들어,

> I let Peter imprison me every summer evening in the usual way—abysmal, when others are out and about.

늘 그렇듯 여름밤 매일 피터가 날 가두게 내버려두었다―처참하다, 다른 사람들은 밖에 나가 돌아다니는데.

여기도 있다.

> Peter came upstairs as usual, to make his bed and all that; but changed his mind, had to hurry down to the wickery. He eats so much tinned grapefruit etc. etc. I just wanted revenge of all the misery he has caused me — turned on the hot taps everywhere I could, so that he would lose all his hot water. I knew he would sit helpless in the wickery, whilst it all ran away. And then he would not be able to flush the pee out of his basin.

피터는 평소처럼 위층에 올라와 잠자리를 정돈하고 이것저것 하려다가 마음이 바뀌어 황급히 화장실로 내려갔다. 그는 자몽 통조림 같은 걸 너무 많이 먹는다… 나는 그가 내게 준 모든 고통에 그저 복수하고 싶었다―집안 곳곳의 뜨거운 물을 틀 수 있는 대로 다 틀어, 온수가 몽땅 빠지게 했다. 물이 흘러나가는 동안 그는 어쩔 도리 없이 화장실에 앉아 있을 것이다. 오줌을 다 싸고도 변기 물을 못 내리겠지.

열쇠는 글의 기울기다. 로라는 이 일기들을 밤에 침대에 엎드려서 썼고, 따라서 각 행의 기울기는 팔꿈치(중심점 역할)가 매트리스 위에 고정된 채 손이 페이지 위로 움직이며 이루

1부 미스터리 187

는 커브를 반영한다. 그 말은 즉 이 하향 경사도의 각도와 길이를 이용해 글쓴이의 전완 길이를 추정하는 게 가능하리라는 얘기다. (그녀가 난쟁이라면 전완도 그에 비례해 작을 거고, 문장은 터무니없는 각도로 기울어진다. 거인이라면 곡률이 거의 없다.) 로라를 죽은 자들 틈에서 부활시키기 위해 내게 필요한 45펜스짜리 플라스틱 물건은 바버라가 필체 연구에 썼던 것과 똑같은 것이었다. 학습용 각도기.

나는 밤새도록 방정식을 연구했다. 동틀 무렵 답을 얻었다.

S를 말년 일기글 한 행의 평균 길이라 한다.

A를 이 행이 수평선과 이루는 평균 각도라 한다.

S가 '로라의 전완 길이에 거기서부터 종이와 닿는 펜 끝까지의 거리를 더한 것'을 반지름으로 하는 원의 할선을 나타낸다고 하면, 로라의 키는 이렇게 계산할 수 있다.

$$6 \times 0.68 \times S \div (2 \times \sin A)$$

0.68이라는 인수는 실험을 통해(나 자신을 대상으로) 구했는데, 실험 결과 사람의 전완 길이는 팔꿈치에서 펜 끝까지의 거리에 0.68을 곱한 것과 같았다.

감도 A

전완 길이에 펜촉까지의 거리를 더한 것

6이라는 인수는 인터넷에 나온 대로 널리 통용되는 경험적 사실, 즉 사람의 키는 전완 길이의 대략 6배라는 사실에 의거한다.

그러므로, 방정식에 로라의 노년기 일기 한 줄의 길이와 각도를 넣으면,

$$\begin{aligned}
\text{몸을 쭉 편 로라} &= 6 \times 0.68 \times [S \div (2 \times \sin A)] \\
&= 6 \times 0.68 \times [0.13 \div 0.0698] \\
&= 7.6
\end{aligned}$$

7미터 60센티미터다.

나는 종이를 찢어내 불속에 내던졌다.

19. 섹스

> 로라: "하지만 그게 섹스였어?"
> E('격렬하게') : "당연히 그렇지!"
> – 23세

퍼스 여학교를 나오고 공공도서관에서 일하다 해고당한 뒤, 로라는 파스테르나크풍 소설 집필을 그만두고 미술에 집중했다. 그녀는 루턴 칼리지에 가서 미술을 공부했다. 모던 스쿨은 훗날 베드퍼드대학교가 되지만 당시에는 직업전문학교였고, 로라의 나날은 힘들고 바빴다. 그녀는 케임브리지에서 만난 E를 잊고 에칭 교사를 사랑하게 되었는데, 어찌나 열렬했는지 그의 코가 눈에 들어오지 않았.

> 스튜어트 선생님의 예술적, 기질적, 지적 특성은 얼마나 독보적인지. 내가 <u>죽었을</u> 때 E가 내 일기장을 가질 수 없다면, 그가 가져도 좋다.

그토록 대단한 열정, 지성주의, 불길이라니! 내가 이 귀중한 일기장들을 낯선 사람이나 다름없는 이에게 물려주었다는 것을 알면 우리 가족은 얼마나 놀랄까! 하지만 이건 영혼의 문제다······

여전히 그의 코가 어떻게 생겼는지 모르겠다.

첫 수업을 했던 날 밤 그녀는 설레는 마음으로 "그저 의식의 부유에 불과한······ 예술가의 잠"을 잤다. "스튜어트 선생님은(이름이 이게 맞나, 아니면 멀린 선생님인가?) 그야말로 보석이다."

60년대 일기에서 로라는 '에로틱함'을 뜻하는 자신만의 은밀한 표현을 쓴다. "c느낌c-feely"이라는 표현이다. E는 'c느낌'이다. 어느 8월 케임브리지에서 본 장 아누이의 극 〈종달새〉에서 주교 역을 했던 배우는 'c느낌'이다. 존 길구드는 '무척 c느낌'이다.

이 c에 해당하는 노골적인 단어는 많지만, 'c느낌'은 포르노적이지 않다. 로라가 내숭 떠는 게 아니다. 섹스를 생각하는 중이라고 기록하고 싶다면(꽤 자주 그러는데), 그녀는 황홀에 빠져 격하게 터뜨린다.

I am a sexy one!

'c느낌'은 광대뼈가 두드러지고 이해받지 못한 남자들이 흐느끼며 외풍 드는 셋방에서 자살하는 것이다. 'c느낌'은 육체가 아닌 영혼의 꿰뚫림을 말한다. 젖을 것 같은 cunt-feely이나 설 것 같은 cock-feely이 아니다. 이는 영혼의 순수함을 내비치는 단어다.

코 없는 스튜어트 선생은 c느낌이다. 그녀는 그가 폐병으로 죽길 바란다. 하지만 스스로 봐도 그건 너무 캐서린 맨스필드(그녀가 좋아하는 작가 중 하나) 작품 같았으므로, 좀더 대담하게 결핵이라는 명칭을 쓴다.

그가 결핵에 걸린 모습이 눈에 선하다—얼굴은 이미 비실제적이고, 너무나 영묘하며, 눈은 지나치게 빛나고 열기를 띤다. 그가 어둑한 작업실에 덩그러니 있는 모습, 작품을 창조해내느라 한껏 달아오르고 외롭고 굶주리고 감정적인 상태에 빠져 홀로 그림 그리는 모습이 눈에 선하다. 결혼을 했을지 궁금하다. 아니었으면 좋겠다. 그는 무척이나 다락방의 천재, 혹은 죽어가는 시인 같다.

얼굴이 사라져가는 남자와 포르노적인 섹스를 하지는 않는다. 그런 남자와는 "소파에 앉아, 그에게 기대어 그의 어깨에 머리를 얹은 채 깊은 주제로 잠깐씩 이야기를 나눈다".

c느낌의 남자에게 강조할 만한 점은 감정적 포옹과 바지 단추가 뜯겨나가지 않는 안전함에 있다. 그녀는 제 욕정을 억누르지 못하는 남자를 욕망하지만, 그의 욕구는 은유적이거나(가령 예술적인 것을 향한 거친 열정, "삶에 대한 열망") 우화적이어야 한다(편두통, 폐병). 딱히 어느 쪽을 까다롭게 가리지는 않는다. 그저 그가 고립되고 그후엔 갈망으로 무너지길 바랄 뿐이다. 그것은 그의 평온을 파괴해야 한다.

하지만 스튜어트/멀린 선생의 수업 다음날 밤, 뭔가 잘못되었다. 로라는 엉뚱한 사람 꿈을 꾸었다. 코 없는 남자가 아니라 인체 소묘를 가르치는 핀치 선생의 꿈이었다. 상당히 다른 부류의 남자였다. 핀치 선생에게 비실제적인 구석이라곤 없었다. 그는 "체격이 굉장히 근사하다. 완벽한 남자의 몸—근본적으로 남성적이다". "멋지고 탄탄하며 흔들림 없는 남자의 손에서 확고한 정신이 드러났다."

핀치 선생에 대한 로라의 꿈은 'c느낌'이 아니었다. 그 꿈은 "기묘하게 아름다웠다".

다음날 아침, 얼굴이 약간 빨개진 로라는 그가 학교 식당에서 훈제 돼지고기와 파인애플 조각 위에 감자를 으깨고 있는 것을 목격했다.

"그에겐 매력이 없다." 그녀는 물통에서 자기 컵을 가지러 서둘러 그의 곁을 지나가며 혼잣말로 중얼거렸다고 적는다. "너무 둔하다."

일주일 후, 로라의 욕망은 정점에 이르렀다. 다시금 그녀의 생각은 코 없는 남자를 향했다. 다시금 그녀의 아랫도리는 핀치 선생을 향했다. "경이로운 날이다!" 나중에 그녀는 파란 콜린스 '로열 다이어리'에 몸을 숙이고, 여전히 숨을 고르려 애쓰며 헐떡거렸다. 이 노트의 표지는 험하게 다루어져 보풀보풀한데, 그래서 펠트 같은 질감이다. "섹스의 비밀에 대해 뭔가 발견한 것 같다—짜릿하다."

> 인체 소묘를 하고 있었는데, 핀치 선생님이 와서 내 뒤에 가까이 앉았다—실은 몹시 바싹 다가앉아서 그가 팔을 뻗어 설명하기 위해 그림을 그릴 때마다 그의 가슴팍 전체가 내 등을 눌렀다.
> 그때 신기한 일이 일어났다—그 단단하고, 친절하고, 흔들림 없는 남자의 몸이 내 몸에 밀착되자, 놀라운, 간질간질한, 울렁거리는, 깊은 만족감이 온몸에서 저절로 느껴졌

다—아랫배 쪽에서 유독 그랬던 것 같지만, 다른 곳도 마찬가지였다. 그 느낌엔 살짝 불편한 면도 있었는데, 마치 몸속의 누군가나 무언가가 날 간지럽히고 있는 듯했다—하지만 무엇보다도 근사한 느낌이었고, 완전히 색다른 순수한 육체적인 감각이었다.

짜릿한 놀라움이었다—이것이 섹스일까?

"그 느낌이 의학서에서 '오르가슴'이라 칭하는 것일까?" 나중에 그녀는 덧붙였다. 이 무렵 그녀는 종종 서점에 몰래 들어가 인생이 무엇인지 감을 잡으려고 교재들을 슬그머니 훑어보았다. "비록 그 일에 사정射精이 동반되진 않았지만." 어느 날 서점에 다녀오고 나서 그녀는 썼다.

이것이 섹스라면 그 비밀이 약간은 풀렸고, 어쩌면 남자와 '잠자리를 함께한다'는 게 생각했던 것만큼 시시하지는 않을지 모르겠다—이런 기분이 드는 거라면.

그 느낌은 상상에 불과하다고 생각하고 싶을지도 모르겠다—하지만 내 인생 경험으로 보아 그럴 것 같지는 않다—일단, 그건 강렬하고 확실한 육체적 감각이었다…… 이건 인간 본성의 보편적인 부분이 틀림없다고 생각한다—지금껏 이해하지 못한, **육욕**이라는 것.

그러나 로라는 무모하지 않다. 이렇게 몸이 밀착되었다고 해서 홀딱 넘어가지 않게 신중해야 한다는 걸 안다. "한 걸음 한 걸음." 그녀는 쓴다(새침데기에서 닳고 닳은 매춘부까지 그 누구의 말투로 읽어도 어울릴 문장이다). "알아채지 못하는 새 점점 깊은 관계로 빠져든다—그런 이유로 사생아가 태어나는 거겠지."

기묘한 부분은, 그녀가 핀치 선생을 "아름답다"고 생각하면서도 매력적이라고는 여기지 않는다는 점이다. 그녀를 자극하는 건 그의 남자다움이다. 그래서 그녀는 다른 "신기한 일"을 곰곰이 생각하게 된다. "어떻게 내 몸은 내게 바싹 붙은 게 **남자**라는 걸 아는 걸까, 그 사람에 대해 정신적 흥분은 전혀 느끼지 않는데—왜 남자에겐 그런 느낌을 받으면서, 예를 들어 버스 의자 등받이에는 그렇지 않은 걸까?"

육욕 다음에는 보기 드물게 4분의 3인치나 되는 아무것도 쓰지 않은 공간이 있다. 어쩌면 생각을 잠시 멈추었다는 의미일 수도 있다. 어쩌면 기쁨에 찬 도약일 수도 있다.

다음 문장은 이렇게 시작한다. "핀치 선생님이 **계속** 내게 몸을 밀착시키고 있었으면 하고 바랄 뿐이었다……"

로라는 근사한 스튜어트 선생님의 이름을 과연 잘못 알고 있었다. 그는 멀린도 아니었다. 그의 이름은 J. 스터지스였다. 그리고 그녀는 루턴에서 그에게 추파를 던지던 2년간 끝내 J가 무엇의 약자인지 알아내지 못했다. 홀의 시간표에 따르면 그는 'J. 스터지스'였다. 그녀가 복도에서 휘파람을 불며 보는 눈이 사라질 때까지 어슬렁거리다가 교무실로 뛰어들어가 강사 게시판을 확인했을 때도 'J. 스터지스'라고 쓰여 있었다. 잠긴 책상 서랍 맨 위 틈새로 새어드는 한줄기 빛에 기대(쭈그리고 앉아) 읽을 수 있었던 명찰에도 그는 'J. 스터지스'였다. 낚싯바늘처럼 생긴 J자는 무엇을 가리켰을까? 제임스? 제프리? 주니어? 그녀는 한 번도 묻지 않았다.

그의 온갖 특징이 기록에서 빠져 있는 만큼, J. 스터지스는 존재하지 않았던 게 아닐까 하는 생각이 들었다. 하지만 사실이 아니다. 그는 실제 인물이다. 지난주 나는 그에게서 이메일을 받았다. 그는 살아 있고, 여전히 화가고, 아내 계정으로만 답신하며, 나와 엮이길 원하지 않았다.

> 나는 루턴에 잠시 있었을 뿐이고 학생들은 기억나지 않습니다. 죄송하지만 도와드릴 수 없군요.

매주 화요일 오후 5시 30분 스터지스 선생은 오토바이를 타고 루턴 칼리지에 나타나, 정확히 60분간 머무르고 "마치 그것도 그에겐 지나치다는 듯" 황급히 떠났다.

로라는 그를 붙잡으려고 몇 가지 "관심 끌기 장치"를 가져갔다. 하나는 로테 라이니거의 〈백조의 호수〉 종이 실루엣 복제화였다.

그녀는 당장 이 장난꾸러기 요정 같은 종이공예에 대해 스터지스 선생님의 의견을 물었다. "그러면 그의 멋진 눈을 바라보고

그가 말하는 걸 들을 수 있을 테고, 내게 잘해줄 테니까. 역시 그는 말했다."

그는 종이 컷아웃은 "예술이 아니다"라고 선언했다.

로라는 매혹되었다. 같은 수업을 듣는 반항적인 남학생 한 무리와 합세해 그녀는 그를 부추겨 예술이란 무엇인지 토로하게 했다.

그는 E가 했던 말을 했다. 닿을 수 없는 무언가에 도달하려 애쓰는 것—그는 그것을 '고뇌'라 묘사했다. 그는 놀랍도록 격한 기질이었다—아주 쉽게 흥분한다—사소한 발언으로도 그를 '폭발'시켜, 불같이 강렬하고 격정적인 열변을 늘어놓게 할 수 있다! 그 불길이라니! 그는 경이롭다. 내 마음의 눈으로, 구하고자 하는 것을 얻지 못해 작업실에서 흐느끼는 그를 볼 수 있다—그가 말했던 '고뇌'다.

로라는 "나 자신을 잊고, 깊은 생각들을 쏟아내기 시작했다. 나는 이 수업에서 가장 지적이고 교양 있는 학생이다……"
"그가 말한 내용 일부는 나로서는 잘 알 수 없었다." 그녀는 도전적인 태도로 인정하지만, 이어서 말한다. "그래도 나는 다른 학생들보다 그를 더 깊이 이해했다—다른 애들은 너무나 멍청한 질문을 했고—그애들이 숨을 몰아쉬며 입을 헤벌린 채 답을 들으러 모여들자 마법의 원은 깨지고 나는 쿵하며 지상으로 돌아왔다—'그림 팔아서 얼마 받아요, 쌤?'"
루턴에 다닌 한 해가 저물 무렵, 인생은 즐거웠다. 로라는 캠버웰 예술대학에 붙어 일러스트레이션을 전공하게 되었다. 스터지스와는 친구가 되었다. 루턴 칼리지에서의 마지막날 그녀는 그를 위해 가장 좋아하는 스트라이프 슈트를 차려입었고 둘은 함께 강의실을 나와 주차장에서 작별인사를 했다.

루턴 칼리지, 로라가 학생이었던 시절.
'"넘어진 콘플레이크 상자 학교" 풍 학교 설계', 라고
전前 세계 기념물 기금 소속 조녀선 포일 박사는 썼다.
(ⓒ The Francis Frith Collection)

"오토바이 조심해서 타요, 재능 있는 사람들은 잃을 게 더 많으니까요." 속도를 내는 스터지스에게 로라는 외쳤고, 그의 얼굴은 "헬멧 아래서 젊고 야위어" 보였다. "공짜 점심 얻어 먹고 싶으면 런던에 와서 날 찾아요!"

"그 기회 놓치지 않을게." 그는 코 없이 소리쳐 대꾸했다.

스터지스는 스물일곱 살이었고, 2년 전 결혼했고, 채식주의자였으며("나와 그는 공통된 취향이 너무나 많다, 놀라운 일이다") "등기소의 봉인된 소포처럼" 빠르게 멀어져갔다.

20. 정말 기묘한 곳이야

> 오늘은 특히 대학에 서운한 기분이었다.
> 내 축제 작품에 고작 42점을 주었다.
> 인체 소묘는 43점.
> – 22세

"엘리스 씨가 내게

roared

고함을 질렀다.

나는 신체적으로 그가 두렵다. 그는 너무

big 덩치 크고

너무

coarse 거칠고

너무

violent 난폭하다."

  1961년, 7월 14일. 하드커버 포켓북, 갈색 포장지 장정. 접착제는 상함. 고민의 흔적이 가득한 본문: 줄을 그어 지운 자국, 선에 나란히 쓰지 못한 행들, 고르지 못한 글씨. 마지막 장의 문장들은 갑자기 작아지고 빽빽해지는데, 이는 로라가 일기장 끝이 이렇게 빠르게 가까워지고 있음을 눈치채지 못했고, 그 끝에 도달하지 않으려 필사적으로 휘갈겨썼으며, 책상에 있던 낱장 종이를 닥치는 대로 집어다가 끔찍한 이야기가 마침내 다 끝날 때까지 사태를 모면했고, 그러고 나서 다음 권으로 넘어가야만 했다는 사실을 암시한다. 뒤표지 안쪽에 접힌 종이 일곱 장이 끼어 있다.

  이 일기장은 밝은 분위기로 시작한다. 첫 장은 로라의 루턴 칼리지 마지막날이다. 일주일 후 그녀는 리버풀로 떠난다. 위럴의 어느 집에서 가사도우미 겸 요리사로 여름 두 달간 일자리를 얻었다. 가벼운 청소, 하루 두 끼 식사. 구인광고는 〈더 레이디〉에 났었다.

하지만 이 준비 과정에는 초반부터 뭔가 불안한 구석이 있었다. 페나인산맥을 통과해 리버풀로 가는 길조차 갑갑한 느낌이었다. "숨이 멎을 듯한 경치, 어마어마한 높이", 굉장한 "깊이—절벽 같은 웅장한 언덕들과 숲이 우거진 가파른 비탈들". 기차는 그녀를 터널로 빨아들여 산맥 밑으로 길게 흡입해서 새로운 골짜기에 뱉어냈다. 바깥세상은 "나를 압도하고, 폐소공포증을 일으켰"으며, 하늘은 "눈부신 흰빛으로 가득했다. 태양이 정점에 올라 있었다".

리버풀의 기차역에서 그녀가 만난 사람은 고용주인 엘리스 씨가 아닌 미스터리한 "모델 아가씨", "아름답고 무척 친절한, 화장하지 않은" 스페인인이었다. 이 젊은 여자는 영어를 못하는 듯했고, 로라를 태우고 말없이 차를 몰아 머시 터널을 지났다("경이로운 기술력의 개가—빠져나왔을 때는 크게 한시름 놓았다"). 로라는 왜 이전 고용인이 예상치 못하게 갑자기 떠났는지 알아낼 수 없었다. 엘리스 씨가 다른 지원자들을 제치고 그녀를 선택한 것은 이해 못할 일도 아니었는데, 로라는 전에도 가사도우미 일을 해봤고 이전 고용주들의 추천장이 있었기 때문이다. 하지만 이 동네에는 일자리를 구하는 젊은 여자가 없나? 왜 160마일이나 떨어진 곳에 사는 사람을 골랐을까?

"모델 아가씨"는 말없이 운전을 계속했다.

〈더 레이디〉에 나온 광고라고 늘 안전할까?

로라는 그 집을 "광활하게 펼쳐진 텅 빈 모래밭에 둘러싸여 있고" 그 모래밭은 "얇은 푸른 칼날" 쪽으로 갈수록 사라진다고 묘사한다. 밀물 때는 바닷물이 벽까지 올라와 로라에겐 집이 "물에 떠 있는" 것처럼 보인다. 그 집은 "바람이 불면 유령이 나올 것" 같다.

엘리스 씨는 "꽤 '작달막한' 사람이고, 우쭐대고 자기만족에 찬" 인물이었다. 그는 "남자들이 그렇듯 정중함이 없었다". 아내는 "괴상한 여자"로, 본인이 패션 디자이너이자 화가라고 소개했다. 그녀가 즉각 친해지려 하지 않는다는 데 로라는 놀랐다. "동료 예술가에 대한 감정도 흥미도 없다는 게 믿을 수 없을 지경이다."

2년 전 내 딸의 세례식에서 내 옛 은사인 존 로저스(신학자이며 『기초 성경』의 저자)는 연설을 하며 삼위일체는 사실 셋이 아니라 둘과 반이라는 주장을 펼쳤다. 존이 열의에 차 강대상 앞을 떠나 통로로 다가오며 설명한 바에 따르면, 성부와 성자는 명사지만 성령은 동사다. 성부와 성자의 "교류 행위"인 것이다.

J. 스터지스, '몸을 밀착하는' 드로잉 선생, 그리고 섹스의

발견을 갓 경험한 이 1961년 일기장의 로라 역시 같은 마음으로 예술을 믿는다. 예술은 예술가와 본질 사이의 '교류 행위'다.

두 사람이 똑같이 예술적 희열로 뺨이 달아올라 있다면 당연히 서로를 알아봐야 마땅하지 않나? 로라는 엘리스 부인을 뒤따라 자기 침실을 안내받으러 위층으로 올라가며 생각한다. 그녀는 엘리스 부인이 가짜이고 "약간 저속한 편"이며 디자이너가 절대 아닐지 모른다고 의심한다.

"참으로 기묘한 곳이야!" 그날 밤 그녀는 쿠션들 속에 파묻혀 쓴다. 그녀에게 주어진 방에는 창가에 붙박이 의자가 있고 거기서는 모래밭 너머 달빛 아른거리는 바다까지 보인다. 가구는 "온갖 화려한 장식"을 갖추고 있으나 "뭘 넣을 데가 하나도 없다, 내 파자마조차". 저임금에 반숙련직인 임시 가사 도우미 일인데도 마련된 잠자리는 사주식 침대다.

6월 25일 일요일

여기서 온종일 보낸 첫날—정말 기묘한 직업이다, 나는 아무 일도 할 필요가 없다—지금까지는 손님처럼 지내고 있다. 어젯밤엔 늦게 잠자리에 들었다—배가 너무 고파서 식료품 저장실에 갔고, 그러고도 배고픔이 가시지 않았다. 아침에도 마찬가지여서, 손댈 수 있는 것은 뭐든 먹었다.

6월 26일 월요일

이렇게 멋지고 크고 편안한 사주식 침대가 있어서 좋다. 바다가 널따란 모래사장으로 밀려올 때가 좋다, 오늘 저녁처럼—밀물이 거의 창문까지 차, 뭐랄까, 사방에 부서지는 자잘한 파도가 밀려오는 광대한 물의 황무지 같았다. 해질녘, 녹색이 도는 하늘의 청명함. 폭풍 구름이 바다에 비추는 빛나는 광채. 반짝이는 조개껍데기들이 있는 바위틈의 작은 물웅덩이들, 바람에 일렁이는 깨끗한 물.

6월 29일 목요일

지극히 행복한 날이었고 여기가 좋다, 모든 게 너무나 멋지다…… 아무 비극도 닥치지 않고 그늘지지도 않은 행복을 느낀다는 건 근사하다. 올여름은 모든 게 잘 풀려간다. 올여름은 정신적 갈등도 없는데, 내게는 드문 일이다. 나는 내 젊음과 건강과 재능을 즐기며, 미소 짓는 세상을 향해 미소를 보낸다.

6월 30일 금요일

아직도 엘리스 부부가 어떤 사람들인지 잘 파악이 안 된다.

7월 1일 토요일

정말 바쁜 날. 이 일은 생각했던 것만큼 간단하지 않다. 기억할 게 너무 많다. 벤딕스*를 어떻게 쓰는지 도무지 모르겠고 세탁 쪽은 젬병이다. 다림질은 기술이 없다. 오늘 아침 엘리스 부인이 7파운드를 지급했다(2파운드는 교통비였다). 적지만 쏠쏠한 금액이다!

7월 2일 일요일

오늘은 할일이 많았다. 엘리스 부부가 내게 만족했으면 좋겠다. 오후에는 발레 책을 갖고 해변에 나갔다—호사스럽고 섬세한 즐거움. 바다는 살아 움직이고 반짝이고 약동했다. 바람이 몹시 부는 꽤 쌀쌀한 날이었다. 밤에는 바다가 시야에서 물러나자 드러난 넓은 모래밭이 놀라웠고, 회색빛에 줄무늬와 물웅덩이들이 있는 것이 마치 다른 행성, 달 같았다.

7월 3일 월요일

지극히 행복한 기분, 사랑에 빠진 것처럼 행복하다. 왜 이렇게 행복한지 모르겠다. 이 정도까지 행복한 기분이 드는

---

* 세탁기 상표명.

건 좀 거북하다.

내 사주식 침대에서 쫓겨나고 싶지 않은데, 아직은 아니지만 오늘 엘리스 부인이 그런 눈치를 넌지시 비쳤다. 하지만 그녀는 참아주고 있다. 난 벌써 손님용 방에서 이틀 밤이나 더 머물렀으니까.

7월 4일 화요일

엘리스 씨는 사람이 별로다. 늘 내가 안 한 일만 보고, 한 일은 보지 않는다……

7월 5일 수요일

너무나 우습고 심각한 실수를 저질렀다. 양고기 가슴살을 개에게 준 것이다! 난 그게 뼈만 남고 오래된데다 캐서롤에 넣기엔 좋지 않다고 생각했다. 이 사실을 밝히는 게 불편하긴 했지만 너무 웃기는 일이었고, 재미있는 이야깃거리 아닌가.

좀 피곤해서 굳이 일을 빨리 해치우진 않았다. 빨래하느라 녹초가 되었다. 세탁기에 넣는 편이 나았을 텐데.

아직 사주식 침대에서 쫓겨나지 않았다!

7월 9일 일요일

밤중에 배탈이 났다. 아프다 말다 하는 경련성 복통이었다. 출산의 고통이 이런 걸까 싶다. 상추 때문인 게 분명하다, 아니면 전반적으로 과식해서 그럴거나.

엘리스 부부는 내가 저녁 산책을 나가 있는 동안 돌아왔다. 정말 짜증나는 사람들이다. 엘리스 씨는 베이컨을 다 먹어 치웠다고 나를 몰아붙였다. 그 망할 것이 어떻게 되었는지 난 모르는 일이다. 엘리스 씨가 엘리스 부인에게 뭐라고 하는 소리가 들렸다……

7월 11일 화요일

오늘 지독한 충격을 받았다. 엘리스 부부가 날 해고했다. 나는 그 사실을 비극적으로 받아들였고, 마음 깊이 느꼈다. 임시직에서조차 잘릴 거라곤 꿈에도 생각 못했다. 일을 엄청 못했나보다. 하지만 분명 그럴 리가 없는데. 게다가 내가 요리한 음식은 내 입맛에는 괜찮았다.

7월 12일 수요일

사람이 어떻게 생겨먹었기에 직장에 붙어 있질 못하지? 이걸로 내가 잘린 건 세번째다.

엘리스 씨는 오늘 유난히 이래라저래라 하고 성가시게 굴며, 내가 굽던 스테이크를 빼앗아 갔다. 나는 초조함과 미숙한 열등감을 가능한 한 숨기려 하지만, 그 때문에 마음이 상한다. 그걸로도 모자라 그는 '오후의 할일'로 무거운 콩 한 자루를 내놓았다. 나는 웃으면서 동시에 울었다.

7월 13일 목요일
끔찍한 날. 하루가 지나갈수록 내 심각한 무능함이 줄줄이 드러났다. 갈수록 고약해지고 못되게 군다. 끔찍하고 불쾌한 사람들인 것 같다. 하지만 내가 엘리스 부부네에서 너무 마음대로 행동했는지도 모르고, 그럼 나는 더 할말이 없어진다. 케이크 대부분을 나 혼자 먹었고, 식료품 저장실의 다른 것들도 먹어치웠고, 여러 차례 방을 옮기라고 하는데도 손님용 방에서 계속 미적댔고, 화장실에서 그들의 비누를 썼고, 세탁기는 사람을 불러 고쳐야 하고, 하루에 우유를 1파인트씩 마시고, 그 집 자전거를 빗속에 끌고 나갔고, 다리미 플러그를 고장냈다……

7월 14일 금요일
아침에 심하게 늦잠을 잤고, 알람을 듣지 못해 7시 45분에야 일어났다. 끔찍하게 수치스러웠고 잠옷 차림으로 공황에 빠져 허둥지둥 뛰어다녀야 했다. 온통 지독한 엉망진창이었는데, 엘리스 부부가 지난밤 파티를 한 뒤 치울 시간이 없었기 때문이었다. 내 끔찍한 퇴보……

오늘 아침에는 엘리스 씨가

hit me

나를 때릴 것 같아 두려웠다.

7월 15일 토요일

수치와 불명예를 완전히 뒤집어쓰고 엘리스 부부네를 떠났다.

21. 오, 영광스러운 불길이여!

> 나도 곧 불길을 뿜으며 말할 수 있을까?
> – 22세

그리하여 로라는 어른의 인생으로 떠밀렸다. 다른 가사도 우미 일에 지원하지만 그 또한 잘 풀리지 않는다. 로라는 부엌일엔 젬병이다. 그쪽 일을 또 고려한다는 것 자체가 터무니없다. 가족들에게 그녀는 서투름과 집안 망쳐놓기의 대명사다. 하지만 마침내 로라는 제 길을 찾는다. 런던으로 가, 명망 높은 캠버웰 예술대학 장학금을 따낸다. 그리고 우리는 내가 다이도에게 일기장들을 받은 첫날 집었던 내수성 인조가죽 표지의 싸구려 검은 노트에 이르게 된다. **해내야 한다!!**는 위대한 프로젝트가 등장하는 권이다.

1960년대 초 캠버웰 예술대학에서는 배우, 모델, 패션 전문가, 조각가, 화가, 도예가, 애니메이션 제작자, 피아니스트,

출판업자, 섬유 디자이너, 핑크 플로이드와 함께하는 리드 기타리스트가 되려는 졸업생들이 앞다투어 몰려나왔다. 일러스트레이션을 공부하는 로라도 이 인파에 합류했다.

크리스털 팰리스 때문에 여전히 몹시 흥분한 상태다. 그들의 마음에 든 게 내 포스터라는 점, 내 것이 선택되었다는 사실을 여전히 믿기 어렵다. 내 것, 내 것!!

"예술가는 인간이 도달할 수 있는 최고 경지다." 그녀는 선언한다. "지식인은 그보다 덜 위대하다." 로라는 이제 학자가 되고 싶어하지 않는다. 그녀는 과학을 싫어한다. 마침내 "노력하고, 노력하고, 노력하라"던 E의 말뜻이 무엇인지 이해한다. 노력으로 만든 작품이 "영혼을 채우고 지배해야" 한다. "나는 마침내 발을 들인 이 굶주린 생활을 계속해나가야 한다―샌드위치 하나뿐인 길고 느릿한 시간을." 그녀가 음식을 삼키지 못해 힘들어하는 건 천재이기 때문이다. "재능이 클수록 그 대가도 막중하다…… 예술가들은 그런 일들을 겪어야 한다. 사람들은 그런 일들을 모르고, 나처럼 예술가를 내면으로부터 볼 줄 모른다."

첼리스트 폴 토르틀리에의 신경은 얼마나 고통스러울까―

그 사람은 한시도 가만있질 못한다—안면 틱이며 경련이 심하다. 대단한 갑상선이다.

로라는 자신이 그만큼 재능이 뛰어나지는 않은 걸 다행으로 여긴다. "나는 지금도 내 재능 때문에 충분히 괴롭다—재능은 사람을 가만히 놔두지 않고, 1분도 놓아주지 않아 기진맥진하게 만든다." 하지만 로라는 약하지 않다. "나는 온순하고 과하게 섬세한 사람이지만, 사실 가정적이기보다 전문직 여성 타입이다. 세련된 면이 있다. 야심 차고, 성공을 원하고, 내 작품을 사회에 기꺼이 내놓고 싶다. 오래도록 감상하며 내 가치를 느끼도록…… 내 작품은 반드시 알려져 남들에게 기쁨을 선사해야 한다—내 작품은 독창적이지만 특정 계층의 전유물이 아니며, 문외한도 즐길 수 있다."

오늘은 길 한복판에서 작업했다. 발판사다리, 판자, 끈으로 급조한 즉석 이젤 앞에 서서. 재미있었고 지나가는 주민들이 관심을 보였다.

"오, 상상 세계의 영광스러운 불길이여!"

22. 내가 이 방에 처박힌 지 21년째…

내가 무엇이 될지 아직 정해지지 않았다는 걸 알겠다—
1) 유명인, 훌륭한 작가, 어쩌면 명성까지 얻은
2) 괜찮게 성공한 보통 사람
3) 외롭고 마음 비뚤어진 노처녀,
아무도 좋아하지 않고 인생에서 어디에도 도달하지 못한—온갖 꿈과 희망을 품은 내가.

- 18세

"내년 2월이면 내가 이 방에 처박힌 지도 21년째다. 엄마 아빠가 나를 키운 만큼의 기간이다—어린 시절 전부와 10대 시절, 거기에 약간 더. 우리가 베드퍼드 중심가의 상점에 갔을 때 나는 스물한 살이었고, 나는 그 라디오를 골랐다."

이 라디오의 중요성을 설명해줄 일기는 리처드와 다이도가 쓰레기장에서 구해낸 더미엔 없었고, 1994년의 이 기록 하나를 제외하면 로라는 이전에도 이후에도 그 일을 다시 언급하지 않는다.

로열프리병원 종양 병동으로 다이도를 문병하러 갔다 돌아오는 길에 나는 '라디오' 대신 다른 단어를 넣어보았다.

"우리가 베드퍼드 중심가의 상점에 갔을 때 나는 스물한 살이었고, 나는 그 망치와 못을 골랐다." 그 '자몽'. 그 '토끼 봉제인형', 그 '닭고기'. 대상을 바꿀 때마다 머릿속에 떠오르는 상점과 진열대의 모습도 따라 바뀌지만, 로라의 얼굴 표정만은 그대로였다. 그 일이 있었을 당시 로라는 스물한 살, 키가 7미터에 달하는 다 자란 어른이었지만, 내 마음속에선 열네 살쯤의 소녀, 눈치보고 머뭇거리는 소녀가 손을 뻗어 선물을 고른다. 어머니가 아버지보다 더 가까이 뒤편에 서 있다. 아버지는 어색해하며 거드름을 피운다. 배가 불룩 나오고 코는 두툼하다. 어머니는 불분명하다. 어머니 쪽을 더 잘 아는 기분인데도. 몸을 숙이고 있는 어떤 존재다. 사람이 아닌.

현대적인 단어도 잘 들어맞았다. 나는 '아이패드'를 넣어보았다. 비누 거품을 뚫고 나타나듯 로라의 열네 살짜리 손이 50년 후 미래의 상점 선반을 향해 뻗었다. 무엇 때문인지 내 마음속에서 로라는 어른의 몸에 갇힌 어린아이로 굳어져 있다. 귀엽지는 않다. 약간 기분 나쁘다. 나는 그런 사람을 몇 안다. 10대 소년 같은 나이든 여자들. 열두 살 같은 성인 남자들. 그들은 노인의 피부 속에 들이부어진 어린아이다. 신체는 나이 먹었지만 두뇌는 어딘가에 걸려 성장을 멈췄다.

나는 '플루오로우라실(5FU)'을 넣어보았다. 병원에서 선의로 다이도의 정맥에 주사하는 세 가지 독약 중 하나다. 그 약은 (나중에 알게 되겠지만) 아무런 효과도 없다. 종양을 더 단단하게 만들고 다이도의 뇌세포를 파괴해 글을 쓸 수도, 생각할 수도, 읽을 수도, 편집할 수도 없고, 스스로 제어할 수 없어 기저귀에 똥을 싸고 한 시간에 두 번씩 토하느라 침대 옆에 자주색 '리얼리 유스풀' 표 플라스틱 대야를 두도록 할 뿐이다.

1994년, 로라는 쉰다섯이었고 자살하기 일보 직전이었으나, 로라의 투덜거림에는 신랄함이 있다. 교통 소음을 듣는 것과 비슷한 기분이다. 짜증스럽지만 가장 가까운 친구가 질병과 의학이라는 이름의 잔혹함에 무참히 짓밟히고 있을 때는 오히려 마음이 안정된다.

내게 눈곱만큼의 자비나 용기가 있다면 다이도를 총으로 쏘아야 한다.

내게는 눈곱만큼의 자비도 없다.

대신 나는 로라의 일기를 읽는다.

로라가 말년에 정신병원일 수도 아닐 수도 있는 장소에서 겪은 20년간의 "감금"은 이 피터라는 남자의 통제하에 있었다. 완전히 유폐된 것은 아니었다. 그녀는 자기 방과 집을 나갈 수 있었다. 하지만 하루가 저물면 자기 침대로 돌아왔다. 그녀는 아버지 장례식에 참석하고, 어머니를 방문하고(케임브리지대학교 졸업생 다수가 그렇듯, 로라의 어머니는 자기가 다녔던 거턴 칼리지 근처에서 노년을 보냈다), 음식과 옷

쇼핑을 하고, 영화관에서 오후를 보내도록 허락받았다. 자전거를 타고 앞뒤로 "삐걱대며" 그녀는 히스턴 로드의 협동조합에 가서 이런 것들을 구입한다.

상하기 시작한 50펜스짜리 물냉이 한 다발.
즉석조리용 간肝 캐서롤, 그녀는 "안전하도록" 끓여먹었다.
콜리플라워 일곱 개.
15펜스짜리 저지방 마늘 소스("맛이 별로라도 큰일은 아니니까").
스웨덴 순무 "자투리".
폐기 예정 제품을 실은 카트에서 발견한 다섯 개들이 포장 키위. 협동조합 계산원은 그걸 팔면 불법이라고 했지만, 결국 10펜스를 받고 넘겨주었다.

그녀는 구더기가 생긴 스틸턴 치즈에서 선을 넘었다고 여기고, 가게에 도로 가져가 항의했다. "한 마리라면 그냥 넘어갈 참이었는데, 여러 마리였다."
한번은 시장에서 로저먼드 필처*의 책을 어깨가 으쓱할 만큼 싼값에 사서 돌아오는데, 로라가 피터를 싫어하면서도 그

---

* 1924~2019. 영국 작가로 고향인 콘월을 배경으로 한 소설들로 사랑받았다. 대표작 『조개 줍는 아이들』은 세계적인 베스트셀러다.

를 두고 에로틱한 생각을 해봤음을 여기서 우리는 알게 된다.

그 이야기는 좀 믿기 힘들었다. 피터에 대한 나의 경험으로 보아, 그는 끔찍하고 악취나는 인간이니까. 정말로 로맨틱하지는 않다. 책 속의 여자는 아침 일찍 차를 들고 남자의 침실에 들어가고, 둘은 사랑을 나눈다. 아침부터 그러고 싶은 기분이 들까.

로라는 약한 스톡홀름증후군을 앓고 있는 걸까, 인질이 자기를 가둔 이와 사랑에 빠지는?

그녀가 정신병원에 있을지 모른다고 믿는 데는 이유가 있다. 필적학자는 광기를 암시하는 의견을 주었다. 탐정 빈스는 로라의 글씨 크기가 투옥 상태를 비유적으로 드러낸다고 의심한다. '공포증' 시절 로라는 자신이 근본적으로 미쳤을지 모른다고 생각했다. 그녀가 범죄자 교도소에 있다면 D등급*일 것이며 형기를 적어도 4분의 1은 채웠을 게 틀림없는데, 재소자는 그후에야 사회에 나갈 수 있기 때문이다. 하지만 분명히 말할 수 있는 건, 로라가 미쳤거나 죄수였다고 해도 리처드와 다이도가 일기장들을 찾아낸 거리 근처에 감금되지는 않았을

---

* A부터 D까지 나뉜 영국 교도소 등급 중 가장 경비가 덜 삼엄하고 경우에 따라 노동이나 교육 등 재활 목적의 외출이 허용되는 곳.

거라는 사실이다. 그 동네의 아트 앤드 크래프트 양식 주택은 학계 거물들 전용이다. 학부장, 은퇴한 대학 부총장, 컴퓨터로 돈을 번 구세대 백만장자 등. 비트겐슈타인은 행복하게도, 모퉁이에 있는 '스토리스 엔드Storey's End'라 불리는 집에서 사망했다. 서로 멀찍이 떨어진 이 소유지들은 그 면적과 오크 나무가 지배하는 고요가 국가 기록보관소와 맞먹는다. 여기 감금 시설은 없다, 적어도 공식 시설은.

스토리스 웨이의 집들은 덤불 뒤에 숨어 있다.

이웃들은 속세와 떨어져 있다.

비공식적 간수는 도와달라는 중년 여인의 외침 정도는 아무 일 아니라고 쉽게 이곳 사람들을 설득할 수 있을 것이다. 방금 들은 소리는 오래된 오픈릴로 틀어놓았던 니코바르제도의 유명한 '구관조', 그라쿨라 렐리기오사의 울음소리 연구 녹음이라고 둘러대면 된다.

그런 다음 유유히 집으로 돌아와, 오는 길에 잠시 화단의 달리아 지지대 위치를 바꿔주고, 희생양을 집안 더 깊숙한 곳으로 끌고 가는 거다.

세월이 흘러감에 따라 피터에 대한 작지만 의심스러운 사실들이 드러난다. 그는 자몽 슬라이스를 광적으로 좋아한다. 그는 절대 병에 든 우유를 끝까지 마시는 법이 없다. 그는 소변을 보고 손을 씻지 않는다. 그는 유복하게 살고, 그 돈으로 재미있는 일은 아무것도 하지 않는다. 한번은 3만 파운드 상당의 우표 수집품을 정원 어딘가의 구멍에 감춰놓고 구멍 위치를 잊어버렸다. 그 작은 종잇조각들을 다시는 찾지 못했다. 가족이 사는 집 지하실에 딸을 24년간 가두었던 오스트리아인 요제프 프리츨처럼, 피터도 전기 엔지니어 교육을 받았다. 그는 잔디를 피가 날 정도로 깎는다.

나는 피터를 키가 작지만 활기 넘치는 사람, 다리를 절고 걸을 때면 이유 없이 팔을 휘둘러 머릿속으로 달리아 머리를 잘라버리는 사람으로 상상한다. 잔디깎이를 잡고 있을 때 그의 손가락 관절은 운전대를 움켜쥐느라 힘이 들어가 하얗다. 그가 막 뚜껑을 딴 자몽 통조림을 잔디깎이의 보닛에 얹고(그는 족히 12인분은 되는 특대 사이즈를 좋아했다) 배나무를 빙 돌아 모닥불 연기를 뚫고 잔디밭을 달려올라가는 모습이 보인다.

그러나 피터는 결코 명확하게 묘사되지 않는다. 그의 이름이 책장에 나타났다 사라지는 방식조차 어딘가 은밀한 구석이 있다. 그는 절대 뭔가를 하는 행위 도중에 포착되지 않는다. 항상 어떤 행동을 5분 전에 했거나 12시간 후에 또 할 예정이다. 이는 우리가 그의 존재를 아는 것만큼 그도 우리의 존재를 아는 듯한 기묘한 효과를 자아내며, 따라서 그의 불량한 행동은 우리가 책장을 넘기는 순간에 국한된다. 책장을 넘겨 누르고 다시 집중해서 읽기 시작하면 때는 이미 늦었다. 어느새 잔디깎이는 창고에 돌아가 있고 로라의 사진과 악보 또 한 자루가 정원 모닥불에서 불탄다.

일기에 따르면, 그는 70대 초이고 5파운드에서 1천 2백만 파운드 사이의 가치가 있다.

로라는 그에게 붙들려 있지 않다.

로라는 그의 입주 가정부다.

잘 어지르고, 몽상가인데다, 현실감각은 없고, 형편없는 요리 실력에 예술적 속물인 로라가 어쩌다 하고많은 직업 중에 이 일을 골랐을까? 위럴에서 처참한 성과를 내고도 무슨 생각으로 그 자리에 지원했을까? 로라가 캠버웰로 달아난 것은 바로 그런 종류의 일을 피하기 위해서였다. 독신 교수의 가정부 겸 말벗으로 일한다는 건 19세기 가정에서나 있었던 상황이다. 그녀는 그의 저녁식사를 준비하고, 설거지를 하고, 장을 보고, 청소를 한다. 이따금 정원 일을 돕는다. 종종 식사를 함께 들고, 아침식사까지 함께 할 때도 있다. 로라 본인이 자주 언급하듯, 그녀는 그의 아내다. 섹스를 하지 않을 뿐("고마운 일이다").

화려한 색 표지의 말년 일기장들은 이 녹진녹진한 생활에 대한 긴 항의의 울부짖음이다. 가끔이나마 피터가 집을 비우면 로라는 그의 거실 그랜드피아노로 모차르트와 베토벤을 연주하고 망친 인생을 생각하며 운다. 한번은 크리스마스이브에 협동조합에서 피터의 자전거가 창가에 기대서 있는 것을 본다.

> 바구니를 꾹 누르고 싶은 마음을 참을 수 없었다―바구니는 어차피 망가지기 시작한 모양새라, 나머지 부분을 우그러뜨리기만 했다. 그놈이 장 본 것을 집에 가져오느라 고생하길 바랐다―<u>그런데도</u> 그는 나보다 한참 전에 돌아와, 슬쩍 집안에 들어온 게 분명하다……

피터의 자전거를 망가뜨리는 데 열중한 나머지 그녀는 협동조합에서 식료품 사는 걸 잊었고, 결국 "스튜용 칠면조 한 팩"으로 그해 크리스마스를 보냈다.

또 한번은 그의 가구를 못살게 군다.

> 이곳에서 내가 누릴 수 있는 행복의 조짐이라곤 전혀 없다는 과도한 긴장―하지만 떠난다는 건 감당할 수 없다―다른 직업을 구하거나 집에 간다는 생각은 더 끔찍하다. 나는 너무나 무책임하게도 이곳을 때려부수기 시작했다―요전

에는 피터의 그 의자를 산산조각 냈다. 또한 부지깽이로 다른 가구들을 내리쳤다―도끼가 있었으면 했다…… 나는 피터라는 이 남자의 아내조차 아니다―아무것도 아닌 그저 가정부인데, 그의 재산을 파손했다!

이 일기는 잠도 자지 않고 보낸 24시간을 담고 있으며 30쪽에 달한다.

어젯밤 지역 신문에 저임금 관련 기사가 났다―내가 얼마나 믿기 어려우리만치 뒤떨어졌는지 알겠다―평범한 직업을 가진 여자들조차 나보다 훨씬 많이 받는다. 그리고 남자는 내가 한 달에 버는 만큼을 일주일에 번다.

왜 이 일을 택했을까? 죽은 일기 작가는 말해주지 않지만, 내가 보기에 그 답은 명확하다. 나는 E라는 글자 탓으로 본다.

23. E는 누구인가?

> E가 나를 인간이라고 생각하다니 약간 으쓱했다.
> – 21세

로라는 서른 살까지 열네 살이었다. 마흔 살까지는 예순 살이었고, 그후로는 안 쓰는 방에 가둬두는 편이 나았다.

이렇게 기이한 과정으로 나이 먹은 원인은 E였다.

E가 처음 일기에 등장하는 건 로라가 공공도서관에서 일하던 때지만, 둘의 첫 만남은 그보다 6년 전이었다. 로라는 열네 살이었고 아직 화이트필드 하우스로 이사해 퍼스 여학교에 다니기 전이었다. 내가 갖고 있는 일기장 중 가장 오래된 노트, 페이지 중앙에 역력히 절망에 빠져 피아노 건반 위로 쓰러진 소녀를 그린 희미한 스케치 세 장이 있고 뒷장들이 면도칼로 도려져나간 1952년 학교 연습장의 시기다. 로라는 아직 튜더 코티지에서 부모님과("탐구적인 영혼의 소유자들은 아

니다—그들에게 진리 추구는 죽은 영역이다") 함께 살았다.

E는 로라의 피아노 교사로 집에 왔다.

그는 친절하고, 응원을 아끼지 않고, 흥미롭고, 독단적이고, (본인 말로는) 콘서트 피아니스트가 될 정도로 실력이 뛰어나며, 기괴하게 무책임했다. 어린 소녀의 눈먼 칭찬이 도를 넘어서도록 방관했다.

E는 세상을 양동이로 본다—내가 해석하기로는 그렇다. 각자에게 양동이 하나가 있다. 양동이는 사람의 천부적 재능, 사회적 책임, 고된 노력의 기울임으로 이루어졌다. 보통 사람은 재능이 없고 책임은 많으며 그저 살아 있는 데만 관심이 있다. 이런 사람은 인생의 양동이를 4분의 1 이상 채우지 못한다. 위대한 예술가의 양동이는 꽉 찼다. 게다가 위대한 예술가는 어릴 때부터 천재성이 명백하며, 갤리선 노예처럼 일하고 예술을 생산해 사회에 대한 의무를 다한다. 그에 응하는 사회의 의무는 예술가를 인정하고 격려하며 가득찬 양동이에서 간간이 흘러넘치는 어수선함과 더러움은 적당히 넘어가주는 것이다. E는 이런 양동이에 해당한다. 그에겐 대단한 천부적 재능이 있다(피아노, 출판했던 시들). 재능은 일찍이 나타났다. 그는 남달리 열심히 노력했다. 하지만 그의 경우 사회가 받아들이지 못했다. 그는 인정받지 못한 양동이다. 곧 씁쓸함 가득한 양동이가 될 것이다.

과학자들은 생각할 가치조차 없다. 그들의 양동이는 아무도 신경쓰지 않는다.

로라는 반쯤 찬 양동이다. 우리가 처음으로 그녀를 제대로 만나는, 공공도서관에서 일하고 있던 1958년 로라에겐 아직 어른의 지도가 필요했다. 어쩌면 이미 자신의 재능을 발견했을지 모르고(글쓰기—하지만 그림이나 교향악이었을 수 있고, 작곡, 아마 오페라였을 수도 있다) 벌써 열아홉 살이었지만, E가 굳이 도움을 베풀어 지적하듯 그녀는 어리석고 멍청하며 그 커다란 몸을 곧게 세울 줄 몰랐다. 그래서 그는 자기 양동이에 막말을 채워 로라에게 'E가 말하기를'을 퍼붓는다.

> E는 내 새 핸드백이 별로라고 했다.
> E는 옷 입는 센스가 없다고 나를 나무랐다.
> E는 남자가 대체로 여자보다 요리를 잘한다고 했다.
> E는 "그래, 쓰라린 일이지"라고 말했다.

로라가 루턴의 부모님 집을 떠나 케임브리지의 퍼스 여학교에 간 이유는 E가 퍼스의 방과후 음악 교사가 되었기 때문이었다. 로라는 퍼스 여학교에 다닐 만큼 학업에 열중하지 않았다. 부모님은 딸을 퍼스 여학교에 보낼 만한 형편이 아니었다. 그녀가 퍼스 여학교에 가야 할 이유는 없었다. 그럼에도

1부 미스터리

로라는 퍼스 여학교에 가기로 결심했고, 기어코 갔다. 아마 로라가 인생에서 마지막으로 결의를 내보인 때이리라.

로라는 E가 유대인이며 베를린이나 빈(알고 보니 본이었다) 출신이라고 종종 언급한다. 중년에는 자기가 TV로 투르 드 프랑스를 그렇게 열심히 보는 이유는 자전거 선수 하나가 E의 친척이라고 생각하기 때문임을 인정한다. 이 선수의 이름은 보비 줄릭이다.

따라서 E는 E. 줄릭이다.

케임브리지에서 그는 여기 살았다.

믿거나 말거나지만, 이 건물은 II등급* 등재 문화재다. 때때로 로라가 밤에 찾아가면 E가 집의 넓은 방들 중 어디 있는지

보이지 않는데, 그가 전기에 대해 까다롭게 굴기 때문이다. 로라는 반쯤 어둠에 잠긴 방을 더듬더듬 나아가야 한다. 그녀는 그가 여기 어딘가 있다는 걸 알고, 자신을 바라보는 걸 감지할 수 있다. 그랜드피아노의 새까만 색을 분간하고 바스락대는 신문지로 덮인 테이블과 의자 모서리를 느낄 수 있지만, 방의 유일한 빛은 바깥의 나무들 뒤 가로등과 기차역에서 왔다 갔다 지나치는 버스들 불빛뿐이다. 그러나 E는 결코 오래 숨어 있지는 못한다. 어둠 속에서조차 그의 잔인함은 밝게 빛난다.

    E는 내가 '멍청이'라고 했다.
    E는 내가 어리석다고 했다.
    E는 내가 열네 살이라고 했다(스무 살 때의 일기다). 아직 철이 덜 들었다고.
    E는 내가 강간당할 테니 런던에 살아선 안 된다고 했다.
    E는 내가 모든 면에서 약하다고 했다.
    E는 거듭 내가 약해빠졌다고 했다. 인생에 약한 사람들이 설 자리는 없으며, 그들은 치워버려야 한다고 했다.

---

* 영국의 문화재는 건축물 중심의 '등재'와 유적 중심의 '지정'으로 구분되는데, 세 가지로 구분되는 등재 건축물 중 II등급은 부분적으로 근대와 현대 건축의 특징을 지닌 건축물이며 전체 중 92퍼센트가 해당된다.

왜 로라는 이 몹쓸 남자를 사랑했던 걸까? 훗날 자신이 얼마나 속박되어 있는지 깨닫고 놀라기는 하지만, 50년대 말과 60년대 초 로라는 E를 자기 자신보다 더 자기 존재의 중심에 두었다. 로라는 E가 조종하는 로봇이었다. 로라는 E 모양의 껍데기였다.

E 곁에 있을 때마다 죽은 인격이 되는 느낌이었다.

지나치게 문학 비평적으로 들릴 위험을 감수하고 말하자면, E는 E인 동시에 '나'였다.
로라의 복종이 에로티시즘과 그렇게 뒤섞이지만 않았어도!

E는 돈에 관한 내 생각들이 어리석다고 말했다.
E가 내 실수들에도 불구하고 날 사랑한다는 걸 느낀다.
E는 "네가 말하는 건 더 못 들어주겠어, 너무 멍청한 소리야"라고 말했다.
E에게 지독한 사랑을 느꼈다. 너무 사랑과 이해심이 넘치고 c느낌이고 다정한 E. E에 대한 황홀함으로 내 몸을 껴안았다.
E는 내 팔에 손을 얹고 진지하게, 내가 좋은 충고를 그렇게 많이 들었으니 따르기만 하면 됐을 거라고, 잘 자라고 말

했다.

지난밤 E가 나오는 무척 섹시한 꿈을 꾸었는데, 침대에서 E를 입으로 훑는 꿈이었던 것 같고, 섹시한 기분은 깨고 나서도 이어져 평소보다 E가 더더욱 매력적이었다.

E는 엘리베이터가 잘못되는 일은 거의 없다고 말했다.

어떤 의미에서는 E가 제법 옳게 짚었다. 서른이 될 때까지 로라는 신경증적이고 까탈스럽고 게으르고 망상에 빠진 소녀였고 캠버웰에서의 몇 년을 제외하면 열심히 노력한 적이 한 번도 없다.

E가 내겐 대학에 갈 의지가 없다고 했다. E는 내게 소위 재능이 있다고는 전혀 믿지 않았다, 글쓰는 재능조차.

E가 심한 말을 했다. 일에 집중할 수 있을 것 같지 않았다.

E는 (절망해 머리를 감싸쥐고서) "모르겠어"라고 말했다.

학교에서 "국어를 잘하는" 학생이었던 이들의 자의식 강한 예민함이 로라에게선 정신이상에 가깝게 변질됐다. E가 없었더라도, 성실한 노력이 동반되지 않은 예술적 자아에 대한 숭배 때문에 로라는 잘못된 길로 들어섰을 수 있다.

열네 살의 로라는 예술적으로 보이는 것들을 사랑하고 그럴싸한 예술가가 되고 싶어하던 전형적인 여학생이었으며, 글쓰기와 그림 그리기를 잘하고(굉장히 잘할 때도 있었고) 피아노를 괜찮게 쳤다. 거기에 콘서트 피아니스트가 될 수도 있었던 E. 줄릭이 나타나, 로라의 포부는 사춘기 소녀의 짝사랑과 뒤엉킨다. 하지만 로라는 어떤 방면의 예술가로도 발전하지 못했는데, 노력하지 않았기 때문이었다. 어떻게 해야 하는지 몰랐다. 그녀는 "누구나 자기만의 책을 품고 있지"라거나 "시간만 있으면 나도 책을 쓸 수 있어"라고 하는 실없는 사람 중 하나에 지나지 않았고 그래서 아무것도 이루지 못한다. 로라에게 예술은 갈고닦아야 하는 것이 아니다. 그녀에게 그런 건 '물질주의'다. 10대 소녀 로라에게 예술은 에로티시즘이다.

> E는 [내] 노래 실력이 아무것도 아니며, 새와 동물의 노래처럼 성적 충동의 발현에 불과하다고 했다.

그리고 로라는 예술뿐 아니라 인생에서도 실패자가 된다. 바로 E가—위대한 피아니스트, 시집을 낸 시인, (너무나 굴욕적인) A-레벨 음악 보충교사—스스로 그렇다고 느꼈듯이. 그후 일어난 일은 E가 세운 신중한 계략의 일부는 아니었지만, 그렇게 될 수밖에 없었다는 느낌이다. E의 지지는 복수심으로 변했다. E는 자신의 두번째 실패한 자아인 로라를 짓밟으려 했고, 성공했다.

로라가 유일하게 전심전력을 다한 것은 일기다.

로라의 위대한 프로젝트는, 스스로 의도했든 아니든, 예술도, 새로운 교향곡도, 이제는 너무나 흔해져서 내가 지금 이 순간 알지도 못한 채 쓰고 있을지 모를 발명품도 아니다. 이 일기장들이다.

하지만 신중해야 한다. 사람은 자기 일기에서(솔직하게 썼다면) 약간 이상해 보이기 마련인데, 그것이 일기의 목적 중 하나이기 때문이다. 말로 할 수 없는 일들을 풀어놓아 조금 숨을 돌리는 것.

하지만 로라의 인생과 그 실패에서 E의 역할을 냉소적으로 해석하면서 내가 결정적으로 잘못 짚은 사실이 두 가지 있다. 1961년이라 적힌 검은 점무늬 빨간 노트에서 방금 알아차렸다. 첫번째는 E가……

여자라는 것.

두번째는 E가……

일흔두 살이라는 것.

24. 시간은 당밀처럼 나른하게 흐르지만…

> 언제나 젊은 나도 어쩔 수 없이 늙겠지.
> – 18세

말년의 현란한 색 일기장에서 시간은 당밀처럼 나른하게 흐르지만, 그럼에도 책장에서 눈을 뗄 수 없다. 어쩌면 서술이 그토록 마음을 사로잡는 것은 바로 그 특징 없음 때문일 수 있다. 이야기는 판타지처럼 있음직하지 않은 가능성에도 열려 있다.

그렇다고 별다른 일이 일어나는 건 아니다.

아무 일도 일어나지 않는다.

저녁으로 콜리플라워 줄기를 다시 데워 먹었다.

어느 6월의 금요일 밤 로라는 침대에 누워 쓴다.

나는 다시 데운 거라도 콜리플라워 줄기가 오렌지와 딸기보다 훨씬 좋다.

그녀는 두 쪽을 더 쓴다. 그로부터 사흘—7632단어—이 지나, 충격적인 뉴스! 헤드라인 교체해요!

I have just started a new cauliflower.

방금 새 콜리플라워를 먹기 시작했다.

전적으로 한 가지 채소만 먹지는 않는다. 다른 음식도 즐긴다. 6월 4일, 그녀는 무에 대한 기억을 음미한다.

이틀 전엔 큰맘먹고 아홉 개에 69펜스나 하는 무를 샀다.

그러다가 그녀는 머뭇거린다. 이 기억은 뭔가 잘못됐다. 잠시 그녀는 생각해낼 수가 없다.

어쩌면 일곱 개뿐이었을 수도 있다. 기억이 잘 안 난다.

로라가 1990년대에 쓴 일기를 읽고 있으면 무덤이 숨쉬는 소리를 듣는 기분이 든다.

하지만 그럼에도 계속 읽고 싶어진다. 몇 년이 지나서야 나는 이 시기의 일기가 마음을 사로잡는 너무나 당연한 이유를 이해했다.

나는 다시 이사했고 서퍽에 살고 있었다. 때는 10월, 사냥철의 시작이었다. 내가 임대한 집 주변의 숲 몇 군데에는 사슴 개체수를 조절하는 데 사용하기 위해 누군가가 직접 만든 의자가 큰 오크나무 줄기에 묶여 있었다. 이런 의자는 땅에서 약 12피트 높이에 있으며 사다리가 달려 있다. 사냥터 관리인은 사슴들이 맡는 냄새의 흐름보다 위쪽이고 시야에서 벗어나 있는 그곳에 조용히 앉아 기다릴 수 있었다. 그러다 총을 쏘면, 단 한 발로도 지나가던 동물의 머리를 관통시켰고, 총알은 안전하게 그 뒤편 땅에 박혔다.

어느 날 아침, 그런 의자 하나에 앉아 1990년대 후반의 일기를 연구하다가, 나뭇잎이 바삭대는 소리를 듣고 내려다보니 사슴 여덟 마리가 내 발치에서 풀을 뜯고 있었다. 나는 독서에, 녀석들은 풀에 정신이 팔려서, 저들도 나도 모르는 새 슬금슬금 다가온 거였다. 엷은 안개가 깔려 있어 머리만 수증기 위로 나와 있는 모습이 죽기도 전에 박제되어 벽에 걸린 사슴 머리 장식 같았다. 녀석들은 느릿하고 조용히 움직이며 아련한 안개 속에 얼굴을 담갔다 뺐다 하며 땅의 풀을 뜯어먹었다. 몇 마리는 작아서 안개 위로 귀만 보였다. 10분쯤 후 그들은 나무들 틈으로 가벼운 바스락 소리를 내며 유유히 사라졌다.

황홀함을 느끼며 진창을 건너 돌아오다가 나는 깨달았다. 고통스러울 정도로 따분한 내용일 때조차 로라의 일기를 계속 읽고 싶은 마음이 들었던 이유를. 그건 로라의 일기가 진실하기 때문이다.

사슴에게 흥미진진한 일이 일어난 건 아니었다. 사슴들은 그저 거기 있었고, 진실한 것이었고, 제 생각에만 빠져 있었다. 로라 역시 진실한 존재다. 일기 속 감금과 실패의 이미지에 서사적인 '기승전결'을 부여하려고 지껄이는 소설가는 없다. 그녀는 반듯한 문장과 신중하게 선택한 단어로 진실을 흐리지 않았다. 소설 작가라면(그 점에선 전기 작가도 마찬가지지만) 로라의 이야기에 갖다붙였을 정돈된 구조의 장치가 없으니 그 무엇도 요점에서 벗어나지 않고 어떤 일이든 가능하다. 그 어떤 극적인 사건도 일어나지 않는다는 사실 역시 실망스럽지 않다. 로라와 함께 있으면 스스로가 혼자라고 여기는 여자와 단둘이 있게 된다. 무료함의 최종 단계에 이른 여자와. 그녀는 당신의 존재를 전혀 의식하지 못한다. 허구가 아니라는 게 로라의 이야기에서 제일 극적인 요소다.

물리학에서 말하는 '현재'에 특수성은 없다. 물리학자가 보는 세상은 미래에서 과거로 넘어오는 과정 전체를 아우른다. 그 둘 사이의 연결점, 우리에게 너무나 중요한 현재라는 극소한 고리에는 특유한 이론적 역할이 없다. 1990년대 로라의 일기에서 상황은 반대다. 오직 '현재'만이 분명하다. '여기', 이 방, 오늘밤만이 중요하다. TV쇼를 보면서 과거를 회상할 수도 있겠지만, 로라가 기록하고자 하는 건 과거 그 자체가 아닌 회상을 한다는 행위다. 이 여자가 밤늦게 침실에 틀어박혀 쓰는 것, 그리고 씀으로써 흥미롭게 하는 것은 전부 끝없이 되풀이되는, 미스터리한, 단일한 문장으로 대체할 수 있다. 나는 살아 있다. 나는 살아 있다. 나는 살아 있다……

장을 보거나, 요리를 하거나, 먼지를 떨거나, 설거지를 하거나, 우유 배달부와 흥정하거나, 청소부나 정원사나 자기 자신과 말다툼할 때—

> 더이상 소심하게 굴지 않을 테다—베티에게 내가 요리할 때는 금요일에 부엌 청소를 하지 말라고 단단히 일러두고, 에번스에게 늘 싹양배추만 기르지 말라고 말해야겠다. 피터에게 내 '울화통'의 진실을 말할 테다. 내 진짜 기분이 어

떤지 그가 알 때도 됐다. 빌어먹을, 까짓것 음악가도 돼보지, 뭐. 하고 싶은 마음만 들면 오케스트라와 협연해 모차르트를 연주할 거다.

―바닥을 걸레질하거나, 사과를 따거나, 쓰레기를 비우거나, 시트를 갈거나, 냉장고 성에를 제거하거나, 세탁기에 빨랫감을 넣거나, 모직 옷을 손빨래하거나, 일기를 쓸 때가 아니면, 로라는 TV를 본다.
25년 동안.

오늘 아침 잠에서 깼을 때 몹시 우울했다―간밤의 즐거움은 사라지고 현실이 다시금 냉정하게 다가왔다. TV는 마약 같고, 생각을 못하게 한다…… 셋방살이했을 때 TV가 있었다면 내가 덜 망가졌을 텐데. TV가 있다는 건 엄청 큰 차이다. 점심식사 전에 보는 것도 좋다.

그녀는 결코 음악가가 되지 못한다. 음악가로서의 자신을 우선시하지 않기 때문이다. 로라에게 자신은 언제나 가정부고, 다음으로 사람이며, 그다음이 음악가다. 나와 물리학의 관계도 그와 똑같다. 내게 뭐라도 가치가 있는 유일한 대상은 물리학이다. 그에 비하면 글쓰기는 병적으로 자기 집착적이고,

감정적으로 진부하며, 겉만 번지르르하다. 물리학은 지적인 작업이다. 글쓰기는 유흥 산업의 일부다. 작가들은 대개 지루한 사람이고 과학자들은 그렇지 않은 이유가 거기 있다. 하지만 나는 결코 물리학자가 되지 않을 텐데, 내가 나를 우선 전기 작가로, 다음은 인간으로 생각하며, 물리학자라고는 결코 생각하지 않기 때문이다. 무언가가 되기 위해 처음으로 해야 할 일은 자신이 이미 그 무언가라고 스스로를 납득시키는 것이다. 로라와 나는 둘 다 첫번째 장애물에 걸려 넘어진다.

1990년대부터의 화려한 노트들 속 로라의 글은 모든 면에서 압박감을 드러낸다. 1960년대부터 1980년대까지 감탄스럽게 부지런히 일기를 썼다면, 이제는 강박 수준이다. 각 권은 12만에서 15만 단어를 담고 있으며 두 달 만에 채워진다. o와 a는 안으로 말려들어가 사라지기 직전이다. 구멍난 공 같다. 단어 끝의 s는 쪼그라들어 꼬리가 되었다. d는 제법 오만하게도 여전히 델타 모양이다. y의 아래로 늘어진 부분은 여전히 방망이로 후려맞은 듯 뒤로 날아간다. 하지만 이렇게 흘려 쓴 부분은 이제 장식이 아닌 방출처럼, 마치 로라가 다른 글자들에서 쥐어짠 잉크를 다 써버려야 하는 것처럼 보인다. 그러는 와중에 한 장이 다 찰 때까지 단어들이 쏟아지고, 그러면 그녀는 다음 장을 넘겨 다시 시작한다.

시간의 흐름은 여전히 분명하지만 달력은 사라지기 시작했다. 말년의 일기 중 연도가 적힌 것은 드물고, 가끔은 월조차 없다.

1970년대와 1980년대, 로라는 여가 시간이면 태평하게 시골로 자전거를 타러 갔다. 고용주의 피아노로 슈만의 전주곡들을 "끝장내고", E와 로팅딘으로 일주일 동안 휴가를 떠나 밤새 누가 버터를 훔쳤는지를 두고 언쟁하기도 했다.

1990년 이후 모든 것이 TV에 굴복한다. 로라가 생각하는 지고의 행복은 주인을 현관 밖으로 몰아내고 베스타 치킨 카레(어찌나 부식성이 강한지 로라는 이 카레를 먹지 않을 때는 냄비에 눌어붙은 달걀을 벗겨내는 데도 쓴다) 한 팩을 데워, 도평한 상태로 피레네산맥에서 투르 드 프랑스 경주를 하는 쫄쫄이 차림 남자들에게 추파를 던지며 3주를 보내는 것이다. 애스콧 경마 대회에 여왕이 참석하거나 왕실 결혼식이 있으면 마을에 나가서 피터가 준 급여 수표를 현금으로 바꾸는 일도 하지 않는다. 늘 계좌가 텅 비어 있었는데도 말이다. E가 런던에서 앓아누워 죽어갈 때도, 로라는 프랑스의 자전거 경주를 마저 보고 싶어서 E의 집에 가지 않는다. 이 마지막 몇 해에 인간으로서의 그녀는 사라지고, TV 화면에 비친 2D 상으로 다시 나타난다.

전기 작가의 관점에서 보면 이는 큰 발전이다. 젊은 시절의 일기에서 로라는 일화를 이야기하고 대화를 기록하거나 만난 사람들을 묘사하는 일이 매우 드물다. 그때의 관심은 오로지 자기 강박들의 웅얼거림을 받아적는 데 있다. 1990년 이후 TV 덕분에 예기치 못한 전기적 돌파구가 나타난다. 1998년, 채널 4의 〈펫 레스큐〉에 버스터라는 개가 나오는데, 이 개는 부잣집에 보내지고 여자가 저녁밥으로 스테이크 구이와 당근을 "호텔에서처럼" 접시에 담아 차려준다. 이 사건은 로라에게 너무나 충격적이었고, 너무나 아니꼬웠던 나머지 그녀는 잠시 40년 전으로 돌아간다.

> 그건 내가 먹는 것보다 더 진수성찬이었다······ 정말이지, 화이터스에서 돌 숙모가 개들에게 주던 음식은 완벽했다. 숙모는 말고기 옆구리살을 보관해두었다가, 매일 조각조각 잘라 비스킷과 함께 주곤 했다.

1962년에는 말 옆구리살을 어디에 보관하는가? 로라는 말해주지 않는다. 어여쁜 돌 숙모는 중세 괴물처럼 튀어나와, 죽은 말에게 잔인한 공격을 가하고 사라진다.

2000년, 펜스허스트 플레이스에서 촬영한 〈앤티크 로드쇼〉(BBC 1)의 어느 에피소드에서 로라는 엘리자베스여왕 시대의 시인이자 궁정 신하 필립 시드니 경이

looked rather like Uncle John

존 삼촌과 상당히 닮았다

는 것을 알아챘다.

 그녀는 시드니가 어쩌면

some sort of cousin

먼 친척일 수 있겠다

고 생각한다.

 "화이터사이트의 조상들이 한때 펜스허스트 플레이스에 살았다면…… 내 머나먼 친척은 헨리 8세를 대접했을 수도 있다."

 "시드니가 물을 자기가 마시지 않고 죽어가는 사람에게 준 것은 정말 훌륭했다."* 그녀는 애정을 담아 덧붙인다.

 일기 전부에서 그렇듯, 로라의 자기 인식은 자신을 다른 이들과 비교하는 데서 온다. 미술과 음악에서 실패하고 나자

---

* 필립 시드니(1554~1586)는 쥐트펀 전투에서 입은 부상으로 사망했는데, 부상을 입고 누워 있던 중 자신의 물을 다른 부상병에게 양보했다고 한다.

TV가 자기 판단의 기준이 되었다.

하루는 잠을 이루지 못해 방을 뒤지다가 이니드 블라이턴의 소녀소설 『세인트클레어 학교의 여름학기』를 찾아낸다.

> 이 책은 멋지고 경이롭다. 어렸을 때보다 어른인 지금 더 큰 즐거움을 안겨주는 것 같다. 재닛이 영화관에 갔다고 로버츠 선생님에게 심하게 꾸지람 듣는 대목까지 갔는데, 화장실에 가야 해서 투덜거리며 책을 놓았다. 밤새도록 잠들지 않고 침대에 누워 눈을 혹사하는 건 일종의 행복이었다. 다른 생각은 전혀 없이 이 행복하고 마음을 사로잡는 소녀 시절의 세상 생각뿐이었다. 그건 그렇고 이 책은 15펜스였다—고작 그 정도 가치로 여겨지다니—쓰레기 같은 책들도 서점에서 몇 파운드에 팔리는데. 윅 삼촌의 마케도니아에 대한 묵직한 논문(한 권에 25파운드)은 이 유쾌한 작은 예술작품에 비하면 쓰레기라는 생각을 하지 않을 수가 없다.

여기서 우리는 그녀의 삼촌이 니컬러스 제프리 렘프리에르 해먼드, 대영제국훈장과 무공훈장 수훈자이며 『마케도니아의 필리포스』 『마케도니아 국가: 기원, 제도, 역사』 『마케도니아의 역사』(전 3권), (이 저서 목록도 자기 인생의 목적을 분명히 보여주기엔 부족하다는 듯이) 『마케도니아의 역사』(전 1권)의 저자임을 알게 된다. 로라는 그를 '윅 삼촌'이라 부른다.

그녀의 이름은 로라 해먼드였을까?

나는 이 질문을 제쳐두었다. 이름이 뭐든 나는 이 여자가 좋았다. 그녀의 서투름과 강박과 이따금 폭력을 분출하고 싶어하는 욕망이 마음에 들었다. 그녀의 특징 중 많은 부분이 내게도 있다고 생각했다. 그녀를 이해하고 싶었다. 전기 작가들은 종종 자신이 대상 인물과 가까운 사이이며, 불가능한 일이지만, 서로 그 친밀감을 느낀다고 기록한다. 다이도는 코믹 소설가 윌리엄 제르하르디의 전기를 쓰면서 자주 그 얘기를 했는데, 그는 다이도가 작업을 시작하기 5년 전 사망했다. 그러니 로라의 성이 해먼드라 한들 그게 뭐 어떻단 말인가? 우리는 이제 친하게 이름만 부르는 사이인데.

이 시기의 일기에서 로라는 인용부호를 자주 써서 특정 단어를 문장의 다른 부분과 구분한다. 대개 상투적인 문구, 현대적인 표현 방식, 혹은 명백히 상스럽거나 상업적이라고 생각하는 단어에 이 부호를 쓰는데, 따라서 인용은 그녀가 그에 걸맞게 반어적이며 무심한 태도를 취했다는 의미다. "'최선을 다하기'" "엄마는 '테이프 녹음'을 잘 못한다" "'안전핀 젊은이들'" "결국은 '구원하지' 않은 '신'".

"신"은 언제나 이렇게 불려나오지만, "요구르트"도 마찬가지다.

언제나 비꼬는 어조인 것은 아니고, 그녀가 순전히 속물처럼 구는 것도 아니다. 인용부호가 TV 프로그램이나 유명인 이름을 둘러싸고 있는 경우도 많다. "파더 테드"* "앨런 티치마시"** "오즈 클라크"*** "데임 에드나 에버리지"****. 하지만 "니컬러스 니클비"*****도 같은 식이다. 이 이름들이 특별히 선정된 것은 현실보다 과장된 인물이기 때문이다. 그들의 나날은 그녀의 하루와 비교해 너무나 극적이고 화끈해서 인용부호 모양 부젓가락으로 다루어야만 한다.

하지만 마이클 배리모어******는 이런 대접을 받지 않는다. 그야말로 가장 엉뚱한 현실 속 캐릭터인데 말이다. 로라는 불량스러운 남동생을 아끼듯 마이클 배리모어를 사랑한다.

---

* 1995년부터 1998년까지 방영한 시트콤.
** 영국 원예가이자 방송인. TV와 라디오에서 정원 가꾸기 프로그램을 여럿 진행했다.
*** 영국 와인 전문 저술가, 배우, 방송인.
**** 오스트레일리아 희극배우 배리 험프리스가 연기한 가상의 캐릭터(본인은 데임 에드나의 매니저를 자처했다). 연보라색 머리와 고양이 눈처럼 위쪽으로 치켜올라간 모양의 안경이 특징이다.
***** 찰스 디킨스의 작품이자 주인공 이름.
****** 영국 희극배우이자 TV쇼 진행자. 전성기 때는 영국 최고 인기 TV 스타로 여러 차례 선정되었으나 2001년 그의 집에서 열린 파티에서 성폭행과 약물이 연루된 사망 사고가 난 뒤 여러 해 동안 수사와 법적 논란에 휩말렸다. 2021년 사건의 진범이 체포되었다.

1부 미스터리

〈더 선〉에 배리모어에 대한 짤막한 기사가 났다―그는 지하 화장실로 27세 청년을 따라갔다는 혐의를 '강경하게 부인'했다. 솔직히 배리모어가 안쓰럽다. 방송에서 거북이 정장을 망쳤을 때 그는 참 마음씨 좋게 굴었는데.

쇼팽, 모차르트, 베토벤, 그리고 연쇄살인마 로즈메리 웨스트*도 절대 인용부호 안에 들어가지 않는다.

누가 막스 앤드 스펜서 슈퍼마켓에서 로즈 웨스트를 본다면, 머리가 정상이 아니라는 걸 알아볼 수 있을 것 같다.

로라가 이들 소시오패스와 천재에 대해 하도 많이 읽고 본 끝에 이들은 따옴표를 떨쳐내게 된 것이다. 그들은 로라 자신을 비추는 거울이 되었다. 배리모어나 베토벤과의 공통점을 찾음으로써 로라는 지긋지긋한 자기 방 밖에도 자신이 어느 정도 존재함을 입증한다. 문 밑으로 빠져나가 자신의 두려움과 생을 도처에 벗어던진다.

---

* 남편 프레드 웨스트와 더불어 프레드 전처의 딸들과 친딸을 비롯해 수많은 젊은 여성을 납치, 강간, 고문, 살해, 암매장했으며, 1994년 이들이 체포될 당시 범행의 유례없는 잔혹함 때문에 사건은 세계적인 이슈가 되었다.

내가 BBC의 〈푸드 앤드 드링크〉 진행자 질리 굴든이라면 내 인생은 정말 무척, 무척 다를 텐데.

그녀가 거주하는 가정부 처소에 TV 말고 다른 물건이 뭐가 있었는지는 알기 어렵지만, 로라는 이따금 "눈이 끔찍이도 아프다"고 불평하며 화면에서 눈을 돌리기에, 우리는 주변을 돌아볼 수 있다.

1층에 있는 방은 아니다. 침대 가까이에 집안 과수원이 내려다보이는 창문이 있다. 몸을 쭉 내밀면 수의대 소유의 밭 너머로 비트겐슈타인이 묻힌 어센션 패리시 묘지를 내다볼 수 있다. 밤이면 달이 처칠 칼리지 지붕들 위로 서서히 호를 그리며 지나가는 광경도 볼 수 있다.

정말로 이상하다, 달에 뭔가가, 거인 문명의 유적 같은 것이 있는 것처럼 보인다. 아찔한 25마일 높이의 크레인이 있다! 샹들리에처럼 생긴 것, 에펠탑과 제법 닮은 것도 있다……

방 천장은 높다. 벽은 나무 널판을 댔다. 협탁이 있고 거기엔 시계가 놓였는데 그녀는 "원격으로", 그러니까 보지 않아도 시간을 알 수 있다고 믿는다. CIA 첩보원들이 냉전 시절 그렇게 훈련받았다는 소문처럼. 시계 옆에는 모가돈* 한 갑과 아스피린 한 갑과 홀릭스**가 든 머그잔이 있다.

바닥에는 언제나 페이퍼백 여러 권이 널려 있다. 대부분 소설, 전기, 범죄 실화물이다.

로라가 거울에 비친 자기 모습을 싫어한다는 건 이미 알기에 우리는 침실 벽에 거울이 없으리라 추측할 수 있다. 그녀는 풍성한 머리를 절대 자기 손으로 자르지 않는다. 그렇게 하면 돈을 아낄 수 있고, 언제나 돈을 아끼고 싶어하면서도.

> 미용실에서 좀 기다려야 했다. 큰 거울에 비친 내 모습이 얼마나 싫었는지. 작년보다 더 살쪘을 것이다. E가 내 얼굴이 '둥그렇고' '보름달 같다'고 늘 말하던 게 어느 정도 맞는 말인 것 같다.

---

* 수면제로 쓰이는 니트라제팜의 상표명.
** 맥아와 우유를 기반으로 한 영양 음료로, 숙면을 돕는 것으로 알려져 있다.

달처럼 생긴 턱선을 그리자 가발 쓴 권투 선수 문제는 해결되지만, 이러니까 로라가 제정신이 아닌 사람 같다. 어려운 부분은 눈이다(눈을 가리고 보면 입은 상냥하다). 말년 일기의 광증이 내게도 옮겨왔고, 난 그걸 떨쳐버릴 만큼 그림을 잘 그리지 못한다. 이건 젊은 시절 로라의 얼굴을 중년 일기까지 잡아 늘인 마스크다.

탈의실에서 자기 모습을 비춰 보고 싶지 않아 그녀는 입고 있는 속옷이 너덜너덜해질 때까지 구입을 미룬다.

기록해둘 것: 막스 앤드 스펜서에서 브래지어를 사려고 한 번 더 시도했다. 각각 다른 사이즈로 세 개를 입어보았다. 세 번이나 옷을 벗으니 정말 진이 빠졌다.

맞는 사이즈를 찾았는데도, 그녀는 변한 모습을 받아들이느니 구입하지 않으려 한다.

42B 사이즈의 브래지어를 거의 살 뻔했다…… 피터의 집에서 일하기 시작했을 때는 38B를 입었는데.

내가 브래지어에 대한 이 새 정보를 반영해 로라의 팔 사이에 툭 튀어나온 부분을 그렸더니 플로라가 틀렸다고 주장한다.

우리는 또 라디에이터가 적어도 한 대 있음을 아는데, 날씨가 막 추워질 때면 냄새나는 피터가 그녀가 안 보는 틈을 타서 몰래 들어와 라디에이터를 *끄기* 때문이다. 6개월 후, 바깥 기온이 다시 26도가 되면 그는 또 기어들어와 라디에이터를 도로 켠다.

사적인 일기에 비추어 방을 둘러볼 때 기묘한 점 하나는 어떤 대상에 대한 묘사가 꼼꼼할수록 실제로는 그게 존재하지 않는 경우가 많다는 것이다. 훤히 보이는 사물을 묘사하는 건 글쓴이에게 흥미롭지 않다. 로라가 공들여 곱씹는 건 없어졌거나 상상 속에만 존재하는 물건뿐이다. E의 옛날 사진들—방 한가운데에 쌓여 있어야 하지만 없다. E가 그리스에서 함께 휴가를 보냈을 때 연주하곤 했던 브람스 소나타의 악보는 벽 옆의 피아노 의자에 있어야 하지만 사라졌다—피터가 태웠을 거라고 그녀는 의심한다. 사뭇 극적인 사건들도 그 부재에 의해 묘사되는 경향이 있다.

어젯밤은 생쥐 때문에 그렇게 성가시지 않았다.

내 상상 속에서 이 노년의 로라는 언제나 밤늦게 침대에 있다. 키가 크고 앙상하며, 잘 보이진 않지만 그리 호감 가지 않는 얼굴의 여자로, 이상하게도 절대 글을 쓰고 있지는 않다. 그녀는 기진맥진해 매트리스 위에 몸을 쭉 뻗고 누워 있다. 백발의 머리 한쪽은 피터가 극성맞게 깎은 잔디밭이 내다보이는 창문, 다른 한쪽은 협탁, 위쪽은 어둠 속에 우뚝 선 마호가니 침대 머리판에 둘러싸여 있다. 발치에서 TV가 마치 누군가 황급히 용접을 마무리하려는 듯 빛을 내며 깜빡거리고, 그 너머로 흔들리는 그림자 속에 불안하게 쌓인 화려한 색의 노트 더미가 간신히 보인다. 휘갈겨적은 인생의 업적들이다.

약 30년 전인 1963년 11월 22일. 빵! 케네디가 암살당했다. 한 발. 350미터. 이는 초기와 후기 일기를 막론하고 어디서든, 외부 세상이 로라의 자기 집착적인 안개를 뚫고 들어온 몇 없는 경우에 속한다. 젊은 대통령의 장례식이 남긴 비통함은 로라의 일기를 엿새나 뒤흔든다.

잘 시간: 오늘밤 재키 케네디가 몹시 안쓰럽다. 이젠 나라의 퍼스트레이디가 아니라 나라에서 가장 외로운 레이디가 되었다.

11월 25일. 젊고 쾌활한 대통령이 강이나 꽃밖에 알지 못하는 무심한 땅속에 누워 있다고 생각하면 말로 할 수 없으리 만치 슬프다.

11월 26일. 미국의 비극을 생각하면 여전히 눈물이 난다. 대통령에게서 남은 것은 국민들 가슴속 그의 정신뿐이다. 그리고 나는 재키가 점화한 영원한 불꽃, '앞으로 언제나 펄럭이고 번쩍이며 그 메시지를 포토맥강 넘어 수도까지 전할' 불꽃을 생각한다.

11월 28일. 세상은 이제 평소대로 돌아가고, 애도는 뒷전이 되었다. 가엾은 재키는 벌써 망각 속으로 사라졌다. 이제 재키도 바쁠 것이다. 이사도 준비해야 하고……

이는 내가 읽은 일기에서 마지막으로 언급된 중대한 정치적 사건이다. 그후 4백만 단어가 이어지는 동안에는 아무것도 없다.

워터게이트사건, 레바논 내전, 마거릿 대처.

한마디도 없다.

보팔 가스 누출 사고, 베를린장벽 붕괴, 세계무역센터 폭파 사건.

흔적조차 없다.

젊은 시절의 일기장에서 말년의 이 현란한 일기장으로 오는 동안 필체에서 변하지 않은 한 글자가 있다. 언제나 주의 깊게 쓰이고, 존중어린 불필요한 막대기가 양끝에 붙어 있다, 이 때문에 글쓰는 속도가 현저히 느려졌을 텐데도. 하지만 이 글자에 타협이란 없다. 이 글자는 대문자 'I'다.

25. E는 누구인가? (계속)

자전거를 타고 있는 것과 비슷하다—즐겁게 자전거를 타고 있는데,
차 한 대가 너무 가까이 지나가 몸이 흔들린다. 주의를 기울이지 않으면
겁을 먹어 완전히 떨어지고 만다. 이건 비유를 든 거다—
여기서 지나가는 차는 E의 비판에 해당한다.
- 35세

산 자를 멀리하기는 쉽지만 죽은 자는 어디든 따라다닌다. 부재로부터 도망칠 수는 없다.

1979년 E가 사망했고 로라가 극복하기까지는 20년이 걸렸다. 그녀는 광장공포증이 생겼다. 정신적으로 무너졌다. 호더*로 변했다. 방안의 어수선함, 중고품 가게에서 사온 10펜스짜리 장신구가 주를 이루는 잡동사니는 감당 불가능한 지경이 되었다. 피터가 로라의 방에 몰래 들어와 일부를 덜어다가 모닥불에서 '불사르기'를 했던 건 이 산더미를 조금이라도 줄이기 위해서였다. 피터를 너무 비난할 일은 아니다. 그녀가

---

* 필요하지 않고 별 가치 없는 물건을 과도하게 축적하고 공간 부족 등으로 불편을 겪으면서도 버리기 어려워하는 사람.

한밤중에 피터의 가구를 공격하고 거실 문에 깊은 칼자국을 여럿 남겼을 때도 그는 그냥 넘어갔다. 둘은 로라의 반평생 동안 서로를 알았다. 그동안 여러 사람을 사랑했고 잃었다.

로라와 E. 줄릭이 서로를 알았던 30년간 섹스는 한 번도 없었다. 둘 사이는 언제나 시작했을 때 그대로, 사춘기 소녀의 짝사랑이었다. E가 사망하자 로라는 가장 친한 친구, 조언자, 의사 결정자, 예술성의 화신을 잃었고, 이후 20년간은 자기 자신마저 잃었다.

E가 나이든 여성임을 알게 된 후에도 그녀가 로라의 인생을 어떻게 망쳤는지에 대한 나의 해석은 변함없지만, 나는 좀 더 이해하려는 눈으로 바라보게 되었다. 자세히 알고 싶다. 어떻게 예순넷의 여자가 열네 살 여학생을 유혹했을까? 어떻게 E는, 매력적이고 이성애자이며 독립적인 10대 앞에서, 자신의 주름살과 백발을 치명적인 에로틱한 아름다움으로 변신시켜 소녀를 무릎 꿇릴 수 있었을까?

솔직히 말하자면, 답을 알고 나니 E를 만나보고 싶다는 바람이 든다. 그 여자는 존경받아 마땅하다.

비결은 소나타였다.

베토벤의 〈비창〉은 거듭되는 습격으로 이루어진 작품이다.

곡은 쾅 소리로 시작한다.

내가 듣기에, 음악이 이렇게 시작하면 피아니스트는 공황 상태에 빠져 건반 뚜껑을 내리덮고 음들이 저희끼리 계속 부딪치도록 놔둘 수밖에 없을 것 같다. 하지만 그 직후 〈비창〉은 고요해진다.

이어지는 음은 부서지는 파도와 파도 사이 잠잠한 상태다.

믿어선 안 될 것 같은 느낌이다. 그리고 정말로 그렇다……
쾅! 굉음이 다시 울린다. 그리고 고요함이 이어진다.

"기제킹이라는 이름 당연히 들어봤겠지? 발터 기제킹?"
그레임 미치슨이 현관문을 덜컹 열며 말했다. 그레임은 내가
아는 유일한 피아니스트다. 그의 집 거실에는 콘서트용 그랜
드피아노 두 대가 등을 맞대고 들어앉아 있는데, 어떻게 거기
들어갔는지 도저히 이해할 수 없다. 문에도 창문에도 맞지 않
는 크기였을 텐데. 피아노 한 대의 뒤쪽 벽에서 튼튼한 책장
이 튀어나와 있고 거기 꽂힌 엄숙하게 생긴 악보 수백 장엔
독일제 차 엔진 깊은 곳의 부품 이름 같은 제목이 붙어 있다.
'클라비어슈튀케, 프렐루딘 운트 푸겐, 반트 츠바이.' 트위터
에 가면 케임브리지의 피츠윌리엄박물관 초상화 갤러리에서
연주하는 그레임의 잘 못 나온 사진을 볼 수 있다. '어메이징
런치타임 콘서트.' 그는 마치 피터의 대형 잔디깎이를 몰고

있는 것처럼 보인다. 좀 부루퉁한 얼굴이다. 피아노 뚜껑을 누르고 있는 것은 대리석 조각상 같다. 조각품 갤러리에서 집어왔을까?

"기제킹을 들어본 적 없다고?" 그레임은 놀라서 고개를 젖혔다. "그래, 당연하지, 그럴 수 있어, 그럴 수 있어."

기제킹은 알고 보니 유명한 피아니스트였다. 그도 독일인이다, E처럼.

"기제킹 얘기를 꺼낸 건 그도 똑같은 소나타로 나를 유혹했기 때문이야."

나는 25년간 그레임과 친구로 지냈지만, 전혀 알지 못하는 면이 여럿 있다. 그의 사생활에 대해선 아무것도 모른다. 그의 친구들도 거의 모른다. 이 고백에 놀라 나는 그랜드피아노 옆의 의자에 다가가 앉았다.

"기제킹도 한참 연상이었나요?" 나는 묻고야 말았다.

"그럼. 훨씬 나이가 많았지. 죽을 때가 가까웠는걸. 놀라운 경험이었어."

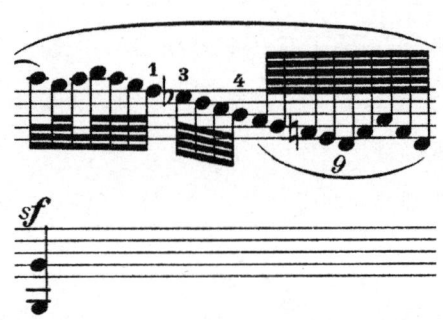

프랑스어의 pathétique*은 영어의 pathetic(딱한, 형편없는)과 다르다. 이 말은 sympathetic(동정하는, 공감하는)에서 왔다―함께 나누는 감정에 대한 호소다.

"기제킹은 바로 이 강렬하고 대조적인 첫 부분으로 날 사로잡았어." 그레임이 말했다. "로라도 마찬가지였을 거야. 그때 난 부모님 댁 다락방에 있었지. 이 E라는 여자가 로라를 자기 집으로 불렀다고 했지?"

"세 들어 사는 방이었죠. 독일인 난민이었으니. 돈이 별로

---

* '비창'으로 옮겨지는 제목의 원래 표기. '비장한, 감동적인'을 뜻한다.

없었어요."

"그래, 다락방보다 나았겠군. 〈비창〉은 번민하는 영혼을 위한 곡이야. 화음의 강렬함에서 느껴지는 두드러진 대조, 그 모든 충돌, 거대한 힘, 가슴 떨리는 분주한 활기, 포르티시모에서 피아니시모로 변해가는 강약…… 게다가 로라는 이 곡을 직접 연주로 들었지, 난 녹음된 곡만 듣고도 유혹당했는데 말이야. 부모님이 보관해두었던 구식 78RPM 레코드였어. 그 일을 계기로 나는 진지하게 연습하기 시작했고, 그후로 멈추지 않았지."

나는 그레임이 곡을 연주하는 동안 열심히 귀를 기울였다. 그의 연주는 정말이지 탁월했다.

내게는 아무런 효과도 없었다.

다이도의 상태가 서서히 악화됨에 따라 나는 낭만적인 음악이 거슬리기 시작했다. 대중음악이든 고전음악이든, 〈비창〉처럼 웅장하든 쇼팽처럼 부드럽든 마찬가지였다. 그런 음악은 복잡하고 미묘한 감정들이 있는 영역으로 밀고 들어와서는 단순화시켜버린다. 열네 살의 그레임과 로라에게 매력적으로 느껴진 바로 그 점이 쉰에 가까운 내가 싫어하는 점이었다. 그레임의 말을 빌리면, "세상에서 일어나는 어떤 일을 반영해, 그것을 받아들이고 체계적으로 정리한 뒤 혼돈의 영역에서 제거하는" 그 힘이. 그런 음악은 식품용 랩처럼 내 마음을 덮어씌운다. 뒤숭숭한 기분 위로 쫙 펼쳐져, 흐트러진 내 감정들의 세상과 공감하고 그것을 대변해준다면서 오히려 감정의 자잘한 요철들을 무시하고 모든 것을 질식시킨다. 그런 음악을 들으면 나는 좀 불쾌해진다. 요즘 고전음악을 들을 때 내가 받아들일 수 있는 건 사람을 감정적으로 급습하려 들지 않는 종류뿐이다. 플로라가 소장한 CD들을 뒤적거리다가 알게 되었다. 몬테베르디, 제수알도 등 쾌활한 이름을 지닌 르네상스 작곡가들. 그들 음악 속 음은 내게 기분좋을 정도로 서늘하게 들린다.

"하지만 왜? 정확히 왜죠?" 나는 그레임을 채근했다. "내가 로라고 지금 이 소나타 연주를 듣고 있다고 쳐요, 왜 내가 당신과 사랑에 빠져야 하죠? 마술적이고 경이롭다고 느낀 책이 있다고 그 저자를 사랑하게 되지는 않잖아요. 난 책을 쓴 사람이 누구인지 사진을 보고 싶지도 않아요. 작가들은 바라보기 끔찍한 사람들이니까. 피아니스트는 뭐가 다르죠? 게다가 자기 작품을 연주하지도 않고 남의 창작물을 연주하는데요. 차라리 E가 아니라 베토벤에게 집착해야 하는 것 아닌가요?"

"그건 E가 사적으로 로라만을 위해 연주했기 때문이야. 자네가 방황하는 10대 소녀인데 방에 들어가니 콘서트 피아니스트가 자네만을 위해, 오직 자네를 위해 그랜드피아노로 연주를 시작한다고 생각해봐, 당연히 사랑에 빠지고말고!"

후에 자기 일기를 읽으며, 로라는 자신이 결코 E를 붙잡지 못할 것임을 느꼈던 게 분명하다. 말들은 일기장에 적혀 있었으나—E의 입에서 나온 말들이 그대로 정확하게 그 자리에 있었다—E라는 여자의 고유한 향취는 어디에도 없었다. 그리고 로라가 기억을 되짚어 놓친 것을 되살려내려 할 때면, E의 본질적인 느낌은 이미 기억 속에서도 사라진 후였다. 로라는 자전거에 뛰어올라 다시 E를 만나러 가야만 했다.

> 그녀의 매력이 자석처럼 나를 잡아끌 거라 예상한다, 내일까지도, 같이 하는 일이라곤 주차된 차들의 보닛이 줄지어 있는 길을 함께 거닐며 내가 의지가 약하다거나 깨끗한 속옷이 필요하다는 말을 듣는 것뿐이라 해도.

E를 페이지에 붙잡아두기 위해 로라는 기를 꺾어놓는 그녀의 비판들을 구호처럼 되풀이해야 했다.

> E는 내게 상식이 없다고 했다.
> E는 내가 사람 알레르기를 극복해야 한다고 했다.
> E는 내가 남들처럼 실수를 통해 배우지 못한다고 했다. 내

자세처럼, 언제나 원래대로 되돌아가기 때문이다.

똑같은 의미에 말의 순서만 조금씩 다른 훈계조의 지적들이 새로운 발견이나 되는 것처럼 기록되어 있다. 마치 막대들로 물을 막으려는 것 같다.

E는 내가 멍청이라고 했다.
E는 내가 멍청하다고 했다.
E는 내가 정말 멍청하다고 했다.
E는 이렇게 멍청한 사람은 만난 적이 드물다고 했다.
E는 내가 멍청이라고 했다.

로라는 이 수치스러운 판결들을 실험실에서 실시한 실험 결과라도 되는 듯, 의문의 여지 없고 대단한 진실을 내비치는 미정의 결과처럼 분류해두었다. 그러나 그 뒤에 있는 사람의 매혹을 붙들어놓을 수는 없었다. E의 독한 말이 가득한 일기장 페이지에 E는 (읽는 이에겐 그렇지 않다 해도, 로라에게는) 없었다.

1970년대 중반 로라는 짧게 다른 여자를 사랑하게 되었다. 16장에서 처음 언급되었던 아흔아홉 살의 저명한 미생물학자 데임 해리엣이다.

해리엇 역시 은근히 성적인 면이 있고 사람을 쥐락펴락하는 나이든 인물이었다. 둘의 관계는 (순전히 로라만이 그렇게 여겼지만) 피상적이고, 황홀하고, 고통스럽고, 놀랍지만 역겹지는 않았다. 이 역시 사춘기 소녀의 짝사랑이었다. 해리엇의 관점에서 보면, 로라는 거의 존재하지도 않았다.

늘 그렇듯, 이 나이든 여자의 이마에 입맞추고 싶은 마음이 간절했다.
그녀를 향한 사랑 때문에 설레고 흥분된 기분이 들었고, 호스의 물을 잠그는 걸 깜빡하기도 했다.
내일은 내 생일이고, 그럴 배짱이 생긴다면 해리엇에게 키스해달라고 청할지도 모르겠다.
내 생일, 그리고 살면서 제일 축하를 못 받은 생일일 거다!
해리엇은 내 건강을 빌어주었지만 아무것도 주지 않았다!
이 할머니는 인간 이하고 사이코패스다.

"정말이지," 이 노인의 집에서 일하며 또 한바탕 감정의 기복을 겪고 로라는 썼다. "어린애와 같이 있는 것 같다, 하지만 분별력 있는 나이든 아이. 열 명 중 하나 있을까 말까 한."
나는 데임 해리엇이 마음에 들지 않는다. 그녀에겐 새끼고양이 같은 면이 있고 로라는 생쥐다. 로라가 그녀를 탁월함의 정점으로 보지 않는 유일한 순간은 그녀를 악의 구렁텅이로 볼 때다.

여러 페이지에 걸쳐 두 나이든 여자는 엎치락뒤치락 싸운다. 로라가 누구를 두고 말하는 건지 분간하기가 거의 불가능할 때도 있다. 먼저 등장했다는 점과 로라의 충성심을 생각하면 E는 로라의 인생에서 가장 중요하다. 그런가 하면 데임 해리엣은 훨씬 더 "다정하고", 몹시 "사랑스럽고", 몹시 "입맞추고 싶어"진다. 혼란 속에서 로라는 E의 이름을 흘린다. 엘사.

엘사 줄릭. 발음하기 어려운 이름이다. 엘사의 끝에 있는 'a'를 발음하려면 양쪽 뺨이 서로 멀어지는데, 줄릭의 첫 글자 'J'를 발음하려면 재빨리 돌아와 오므라들어야 한다. 마지막 두 음절이 서로 충돌한다.

엘사 줄릭이라는 이름의 콘서트 피아니스트나 시인은 인터넷에 올라와 있지 않다. 1934년 나치를 피해 이주한 엘자 율리히라는 인물이 있긴 하지만, 그녀는 세계적으로 이름난 소프라노 가수였고 1964년 이스라엘에서 사망했다. 그 무렵 우리 엘사는 케임브리지의 습지 언저리에서 분노에 찬 시간제 음악교사로 살며 여전히 팔팔하게 로라의 인격을 짓밟고 있었다.

E는 내가 끔찍해 보인다고 했다.

E는 내가 그다지 호감을 살 것 같지 않다고 했다.
E는 "난 네가 얼마나 바보인지 알아"라고 했다.
E는 자신이 항상 옳지는 않을 수도 있다고 했다.

로라의 어린 시절 정신상태에 대한 그레임의 음악적 분석을 듣고, 로라의 불행한 인생에서 엘사가 맡았던 역할에 대한 내 생각이 달라졌을까? 어쩌면 그렇다. 엘사를 만나기 전(일기가 없는 시기)부터 로라가 이미 몹시 '방황하고' 있었다면 21분짜리 음악의 페이소스가 그녀를 영원히 덫에 가두는 데 결정적인 역할을 했을 수 있고, 그랬다면 로라는 포식자 엘사가 등장했든 등장하지 않았든 어긋나갔을 것이다. 그럼에도 엘사가 가진 잔혹성의 본질적 형태는 바뀌지 않는다―사춘기 소녀의 짝사랑을 이용하고, 자신의 이미지대로 형성되기를 거부한 데 대해 분노하고, 자신에게 예술적 흥분을 한차례 더 불어넣지 못했다고 혹독한 비판을 퍼부었다.

하지만 내 관점이 지나치게 가혹했을 수도 있다. 로라가 퍼스 여학교를 떠나 케임브리지 시립 도서관에 취직했을 때(다시 1958년에서 1959년으로 돌아가자면) 엘사는 언제나 학업을 계속하라고 단호하게 밀어붙였다. 더 열심히 노력하라고, 비서 수업에 더욱 집중하고 '클래런스' 소설과 '클래런스' 만화에 대한 집착적 열정을 자제하라고 독려하기도 했다. 다시 말해 몽상에 빠지고 호르몬에 좌우되는 짓을 그만두라고 말이다. 그리고 엘사는 분명 이따금 스스로의 나약함을 인정한다. 로라는 늘 거기서 기분좋은 떨림을 느꼈다.

E는 두려운 게 없다고 했다.
E는 살면서 끔찍하게 두려웠던 순간이 있었다고 했다.
E는 전쟁중 독일에서 어린아이 하나와 같이 그 큰 집에 혼자 남아, 집에 폭탄이 떨어질 거라 예상하고 있었을 때 두려웠다고 했다.
E는 시골길을 혼자 걷다 다른 사람을 만나면 두렵다고 했다. 누군가 자기 쪽으로 오는 것을 보고 돌아서서 오던 길로 되돌아간 적도 있다고 했다.

그리고 두어 줄에 걸쳐—로라가 글쓰는 속도로는 7초 정도—로라는 엘사에게 매이지 않고 존재하는 기분을 맛보며 흡족해한다. "그 말을 듣자 놀랍고 오싹했다. 그 누구도 아닌 E가, 대단한 용기와 고결함을 지닌 E가, 그런 약한 면이 있고, 그런 상황에서 내가 느낄 법한 부적절한 감정을 똑같이 느끼다니. E가 내게 그토록 다정하게 굴며 그렇게 사랑스러운 말들을 해주었다는 기쁨과 의기양양함을 감추기 힘들 지경이었다…… 나는 E를 미친듯이 사모했고, 나 자신 역시 좋았다."

이 슬픈 사례들을 듣고 로라는 승리감에 가득차 자전거를 달려 엘사의 셋방에서 돌아왔다. 불안함도 잊고 리젠트 스트리트를 내달려, 시장의 자갈길을 지나, 트리니티 칼리지 레인을 따라 달렸다. 자전거가 모들린 다리를 날듯이 지나 대주교의 고모 집 하숙방을 향하는 동안, 그녀는 미래가 근사하게 완성되어가고 있다고 느꼈다. 도서관 일(해고당하기 전이었다), "내 독립, 내 돈", 속기와 타자를 배우는 "내 수업", 화이터스에서 하는 거품 목욕, 그러나 그 무엇보다도 엘사와 가까워졌다는 느낌이 소중했다.

엘사의 격려에 힘입어 로라는 도서관 일을 즐기게 되었다. 업무는 서가를 정돈하고, 책에 도장을 찍고, 연체료를 받고, 케임브리지 주거지역들의 소규모 분관에서 부재자 대체 근무를 하고, 계산대에 필요한 새 잔돈을 받아오는 등의 심부름을 하는 것이었다. 사서 시험을 통과하면 안정적인 앞날이 손에 잡힐 터였다. 그러면 공립이든 사립이든 어느 도서관에서나 일자리를 구해 "내 소중한 일자리, 사서로서의 앞날"을 가질 수 있게 되는 것이다.

그때 최초의 재난이 닥친다. 로라는 해고당했다.

울부짖음! 황량함!

로라는 왜 자기가 일자리를 잃었는지 도저히 이해할 수 없었다. 수석 사서는 그녀를 직원실에 앉혀놓고, 엘사가 경고했던 그대로 그녀가 너무 "몽상적"이고 너무 "얼빠져"있고 너무 "흐리멍덩하다"고 했다.

확실히 로라는 그 설명이 무슨 뜻인지 알아듣기엔 너무 흐리멍덩했다. 그녀는 평생 절대 이해하지 못했다. 나이가 들어 과거를 되돌아보면서도, 자신이 젊은 시절 어째서 일자리마다 계속 해고당했는지 놀라워했다. 하지만 일기를 읽은 이라면 그 누구라도 알 수 있다. 위럴의 가사도우미 일이 처참하게 끝난 것은 이례적인 게 아니었다. 로라는 오만하고, 주눅 든 채 아무것도 확신하지 못하고, 게으르고, 쉽게 정신이 팔리고, 노상 화장실에 드나들었다.

이 시기의 일기를 보면, 로라가 일기를 쓰기는 했지만 읽지 않았다는 흥미로운 생각이 솟는다. 그녀는 페이지를 말로 가득 채웠지만 그 말들이 무슨 의미인지는 알지 못했다.

도서관에서 해고당했다는 얘기를 듣고 엘사는 독기를 있는 대로 드러냈다.

E는 내가 일을 모조리 그르치다니 믿을 수 없을 지경이라고 했다.
E는 나 같은 사람을 친구로 두지 않는다고 했다.
E는 자기가 내 부모가 아니고 나 같은 아이가 없어서 다행이라고 했다.

E는 (내게서 조금 물러나며) 물었다. "너 머리가 돌았니?"

하지만 E는 잔인할 때조차 로라를 진정시켰다. 이 늙은 여자가 아무리 무자비하게 굴어도 소녀 로라는 그런 대접을 받으러 다시 찾아가지 않고는 견디지 못했다. 이후 며칠간 로라는 엘사의 집 문을 두드리고 두드리고 두드리고 또 두드리다가, 주저앉아 "문 앞에 엄청난 양의 눈물을 흘리며 흐느꼈다".

엘사는 문 두드리는 소리에 대꾸하지 않았다. "안에 <u>있었으면서도</u>."

더럽고 지랄맞은 인생, 구린내가 난다. 인생은 얼음처럼 단단한 철회색 헐벗은 보도 위의 개똥, 불결하고 시끄러운 기계들, '여자 직공 구인', 쓰레기통의 얼음이다.

26. 플로라는 몇 년이나 내게…

> 내가 나 자신이 아니라 바버라 윈저*라면 얼마나 좋을까.
> 그녀는 내게 있었으면 하는 특성을 전부 가졌다,
> 부끄럼 타지 않는 것과 아담한 사람이라는 것 등.
> – 55세

플로라는 몇 년이나 내게 로라의 일기장을 연대순으로 꽂아놓으라고 말해왔다. 내가 로라에 대해 이리저리 궁리하면서도 일기장마다 책등에 날짜를 적어 붙여 올바른 순서로 정리하는 기초 단계를 거치지 않는 게 플로라를 미치게 한다.

나는 그럴 마음이 들지 않는다.

나는 일기장들의 무질서함이 1만 5천 쪽에 걸쳐 쓰인 5백만 단어의 말에 채 담지 못한 로라에 대한 무언가를 붙잡고 있다고 주장한다. 그 무언가가 뭔지는 잘 모르겠지만. 이 일기의 목적에 대한 내 최근 해석은 로라가 자기 존재를 기록하

---

* 영국 배우로, 장수 드라마 〈이스트엔더스〉와 코미디 영화 시리즈 〈캐리 온〉 등에 출연해 국민적인 인기를 누렸다.

기 위해 글을 쓰는 것이 아니라, 뇌를 보호하기 위해 쓰고 있다는 것이다. 같은 주제가 반복되는 것은 그녀가 자신이 같은 일기장에 정확히 똑같은 문장으로 같은 말을 이미 열다섯 번이나 했음을 매번 잊기 때문이 아니라, 종이에 말들을 되풀이해 때려댐으로써 없애려 노력하기 때문이다. 고독을, 불면증을, 어머니를, 피터의 화장실 버릇을, 어린 시절의 재능을 하나도 남김없이 낭비했다는 굴욕감을, 아무도 그녀를 사랑하지 않고 그녀의 사랑을 받으려 하지 않는다는 사실을, 그리고 피시 필릿의 무시무시한 가격을. 하지만 이런 주제들을 생각하는 것이 아니라, 때려눕히려 애쓰고 있다. 비참한 생각들을 없애려고 너무 많은 시간을 쓰는 바람에 도리어 그 노력이 인생을 없애고 있다. 젊었을 때 로라는 글을 잘 썼으나, 재능을 살리지 못했다는 일기를 쓰느라 재능을 발전시키는 데 썼어야 할 시간을 날렸다. 글쓰기가 그녀의 글쓰기를 망가뜨렸다.

> Feel I must write, to get things out of my system, & it takes time

몸속에서 이런저런 것들을 내보내기 위해 글을 써야만 한다는 기분이고, 글쓰기에는 시간이 든다.

글쓰기는 피아노 연습과 그림 연습을 방해했다. 그녀가 잘하던 다른 것들이다. 비서 시험을 준비하고, 케임브리지 중앙 도서관에서 업무에 집중하고, 위럴에서 엘리스 부부 집 청소를 제대로 하고, 루턴에서 인체 그리기 실력을 쌓는 대신 그녀는 일기를 썼고, 일기 속에서 왜 자신이 일과 예술에 실패했는지 의아해했다.

그 결과 일기 속(특히 노년에 쓴 일기들) 단어들은 죽은 느낌일 때가 많다고 나는 플로라에게 단언한다. 삶을 암시하는 것은 일기와 관련된 정황적인/부수적인/추측상의 것들이라고. 이를테면 이러한 사실들. (1) 라이비너 상자 바닥에는 다 삭은 비닐 쇼핑백 잔해가 있고, 쥐가 갉아먹어서 생긴 손상은 아니라는 것, (2) 후기 일기장들의 현란한 색깔과 글의 우중충한 분위기는 분열된 성격을 암시한다는 것, (3) 로라는 자기가 쓴 것을 읽지 않거나 자기 말이 무슨 뜻인지 이해 못했던 게 분명한데, 50년간 공을 들였으면서도 일기를 읽는 다른 이라면 누구나 한눈에 알아차렸을 본질적인 메시지를 파악하지 못했기 때문이다. 즉 그녀의 인생이 실패한 것은 그 어떤 것에도 딱히 집중하지 않았기 때문이라는 사실을 말이다. 로라는 주의를 어떻게 집중해야 할지 몰랐다. 예순 가지나 되는 야망을 떠올렸고,

　　내 인생을 예술작품으로 만들고 싶다

단 하나도 발전시키지 않았다.

나를 속인 대가로 '신'을 목매달고, 끌어내려 사지를 찢고 싶다.

로라가 위럴에서 끔찍하게 서투른 도우미 일을 했을 때 양고기 구이를 개에게 줘버린 일은 의미심장하다. 그녀가 이후로도 평생에 걸쳐 최고의 것들을 내다버리고, 읽는 이에게 항상 그녀가 하는 짓의 어리석음을 드러내고야 말면서, 스스로는 무엇이 드러났는지조차 깨닫지 못했다는 사실은 불가해하다.

뒤죽박죽 섞여 있는 일기장 상태를 비롯해 이런 정황적인/부수적인/추측상의 요소들이 우리를 로라의 뇌에서 나와 살아 있는 세상으로 돌아오도록 하고, 로라를 방금 길에서 지나친 사람 정도로 인식하도록 한다.

로라만이 아니다. 일기는 우리에게 누군가의 머릿속에 들어간다는 게 얼마나 벅찬 행위인지 가르쳐준다. 그곳은 끔찍한 장소다. 그 모든 반복. 따분해서 죽어버릴 때까지 한 지점을 곱씹고 곱씹을 뿐 제대로 된 분석이라곤 하지 않는 끝없는 분석. 한 사람의 뇌에서 일어나는 일은 이야기를 살아 있게 하는 것과는 정반대다. 나는 로라가 일기를 쓴 것은 살아 있음을 확인할 수 있기 때문이라고 생각했다. 하지만 많은 경우 그녀가 되풀이하는 것은 "나는 살아 있다"가 아니라, "내가 여기 있다, 내 만족감을 방해하는 다른 장애물을 허물어뜨리려 애쓸 만큼은 아직 충분히 살아 있는 채로. 내가 여기 있다, 내 만족감을 방해하는 다른 장애물을 허물어뜨리려 애쓸 만큼은 아직 충분히 살아 있는 채로. 내가 여기 있다, 내 만족감을……"이다.

입자물리학에는 대상의 상태를 묘사하는 양립 불가능한 두 가지 방식이 있다고, 스스로 듣기에도 잘난 척하는 듯한 어투로 나는 플로라에게 설명한다. 하나는 세상을 사진처럼 단면으로 포착해서 무엇이 어디에 있는지 전부 완벽히 정확하게 알지만 다음 순간 어디에 가 있을지는 알 수 없는 방식이다. 다른 하나는 세상을 바람이라고 본다. 아무것도 보이지 않고, 모든 것이 산들바람에 불과하며, 무엇이 어디에 있는지 전혀 짐작할 수 없지만 얼마나 빨리 움직이고 어느 방향으로 움직이는지는 정확히 알 수 있다. 이 기이한 상황을 해결하기 위해 물리학자들은 타협해야만 한다. 예를 들어 세상의 3분의 2는 산들바람이고 3분의 1은 사진이라는 설명일지라도 이에 만족하고 넘어가야 한다.

로라의 경우, 일기장들의 무질서와 비닐 쇼핑백 잔해는 산들바람이다. 로라의 말들, 특히 1990년대 무렵의 말들은 생명 없는 사진이다.

플로라는 참을성 있게 내가 토로하는 괴로움을 듣고, 몇 달 더 기다리다가 자기주장을 되풀이한다. 내가 뭐라고 그렇게 주제넘게 말하는지? 결론은 그럴싸하게 들리지만 그 증거는 어디 있는지? 일기는 전부 읽었는가? 아니다. 3분의 1 이상은 읽었는가? 아니다. 그렇다면 나는 일기를 제대로 연구한 게 아니다. 그런 기본적인 작업을 하기도 전에 로라에 대해 뭐가 됐든 어떤 결론이라도 이끌어낼 권리가 내게 있기나 한지? 없다.

일기장을 연대순으로 정리하지 않는 한 나는 모든 것이 어떻게 서로 연결되는지 알 수 없고, 따라서 그 내용에 대해 제대로 된 전기 연구를 할 수 없었다.

오늘 아침 나는 플로라 말대로 하기 시작했다.

나는 자정을 20분 넘길 때까지 그 일에 붙들려 있었다. 앞서 설명한 것처럼, 노년에 쓴 일기장 여러 권은 날짜가 없다. 로라는 그저 6월의 어느 수요일 첫 페이지로 들어와 일기장을 관통해 8월의 어느 금요일 뒤표지를 뚫고 나간다. 내가 할 수 있는 일이라곤 TV에 나오는 유명인이 죽거나 마이클 배리모어가 또 법정에 출두한 일이 나올 때까지 자잘한 글씨를 읽다가, 그 일이 언제 일어났는지 인터넷으로 비교 검토하는 것뿐이다. 새우 칵테일 같은 핑크색 일기장은 2000년에 쓴 것

인데, 그 이유는

    1시에 존 길구드가 사망했다는 뜻밖의 뉴스가 나왔다. 하필 내 생일에 죽었다는 점이 놀랍다. 정말이지 우연의 일치다. 다른 364일 중 어떤 날에도 죽을 수 있었을 텐데.

쿨에이드빛 자주색 일기장은 1996년 것인데, 마이클 배리모어가 자기 어머니를 자주 찾아가지 않는다고 걱정하는 내용이 있기 때문이다. 그해 배리모어의 어머니는 여든하나였다. 삶아서 간 완두콩 소스 같은 연두색 일기장은 2001년 것인데, 로라가 도서관에서 호텔 가이드북을 구해 "한 젊은이"가 자택 수영장에 거꾸로 둥둥 뜬 시체로 발견된 사건 이후 마이클 배리모어가 머무르는 리조트가 어딘지 찾아보는 대목에서 알 수 있다.

  이제 정리 완료다. 일기장들은 내 서재 선반에 올바른 순서대로 정렬되었다.

그리고 플로라가 짐작했던 대로 나는 로라에 대해 두 가지 새로운 사실을 발견했다.

첫번째는 내게 있는 148권의 일기가 로라가 쓴 총 권수의 8분의 1에 불과하다는 것이다. 알고 보니 1962년 이후로는 1년간의 기록이 온전하게 갖추어진 해가 없고, 70년대 거의 전부, 60년대 후반과 80년대 후반, 90년대 대부분이 없다. 엘사가 로라의 인생에 처음 등장하는 1952년부터 1958년까지는 낙서가 그려져 있고 속지가 잘려나간 연습장을 제외하면 아무것도 없다. 1952년 이전 일기는 하나도 없다. 내 수집품의 이런 빠진 틈새로 추정해보면, 일기의 정확한 총 권수는 1천 권, 즉 4천만 단어에 가깝다.

두번째 사실. 로라는 아직 살아 있다.

2부
위기

27. 역사의 종말

> 내 '신'은 다른 신이다.
> – 62세

"여기 역사를 파괴하려는 사나이가 오는군!" 내가 들어서는데 골드스웨이트 교수가 양팔을 높이 치켜들고 외쳤다.

로라가 살아 있다는 것을 알아낸 지 열흘 뒤였다. 나는 에지웨어 로드에서 조금 떨어진 레바논 식당에 플로라를 만나러 온 터였다. 웨이터들이 분주하게 주방 계단을 오르내리며, 군침 도는 음식 접시들을 균형 잡아 받쳐들고 좁은 복도에서 서로 스쳐지나갔다. 포동포동한 손님들은 계산대에 기대서서 캐시미어 코트를 걸치며 계산할 채비를 하고, 좀더 야위어 보이는 새로 온 손님들은 이리저리 살피면서 테이블 틈새를 비집고 지나가며 앉을 자리를 노렸다. 신선한 허브 향과 쨍그랑대는 체 소리가 맴도는 세련된 분위기였다.

나는 머리칼을 흔들어 빗물을 떨치고 부츠 신은 발을 굴렀다. 골드스웨이트 교수가 누구를 두고 말하는 건지 전혀 감이 오지 않았다. 역사를 파괴하려는 이 사나이가 누구지? 그가 왜 내 쪽에 서 있는 거야? 안경에 김이 서려 교수와 그의 나비넥타이는 안개 낀 반점으로밖에 보이지 않았다.

리처드 골드스웨이트 교수는 존스홉킨스대학교 출신의 역사학자. 그의 저서 『르네상스 시대 피렌체의 경제』는 "권위 있고"(〈이코노미스트〉), "앞으로 수십 년간 해당 분야의 지침이 될 것이며"(〈저널 오브 모던 히스토리〉), "르네상스 역사에 관한 가장 중요한 책 중 하나"(〈르네상스 쿼터리〉)다.

나를 두고 한 말인가? "역사의 파괴자"? 내가 어쩌다 그런 일을 해냈지? 워털루전쟁 연도도 간신히 기억하는 판인데. 나는 기뻐서 얼굴을 붉히며 식당 안쪽으로 걸음을 디뎠다.

자리에는 플로라 말고도 다른 학자 둘이 있었다. 철학자 잔 마리오와 음악학자 이언 펜론이다. 이언은 험상궂은 미소를 지으며 엉거주춤 일어서 곰 발바닥 같은 손을 내밀었고 나는 조심스레 악수했다. 그는 얼마 전 제어를 잃고 달리는 우체국 운송차에 치일 뻔한 여자를 밀쳐서 구해냈다. 여자는 무사했지만, 그는 허리가 망가졌다.

잔 마리오는 재미있다는 듯 고갯짓으로 인사했다. 그는 회의주의 전문가로, 깊이 있고 꼼꼼한 연구로 전 세계적인 명성을 얻었으며, 치통 때문에 붕대를 감아놓은 것처럼 턱수염이 턱밑을 두르고 있다. "차오." 그가 이탈리아어로 인사를 중얼거렸다.

"자네가 어떤 일기에서 대발견을 했다는 얘기를 플로라가 해주었지." 리처드가 식후 연설을 하려는 사람처럼 신중한 기색으로 자리에 앉으며 말했다. "자아, 아직 말하지 말게. 그 일에 대해 무슨 말이든 더 하기 전에 이 질문부터 대답해봐. 전부 글로 써두었나? 쓰레기장에서 맨 처음 일기장들을 발견한 일을? 저자에 대한 이론을 발전시킨 과정을? 제일 최근의 발견을? 그러니까 전부를 말이야. 자네가 이…… 사람에 대해 생각했던 모든 것을." 그는 '사람'이라는 단어를 미심쩍다는 듯이 말했는데, 마치 로라가 단순한 명사에서 벗어나 피와 살로 된 인간이 되었다는 점에 아직 의문의 여지가 있을지 모른다는 투였다. "자네가 추측했던 모든 것을. 자네가 이 질문에 신중하게 답해주는 게 내 연구 주제의 미래에 지극히 중요하다네. 수천 명의 생계가 걸려 있을지 몰라."

"당연하죠." 질문에 아주 쉽사리 대답할 수 있었기에 나는 끓어오르는 자부심을 느꼈다. "진행해가면서 모든 것을 적어둡니다. 왜 물으시죠?"

"그리고 그 대발견을 했을 때는 글쓰기를 다 마친 후였나? 이 최신 정보를 손에 넣은 다음에는 글을 쓰지 않았고? 그 점을 솔직히 밝히는 게 매우 중요해."

"전부 그전에 썼죠. 그 일기를 연구한 지는 4년이나 됐는데, 일기 주인이 살아 있다는 사실은 겨우 지난주에야 알게 되었는걸요."

"내 요점을 이해하겠나? 자네는 어떤 사람에 대한 문서들을 발견해, 그 사람이 죽었다고 믿으며 문서들을 연구했고, 그 사람이 누구였는지, 어떤 사람이었는지, 무슨 이유로 어떤 일을 했는지에 대해 나름의 견해를 형성했는데, 지금 그 사람이 살아 있다는 걸 알게 되었어. 내가 최근에 낸 책 주인공인, 최초의 오페라를 작곡한 야코포 페리가 갑자기 저 문으로 걸어들어와 내가 추측했던 모든 것에 이의를 제기한다고 상상해봐. 하늘에 감사하게도 그런 일은 절대 없겠지, 그는 400년 전 죽었으니까. 진실을 아는 유일한 사람이 내 추론을 문제삼을 일은 결코 없을 거야. 하지만 자네의 경우 역사 연구상 최초로, 죽은 사람의 초상을 그렸는데 그 죽은 사람이 살아났단 말일세! 이는 역사 연구의 대참사일 수 있지. 문헌을 해석하는 방법에 대한 우리 생각이 모조리 그릇되었다면 어쩌나? 그런 이유에서 이 질문에 대한 자네 대답이 무척 중요한 거야. 자네 생각 전부를—일기 주인이 살아 있다는 사실을 알기 전에 했던 생각 전부를—글로 써놓고 손대지 않은 게 분명한가? 신중하게 생각하게. 역사의 미래가 위기에 처해 있으니까……"

"그후로 손대지 않았어요. 한 글자도." 나는 스스로가 제법 대단하다고 여기며 확실히 답했다.

리처드는 만족스러운 한숨을 내쉬고 메뉴를 집어들었다.

"지난 50년간의 내 연구 전부가 그 답의 진실에 달려 있어."

"이제 할일은 제가 쓴 글을 출간해도 좋다는 로라의 허가를 받는 것뿐이고, 그러면 원고를 출판사에 보내 출간할 의향이 있는지 확인할 수 있겠죠."

리처드는 메뉴판을 테이블에 탁 내려놓았다.

"그럼 아직 원고를 보내지 않았다는 말인가?"

"네. 먼저 로라를 만나야죠. 그런 다음……"

"그렇다면 발견 이후에도 여전히 손을 댈 수 있었군?"

"뭐, 그런 셈이죠……"

"휴우!" 리처드는 의자에 푹 기대 과장된 몸짓으로 눈썹 위의 땀을 닦는 척하며 내 말을 끊었다. "역사는 무사하군."

로라가 살아 있다는 사실을 발견하기 전까지, 나는 로라가 죽었다고 알고 있었다. 그러면 안 된다고 생각했고 탐정 빈스의 제안에서도 벗어나는 일이었지만, 나는 국립도서관에서 사망 기록을 확인해보았고 이번에도 운이 좋았다. 1939년 태어난 로라라는 사람은 케임브리지의 사망 기록에서 찾을 수 없었지만, 그렇다고 그녀가 살아 있다는 뜻은 아니었다. 나는 출생 기록에서도 그녀를 찾지 못했는데, 그렇다고 그녀가 존재하지 않는 건 아니었다. 10분간 마이크로필름을 들여다보고 나자 진력이 났다. 나는 이런 종류의 연구를 좋아하지 않는다. 끝없이 반복되고 꾸물꾸물 나아가는 것이 학교 수학 교육의 가장 싫은 부분을 생각나게 한다. 로라는 죽었고, 중요한 건 그거였다. 나는 그럴싸하게 사건의 전모를 그렸다. 로라는 피터가 사망하기 2년 전에 죽었고, 그래서 일기장들이 버려진 거라고. 피터는 틀림없이 일기장들을 벽장에 넣어두었을 것이다. 그가 죽자 집을 정리하는 사람들이 왔고, 쿵! 모든 게 밖으로 쫓겨났다.

왜 로라가 2년 먼저 죽었다고 정했을까? 잘 모르겠다. 그 생각은 어느 날 하나의 추측으로 떠오르더니, 깔끔한 서사들이 그렇듯 진실이 되었다. 2년은 적당하게 느껴졌다. 죽음이 너무 연달아 일어나선 안 되는 법이다.

"로라가 아직 살아 있다고 깨달은 건 플로라가 일기장들을 연대순으로 정리하라고 시킨 덕분입니다." 나는 리처드에게 설명했다. "내가 가진 최근 일기가 2001년 8월 것임을 알게 되었죠. 내 친구가 쓰레기 컨테이너 속에 들어가기 고작 몇 주 전이었어요. 피터가 로라보다 오래 산 줄 알았는데, 그 일기장을 펼쳤더니 피터의 화장火葬이 끝나고 로라가 부엌 식탁에 앉아 있는 장면이 나왔죠."

초저녁이었다. 저무는 날의 갈색빛이 둘둘 말린 카펫 너머로 펼쳐져 식탁 의자까지 드리웠다. 로라는 식탁에 멍하니 앉아 있었다. 그릇류와 꼭 필요한 것을 제외한 냄비와 팬은 전부 치워졌다. 복도에 걸렸던 그림들도 내갔다. '지금'—로라에게 중요한 유일한 순간—그녀는 50년 세월의 끝에 도달했다. '지금' 그녀는 피아노에 앉아 선생님을 향한 사랑의 눈물을 흘리는 열네 살 소녀였다. '지금' 그녀는 세상과 맞서려는 열망에 불타는, 아름다움과 진실을 위해 기꺼이 고생을 감수하려는 런던의 예술가였다. '지금' 그녀는 가정부가 되었으나, 머지않아 콘서트 피아니스트가 될 터였다. 지금 그녀는 여기, 홀로, 중년의 나이로, 목제 식탁에 앉아 자기 것이 아닌 집의 삐걱거리고 딸깍거리는 소리에 귀기울이고 있었다. 처음부터 여기에 있게 될 운명이었다고 로라는 느꼈다. 이 '지금'은 그녀가 반세기 전 생각하던 '지금', 화이트필드 밭이랑의 "흩뿌려진 귀리" 사이에 서서 "열띠고 조마조마한 현대 생활" 속에서 자신이 어떻게 살아갈까 궁금해하던 때와 똑같은 '지금'이었다.

피터의 집은 차마 못 봐줄 상태였다. 벽장문은 죄다 열리고, 선반은 텅 비고, 백년 묵은 먼지가 드러났다. 바닥 모서리에는 갓 생긴 나무 지저깨비들이 있었다. 죽기 몇 달 전 피터는 친구 린리에게 집 여기저기에 스물다섯 군데의 비밀 '은닉처'가 있는데 거기에 보석과 수백만 파운드 값어치의 우표를 숨겨놓았다고 비밀스레 일러두었다. 린리가 그것들을 갖게 할 생각이었다. 집이 팔리기 전 린리가 파낼 수 있도록, 비밀 장소들을 나타내는 집 지도를 그려두었다. 하지만 그는 지도도 숨겨두었고, 린리에게 지도가 어디 있는지 말하기 전 뇌졸중을 일으켰다.

시신 화장이 끝나기도 전에 린리는 피터의 또다른 친구 톰과 일주일에 두 번씩 찾아와 주먹으로 벽 널판을 두드리고 마룻장을 잡아뜯고 다락방을 어슬렁거리며 상자들을 들쑤셨다. 피터의 침대 다리를 뽑고, 매트리스를 가르고, 식료품 저장실의 차통을 뒤엎고(비록 "먼지에 손가락 자국이 남아 있었으니, 안에 뭔가 있었더라도 재산 평가인들이 선수를 쳤겠지만"), 집 밑의 통풍용 벽돌 틈새를 엿보고, 거실 밑에서 발견된 빈 공간에 손전등을 줄에 매달아 내려보내고, 위층 "슬라우치slouch"(화장실을 가리키는 로라의 단어)의 바닥재를 들어냈다. 그들이 찾아낸 것 중에는 1971년 〈데일리 텔레그래프〉 한 부와 오래된 프랑스어 쇼핑 목록이 있었고, 린리는 부리나케 감정을 받으러 갔다. 그 가치는 75펜스였다. 린리는 "테딩턴에 사는 '브렌다'라는 영매"를 불러오기로 했는데,

"물건 찾기" 전문가라고 했다. 그는 영매에게 우표 사진을 보여주고 하루 오후 동안 영적 집중을 하는 대가로 75파운드를 치렀다.

페니 블랙*은 보이지 않았다.

로라는 린리와 톰의 이 탐욕스러운 수색을 도왔지만 스스로는 욕심부리지 않았다. "은닉처가 있을 그럴듯한 장소"가 떠오르는 순간 그녀는 린리에게 전화해 알려주었고, 그가 패널을 비틀어 떼어내고 마룻장을 들어올리는 동안 점심식사나 차를 준비했다.

> 1993년 이후 사람들의 이런 친절을 누려보지 못했다. 그리고 피터가 죽은 뒤로는 <u>모든</u> 게 달라졌다. 사람들이 찾아오고, 모임의 주최자 노릇을 하는 번거로움은 사소한 대가일 뿐이다.

피터의 유언장이 공개되자, 린리는 유언에 포함되어 있지 않다는 사실이 밝혀졌다. "집의 골조" 어딘가에 있는 "은닉처들" 이야기는 전부 죽어가는 사람이 탐욕스러운 친구에게 한 장난이 아니었을까 의심이 든다. 치명적인 뇌졸중이 찾아오

---

* 1840년 영국에서 발행된 세계 최초의 우표로, 수집가들 사이에서 고액으로 거래된다.

기 직전 린리에게 보물 지도가 있다고, 하지만 그것 또한 찾을 수 없는 "은닉처"한 곳에 있다고 속삭인 데는 유쾌한 장난기가 어려 있다.

이런 장난과는 이상할 정도로 대조적이지만, 피터는 재미없게도 집을 영국에서 가장 부유한 축에 드는 세인트존스 칼리지에 물려주었다. 대학은 신속하게 부동산을 개발업자에게 팔아치웠고, 변호사들은 로라가 최대한 빨리 집을 비워주길 바랐다. 그녀는 돈이 없었다. 그곳에서 그녀는 30년, 생의 절반을 살았다. 그녀가 이 건물에 틀어박혀 있는 동안 사랑하던 사람들은 모두 죽었다. 주말까지 퇴거하라는 명령이 떨어졌다.

그녀는 6개월을 버텼다.

"물론 젊었을 때 내가 세운 계획은 모두 이루어질 수 없는 꿈이었다." 마지막 일기장의 마지막 일기 끝 페이지에 로라는 쓴다. "내 '신'은 다른 신이니까."

다음날 아침, 내 상상에 따르면, 집 정리 인부들이 들이닥쳐 로라를 길바닥으로 내쳤다. 정신없는 와중에 그녀는 일기장 148권을 그대로 놓고 갔다. 인부들은 그것들을 쓰레기장에 내버렸고 그날 오후 다이도가 구해냈다.

그후 개발업자가 집 앞 산울타리를 잘라내어 길을 트고, 장미가 우거진 쉼터에 아스팔트 진입로를 쑤셔넣고 오래된 배 과수원에 모조 아트 앤드 크래프트 양식 건물 두 채를 세웠다. 케임브리지에서 가장 아름답고 비밀스럽던 저택 중 하나가 〈월간 환상의 교외 주택〉에 실린 광고로 변하고 말았다.

"로라가 아직 살아 있을지 모른다는 사실을 깨닫고 나자," 나는 리처드에게 설명을 계속했다. "연구는 급진전을 이루었습니다. 9파운드 50펜스를 내고 온라인 선거인 명부를 확인했고, 그녀의 성을 알아냈죠. 10분 후에는 구글 어스를 통해 그녀의 집 거실을 들여다보고 있었고요."

구글 어스 조작법에 익숙해지기까지는 좀 시간이 걸렸다. 로라의 새집이 있을 거라 추정되는 곳에 가까이 갈 때마다 방향 버튼이 과도하게 예민해져, 기름 웅덩이를 밟고 미끄러지기라도 한 듯 나를 멀리 날려 스코틀랜드 35마일 위쪽에 데려다놓곤 했다.

마침내 나는 흥분을 억눌렀다. 로라 프랜시스의 집은 똑같이 생긴 옆집과 붙은 반단독주택 형태로, 어느 개발지구의 짧은 막다른 골목 끝에 있다. 쉬고 있는 파리처럼 보도 옆에 웅크리고 있는 집이다. 앞쪽 벽은 도로를 향하고, 유리문과 측면 패널이 있다. 우편함 아래에는 우편물 여러 통이 유리 위로 비어져나왔다. 내가 이 초고를 최종 수정하는 지금도 여전히 그 상태다.

집 앞에는 자그마한 앞뜰이 있고 푸크시아와 상록 관목이 가장자리를 두른 가운데 좀 무성한 풀밭이 보인다. 볼품없고 황폐한 광경이다. 좁은 진입로가 주택을 옆으로 끼고 들어와서 울타리 옆을 비집고 문 하나를 지나 목조 차고 앞에서 끝난다. 문 옆에는 조리기구와 통조림들이 작은 더미를 이루며 쌓여 있고, 문은 슬쩍 열려 있어 마치 로라가 안쪽에서 아침 첫 산들바람을 즐기고 있을 듯하다.

레바논 음식이 김을 피워올리며 푸짐하게 나왔다. 리처드, 잔 마리오, 이언, 플로라와의 대화 주제가 바뀌었다. 식사를 마칠 때가 되어서야 나는 지하철에서 읽으려고 로라의 일기 한 권을 가져왔음을 떠올리고 레인코트 주머니를 뒤적였다. 1978년의 일기였다. 로라 인생의 중기로, 이 무렵의 일기장은 모두 똑같다. 짙은 빨간색의 소형 하드커버 노트, 책등에 'IDEAL'이라는 글자가 금색 윤곽선으로 각인되어 있다. 1978년은 내 수집품 중에서는 드물게 거의 완전히 갖추어진 해다. 엘사는 죽었다. 잠시 엘사의 라이벌이었던 데임 해리엣도 죽었다. 작가나 예술가가 된다는 이야기는 모두 중단되었다. 글씨는 작아지기 시작했지만, 로라는 아직 페이지에 인쇄된 선을 따라 글을 쓴다. 피터의 집에서 일한 지 4년이 됐고, 자신이 음악적 천재일지 모른다고 다시금 깨달은 참이었다.

> 하이든 소나타의 더없이 아름답고 소박한 짧은 미뉴에트 때문에 오늘 아침 흐느껴 운다. 나는 감정을 듬뿍 실어 그

곡을 연주하고, 내게 음악적인 감각이 있다는 걸 분명히 안다. 라디오에서 연주하는 피아니스트조차 나만큼 감수성과 개인적 감정을 담아 연주하지는 못할 것이다.

이번에도 역시, 로라는 보지 못하는 것이 읽는 이의 눈에는 바로 보인다. 자기 음악을 어떻게 평가하든 유일하게 중요한 요소는 자기 자신이 아닌 다른 감상자인데, 그들의 의견을 고려해야 함을 잊은 것이다. 그녀가 자기가 뛰어난 연주자라고 믿는 근거는 자기 자신을 위해서만, 자기 자신을 상대로만 연주하고 있기 때문이다. 유아론에 빠져 귀가 먹어버린 셈이다.

리처드는 손을 닦고 일기장을 받아 신주神酒를 다루듯 장난스레 엄숙한 태도로 떠받들었다. 안쪽은 보지 않았다. 리처드는 무엇이든 바로 들여다보는 법이 없다. 잠시 후 그는 일기장을 이언에게 넘겼고, 이언은 신중하게 앞에서 뒤로, 다시 뒤에서 앞으로 뒤집어보았다. 뒤표지, 앞표지, 책등 맨 위와 맨 아래. 그는 잇새로 감탄어린 입맛 다시는 소리를 내며 마취된 작은 동물이라도 다루듯 일기장을 살폈다.

"이걸 보니 프랭크 커모드의 슬프기 짝이 없는 이야기가 떠오르는군……"

"바로 그거예요." 나는 끼어들었다. "내 친구 다이도가 쓰레기 컨테이너에서 일기장들을 꺼냈을 때 딱 그 말을 했죠."

"크흐흠!" 이언은 헛기침을 했다. "나도 잘 알지, 그 일이 있던 날 프랭크를 만났으니까. 그 일 직후 저녁식사를 하러 대학에 왔거든. 충격에 빠져 있었어. 완전히 넋이 나갔더라고. 그는 파이프를 우물거리며 특유의 절제된 투로 말했어. '좀 골치 아픈 일이 있었어.' 그날 오후 형광색 재킷 차림의 남자 둘이 새 아파트로 책들을 옮기러 그의 집 문앞에 왔길래 프랭크는 '들어와요, 들어와'라고 했다는 거야. 자아, 프랭크는 여러 단체에서 영문학의 특정 분야에 대한 현존하는 최고의 비평가로 여겨졌고 아흔에 사망했으니 무척 오래 살았지. 그래서 서명이 들어간 초판본이 아주 많았어."

그러나 그 두 남자는 이삿짐업체 사람이 아니라 시에서 나온 쓰레기 수거인이었고, 상당히 많은 상자를 내간 후에야 커모드는 그들이 상자를 분쇄기에 던져넣고 있음을 알아챘다.

"여생 동안," 이언의 목소리에는 이야기의 끔찍함이 묻어났다. "프랭크의 장서는 알파벳 I부터 시작하게 되었지, A부터 H까지는 분쇄되고 말았거든."

이언은 숨을 깊이 들이쉬었다가 명상을 하듯 내쉬더니 일기장을 잔 마리오에게 넘겼다.

잔 마리오는 로마풍의 긴 얼굴을 앞으로 기웃하고, 감탄하듯 고개를 두 번 간신히 눈에 띌 정도로만 끄덕이고는 시선을 도로 허공으로 향했다. 정적과 잔 마리오의 관계는 모호하다.

그의 몸짓은 로라와 일기를 대수롭지 않게 여긴다는 뜻일 수도 있고, 아니면 아주 중요하게 여기고 있으며 진정한 학자의 손에서라면 어떤 프로젝트가 될까 상상하는 중이라는 뜻일 수도 있다.

"신화나 철학 어딘가에 틀림없이," 나는 말을 꺼냈다. "이런 사람을 상징하는 인물이 있을 거야―모든 분야에서 실패자인 인물. 로라 프랜시스가 된다는 두려움을 나타내는 전형적 인물이. 품었던 소망을 결국 단 하나도 이루지 못하고 쓰레기장에 버려지는 사람이 된다는 것 말이야. 그렇기에 이건 가치 있는 인생인 거야. 로라는 탁월한 작가가 될 수 있고, 좋은 예술가고, 어쩌면 피아니스트가 될 소질이 있었을 수 있지. 하지만 그 무엇보다도 로라 프랜시스는 우리 모두가 느끼는 기분, 인생을 제대로 살지 못했다는 기분을 나타내는 순수한 형상인 거야."

잔 마리오는 턱수염을 어루만지고, 자기 몫의 과일샐러드를 물끄러미 쳐다보다가 고개를 끄덕였다. "지금 그녀의 마음 상태가 어떤지 아나? 몰라? 자네 생각엔 슬플 것 같아?"

"두 번 편지를 썼어. 처음에는 내가 전기 작가고 어떤 책의 자료 조사를 하는 데 도움이 필요하다고 썼지. '피터 미첼 교수 댁에서 일했던 로라 프랜시스 님인가요?'라는 문장으로 편지를 시작했어. 일기에 대해서는 아무 말 하지 않았지. 겁

먹게 하고 싶지 않았거든! 그냥 이렇게만 썼어. '저는 전기 작가입니다, 제가 찾는 로라 프랜시스 님이 맞다면 만나 뵐 수 있을까요?'"

"그랬더니?"

"답이 없었어."

"상식 있는 여자군. 그 편지를 받았다는 건 어떻게 알지?"

"등기우편으로 발송하고, 온라인으로 운송장 번호를 확인했거든. 로라가 받고 서명을 했어." 그녀가 서명했다는 이 기록, 로열 메일 웹사이트의 네모 칸 속 체크 표시 하나는, 로라가 그저 살아 있는 것만이 아니라 움직이고 의식이 있는 존재이며, 정부 데이터 쪼가리 그 이상이라는 최초의 진정한 증표였다. 그 체크 표시는 로라가 무덤에서 차올린 흙덩어리였다. "지난주에 편지 한 통을 더 보냈어. 이번엔 다른 전략을 시도했지. 난 이렇게 썼어. '다음주 목요일 4시에 케임브리지의 앤티즈 찻집에 있겠습니다.'"

"앤티즈 찻집?"

"로라가 아는 찻집이라는 걸 알거든. 레이스 장식이 있고 케이크에는 유리 돔이 씌워져 있어. '오셔서 저와 만나시죠.' 그렇게 썼지. '원한다면 친구를 데려오셔도 좋습니다.' 그녀가 불안해하지 않았으면 해서. 일흔세 살인데다가 무척 겁 많은 성격의 여자니까."

"그야 그럴 만도 하지, 자네 같은 사람이 주변을 맴돌면! 불쌍한 여자." 리처드가 말했다. "우리가 그분에게 경고라도 해주어야 할 것 같은데. 전기 작가가 인근을 활보하고 있습니다. 댁이 어디인지 알아요."

"편지에 이런 말도 썼어요. '4시까지 나오지 않으시면, 댁을 찾아가 5시 30분에 문을 두드리겠습니다. 금요일 4시에도 앤티즈 찻집에 나가 있겠습니다. 그날도 나오지 않으시면, 그날 5시 30분에도 댁을 찾아가 문을 두드리겠습니다.'"

"그건 괴롭힘이야."

"괴롭힘이라니, 무슨 말씀이세요. 정말로 날 만나고 싶지 않으면 약속을 두 번 어기고 화장실에 두 번 숨어 있으면 그만인걸요. 그렇게 네 번 거절한다면 그분 마음이 정말로 확고하다는 걸 나도 확신할 수 있을 테고, 혹시 회신 주소가 적힌 내 편지를 잃어버려서 답장이 없던 게 아닐까, 혹은 편지를 받고 서명했던 게 사실 로라가 아니었거나, 편지가 도착하기 직전 노인 요양 시설로 실려가서 10분 차이로 놓쳤던 건 아닐까 하고 죽을 때까지 궁금해할 일은 없겠죠."

"자네가 쓰는 책에 대한 그녀의 태도는 어떨 것 같나?" 잔마리오가 유쾌하고 가차없는 어투로 계속 물었다. "책에서 자네는 이 예민하고 겁 많은 여자에 대해 모든 걸 드러낼 텐데 말이야."

"질겁을 하겠지."

"로라가 경찰을 불러 대기시켜도 자네는 할말이 없을 거라는 생각 안 드나?" 리처드는 잔 마리오가 일기장을 놓아두었던 곳으로 손을 뻗어 집어들었다. 그리고 일기장을 테이블에 내려놓은 뒤 한 손으로는 탄탄한 빨간 표지를 들추고 다른 손으로는 수면 위의 물거품을 쓸 듯이 첫 페이지를 반듯하게 폈다.

"그래, 자네는 이걸 주머니에 넣어다닌단 말이지? 역사의 종말을, 감자칩 한 봉지처럼?"

28. 앤티즈 찻집은 해변의 찻집…

> 오, 상상 세계의 영광스러운 불길이여!
> 그 속에 다시 들어가 글을 쓰고, 쓰고, 쓰고 싶다.
> 전에 그랬듯, 식사나 산책할 때만 멈추면서.
> 지금은 그럴 수 없다는 게 유감스럽다—
> 일상생활의 물질적인 일들에 신경써야 한다.
> 아무런 할말이 없다.
> – 25세

앤티즈 찻집은 해안에서 50마일 떨어진 해변의 찻집이다. 그곳은 케임브리지 한복판, 시장 광장 바로 근처에 있다. 대학 의류 상점과 안에 전갈이 든 해괴한 열쇠고리를 파는 가게 사이에 틀어박힌 이 찻집은 학부생들이 캠퍼스를 둘러보고 지루해하는 부모를 데려오는 장소다.

다이도와 나는 한 시간 일찍 도착했다. 의사들은, 특히 본인이 아파본 적 없다면, 환자들이 절망에 굴복하지 않게 하려고 무척 애쓴다. 하지만 현명한 조언과 격려의 말들 뒤에서 그들이 처방해주는 약 역시 절망이다. 다이도는 최근의 화학요법 치료로 기진맥진해 있었다. 종양은 반응이 없었다. 몸무게가 13킬로그램 줄었다. 어느 쪽이 그녀를 더 빠르게 죽이고 있는지 구분하기 어려울 정도였다. 자연인지 의학인지.

다이도는 자리에 앉아 토머스 모어 논문 더미 뒤로 모습을 감췄다. 나는 다른 손님들을 주시했다. 노부인 두 명과 포니테일을 한 덩치 큰 젊은이가 있었다. 남자의 무릎이 그가 앉은 테이블 밑면에 툭툭 부딪혀 식기가 달그락거렸다. 노부인 하나가 날카롭게 쳐다보았다. 키가 크고, 70대 초반에 가슴이 풍만했다. 테가 가는 안경을 쓰고 있었다. 나와 눈이 마주치자마자 그녀는 일어서서 바지 주머니에 손을 넣더니, 내 눈길을 빤히 맞받고, 화가 치밀어 구겨버리기라도 했는지 구깃구깃해진 하얀 것을 꺼냈다.

손수건이었다.

그녀는 입가를 가볍게 닦고 눈짓으로 직원을 불렀다.

"디 레히눙, 비테, 해나. 당케 제어(계산서 주세요, 해나. 고마워요)."

직원이 역시 독일어로 대답하고 위에 사탕 하나를 얹어 계산서를 가져왔다.

다이도는 나를 보고, 고개를 젓고는 다시 일에 집중했다.

이 손님이 나가자 찻집에는 정적이 깔렸고, 간간이 각설탕 집게 부딪히는 소리와 30초쯤 후 조심성 없이 후루룩 차 들이켜는 소리가 정적을 강조했다. 찻집에 있는 다른 여자는 키가 작고, 가슴이 납작하고, 안경을 끼지 않은 채 〈텔레그래프〉를 보고 있었다.

신문에 정말 아무것도 없다. 피터가 구독하는 신문[〈텔레그래프〉]에는 완전히 쓸데없는 헛소리만 가득하다. 그 돈이면 캔 음료를 잔뜩 사겠다.

나는 토스트한 티케이크를 주문하고 자리에 앉았다. 오늘 어떤 일기를 가져올지 정하느라 몹시 고심했다. 로라가 늘 변기에 앉아 있던 1960년대의 일기장? 아흔아홉 살의 데임 해리엇을 향한 사랑으로 어쩔 줄 모르던 1970년대? E의 죽음 이후 방향을 잃고 고독해진 나머지 자살을 생각하던 1980년대? 정신이 나간 상태에 가까웠던 1990년대? 그중 어느 것이라도 로라가 보면 내게 덤벼들지 몰랐다. 나는 1959년의 일기장을 하나 골랐다.

오늘의 영감, 깊고 깊은 마술적 느낌, 발작적인 열정과 환희로 터져버릴 듯 불타오른다. 맑게 갠 정신으로 사람과 사물을 관찰하며 오늘을 진정으로 살았다. 동생들에게 나는 작가가 되겠다고 사실상 맹세나 다름없는 말을 했다.

로라가 진정으로 행복했던 유일한 시기의 마지막 나날이

었다. "행복한 기억들. 웃음과 건강과 정열적이고 미친 사랑의 기억들"이 참 많았다. 캐슬힐에 있는 미스 램지네의 "일시적인 행복" 속에 살며, 화이터스와 E를 주기적으로 방문하고, 존 길구드에 대한 세번째 소설을 집필중이었는데 그녀는 이 소설을 '이스투아르the histoire'*라 불렀다.

차를 마시고 나서 이스투아르의 한 장을 완성했다. 모차르트의 피아노곡이 나오는 동안(K.333) 발Val이 공원에서 존과 만나는 부분을 쓰며 약간 c느낌이 들었다. c느낌에 육체적으로 몹시 흥분되어, 심장이 무시무시한 속도로, 정말 거북할 정도로 뛰었고, 다 쓸 때까지 그러다가 거북함은 가라앉았고, 나는 행복하고 흐뭇한 기분이 들었다.

찻집의 두번째 여자를 바라보며, 내가 로라 프랜시스에 대해 아무것도 모른다는 생각이 떠올랐다. 시력 좋고 정치 걱정을 하는 이 아담한 여성이 키 크고 근시이며 가슴 사이즈는 42B에, 격분해서 〈선〉지를 읽는 일기 주인이 아니라는 법 있는가? 여기에 비논리적인 구석은 전혀 없다. 아담한 여성은 자신이 로라 프랜시스가 아니기 때문에 로라 프랜시스처

---

* '역사, 이야기'를 뜻하는 프랑스어 단어.

럼 글을 썼을 수 있다. 그녀에게 일기는 내면의 로라 프랜시스를 존재하게 하는 방식이었을 테다. 주식 중개인이 다락방에서 미니스커트를 입는 것과 마찬가지다. 최고의 전기 대상들은 어느 정도는 다 그렇다. 사지를 잘 묶어 전기라는 칠면조 요리용 팬에 넣은 바로 그 순간, 그들은 즉시 예상치 못한 일을 한다. 가령 인과관계라는 게 전혀 없다거나(내 첫 전기의 주인공이었던 노숙자 스튜어트), 일화가 없다거나(두번째 전기의 수학 천재 사이먼), 그리스도처럼 죽은 자들 가운데서 일어나거나. 그리고 당신은 그 어느 때보다도 성공과 동떨어져 있음을 깨닫게 된다. 칠면조 방목장을 뒤적이며 찾아다니는 일부터 다시 시작할 수밖에.

전기의 이 지속적인 실패에는 무척 매력적인 데가 있다. 당신은 무언가를 붙잡으러 나선다. 잠시 붙잡았다고, 따라서 흥미로운 인물들이 사는 세상을 조금 더 정돈된 장소로 만들었다고 생각한다. 그러다가 일을 다 망쳐버렸음을 알게 된다. 그리고 그건 다행한 일이다. 정리 작업이 성공하지 못했기 때문에 당신은 덜 파괴적이 된다.

어쩌면 신문을 보는 이 여자는 내가 자신을 전혀 의심치 못하리라는 것을 알고 오늘 만남의 자리에 나왔으며, 나를 자세히 보고 다음으로 어떤 행동을 취하는 게 제일 좋을지 가늠해보려는 것일지 몰랐다. 어쩌면 젊은 남자는 사회학부에서 계획한 통찰력 있는 실험의 연구자이고, 실험 목적은 '쓰레기 컨테이너 방법'을 통해 세상에 내보낸 위조 일기의 홍보일지 몰랐다. 로라 프랜시스의 진실성에 조금의 빈틈이라도 허용하는 순간, 그녀의 이야기 전체가 무엇으로도 막을 수 없이 산산이 흩어졌다. 누군가 자기가 로라 프랜시스라고 글을 쓴다면 나는 그것이 진실이라는 가정에만 의지해야 했다.

두번째 여자가 내 쪽으로 눈길조차 주지 않고 일어서서 나갔다.

일본인 여자 세 명이 들어와 키득거림 섞인 한숨을 내쉬고 자리에 앉았다. 젊고 덩치 좋았던 시절 맞춘 재킷에 푹 파묻힌 노인이 케이크 진열대 옆에 털썩 앉았다.

150마일 떨어진 로라의 집에 컴퓨터로 처음 슬금슬금 다가갔을 때, 나는 창문 뒤에 서서 나를 쳐다보는 그녀와 눈이 마주치고 깜짝 놀랐다. 회색에 가까운 희끄무레한 토가를 걸친 기괴하게 몸집 큰 여자였다. 그녀는 구글 카메라가 자기 집을 촬영하며 지나가는 모습을 보고 있었다.

머리는 잘리고 없었다.

마음을 진정시키고 더 가까이 다가가서야 나는 창가에 있던 것이 로라가 아니라 커튼이라는 걸 깨달았다. 커튼은 옷처럼 보이는 모양새로 레일에서 흘러내려 있었다. 내가 머리 잘린 목이라고 생각했던 것은 창틀 꼭대기였다.

4시 37분, 약속시간보다 7분 늦게 문의 종소리가 울렸고 나는 몽상에서 퍼뜩 깨어 디지털 녹음기를 움켜쥐었다. 문 유리에 반사된 번쩍이는 빛에 눈이 부셨고, 잠시 나를 향해 걸어오는 머리 없는 거인이 다시 보였다. 그러다가 반사되는 빛이 각도를 틀면서 현실이 되돌아왔다.

포니테일 청년이 나가는 것이었다.

나는 시장 광장의 중고책 노점상 휴를 안다. 그는 매주 화요일과 목요일에 나온다. 다이도와 나는 앤티즈를 나와 걷다가 그에게 말을 붙이려고 멈췄다. 1990년대에 로라는 휴에게 책을 샀다는 언급을 여러 번 한다. 그는 분명 내가 누구를 말하는지 즉시 알 것 같았다. 안경을 끼고 키가 크고, 어디 보자, 12년 전 로즈 웨스트에 대한 책을 샀던 여자. 그 책은 페이퍼백이었으니 휴의 화요일 노점이었을 것이다.

"물론 그것만은 아니고요. 다른 책도 많아요." 나는 덧붙였다. "키가 아주 큽니다. 머리칼은 적갈색, 아니 젊었을 때는 적갈색이었고요. 아, 맞다! 1979년에 이니드 블라이턴의 아동소설도 샀어요. 1979년에도 여기서 장사하셨어요?"

나는 그에게 1959년 일기를 보여주었다. "글씨가 이렇게 생겼어요."

휴는 붙임성 있지만 바쁜 사람이다. 그는 들고 있던 하드커버 책을 포장 상자에 섞어 넣고, 미소를 지어주고는 가판대를 따라 저쪽으로 갔다.

다이도는 너무 지쳐서 더 버티지 못하고 터덜터덜 집으로 갔다. 로라의 집에는 나 혼자 가는 게 나았다. 로라를 발견한 건 다이도와 리처드지만 그녀를 친구처럼 여기며 5년을 보낸 사람은 나였다.

나는 10분 정도 여유를 두고 그녀가 사는 동네에 도착했다. 넓은 곳으로, 거리는 구불구불하고 앞뜰에는 울타리가 없어 미국적인 친밀감이 느껴졌다. 아침에 비가 내린 후 여름 공기 속에 만족스러운 교외의 소음이 떠돌고, 날카로운 소리는 주변의 지붕과 나무들이 잡아뜯어냈다. 누군가 커다란 꿀벌 같은 소리를 내며 잔디를 깎았다. 아이들이 축구를 했지만, 걷어차는 소리나 공 소리는 들리지 않았다. 라디오에서 나오는 스윙 음악이 먹음직스러운 바비큐 냄새와 뒤섞였다. 망치로 금속 기계를 수리하는 부드러운 텅! 텅! 텅! 소리가 들렸다. 로라가 사는 거리 초입의 집 몇 채는 차고 문이 열려 있어, 안에 있는 번쩍이는 차와 벽의 고리에 얌전히 매달린 연장들이 보였지만, 사람은 하나도 보이지 않았다. 안전하고 자부심 있는 거리였다.

5시 29분, 나는 녹음기를 손아귀에 쥐고 녹음 버튼에 손가락을 얹은 채 로라의 집으로 걷기 시작했다.

로라가 사는 반단독주택은 막다른 골목 끝을 향해 있고, 구글에 나온 모습 그대로였다. 꽉 차고 지저분했다. 옆문은 여전히 슬쩍 열려 있고, 빈 고양이 먹이 캔 여러 개와 냄비, 핑크색 모조 크리스털 꽃병, 부엉이 모양 문진 따위가 밖에 널려 있었다. 옆에 난 창문을 통해 작은 부엌이 보였다. 가스레인지에 딸린 머리 위쪽 그릴에는 얇은 회색 담요가 덮여 있었다. 눈을 찡그리고 보니 거미줄과 먼지가 이룬 더께였다. 깡통, 책, 달걀 포장재, 즉석 조리 식품 포장지, 프라이팬 하나, 상자와 접시들이 싱크대와 식기대 위에 3피트 높이로 쌓여 있고, 거미줄 담요가 거기까지 넘어와 맞은편 벽도 뒤덮고 있었다.

나뭇잎과 비닐 포장지가 발치에서 바스락거렸다.

내 전작의 주인공 역시 지저분한 사람이었다. 나는 실망스러웠다. 똑같은 이미지를 다시 쓰고 싶지 않았다.

옆집에서 남자 목소리가 들렸고, 뒤돌아보자 친절하고 둥그런 얼굴이 역시 부엌으로 이어지는 자기 집 문에서 나를 바라보고 있었다.

"여기가 로라 프랜시스네 집인가요?" 나는 말을 붙였다.

"그분이 어디 가셨는지 아십니까? 여기로 편지를 보내고 인터뷰를 하러 왔는데……"

"그럼요, 형씨. 로라 프랜시스 말이죠? 어디 있는지 알고말고. 이 근처에선 누구나 로라 프랜시스를 알아요."

"어디 계신지 말해주실 수 있나요?"

"어디 있느냐고?" 남자는 재미있다는 표정이었다. "몰라요?"

"모릅니다, 전 그분을 한 번도 만난 적 없고, 방금……"

"댁의 뒤에 서 있어요."

29. 안녕하세요! 로라 프랜시스인가요?

재킷 주머니에 숨겨두었던 디지털 녹음기에서 녹취하고,
명확함을 위해 편집과 수정을 가함.

안녕하세요! 로라 프랜시스인가요?

알렉스인가요?

안녕하세요! 안녕하세요!

안녕하세요! 저기, 마침 당신 생각을 하고 있었어요. 댁이 보낸 카드에 답장하지 않은 건 아주 무례한 일이었어요. 난 어머니 댁에 가 있었답니다.

아아, 그래요, 그렇군요.

그래요, 그래요.

음……?

참!

혹시 제가 들어가도 될지……?

네, 아, 집이 끔찍하게 엉망진창이라 민망하네요.
괜찮습니다. 전 익숙해서…… 신경쓰지 않아요…… 오!
그럼, 알렉스, 음, 좋아요, 자아……

(로라의 목소리에 대한 기록: 인사와 예의상 잡담을 나눌 때의 목소리는 음조가 높고 문장 중간이나 끝에서 종종 소리가 올라가, 마치 고양이에게 상냥하게 말을 거는 것 같았다. 고양이에게 말할 때〔두 마리를 돌보고 있다〕목소리는 한층 높았다. 대화가 진행되면서 목소리는 낮아졌다.)

음, 어디 앉으면 좋을까요?
여기 앉으면 어때요?
그러면 앉으실 자리가 없잖아요.
오, 상관없어요.
어디 앉으시려고요?
난 여기 앉죠.
이건 어디 두면 될까요?
거기요.
이건요?
거기. 나도 그 호더라는 인간인 것 같아요.
정말 그런 것 같군요.

중고품 가게에서 물건들을 찾아낸답니다.

그렇지만 아주 심한 편은 아니네요.

네, 네.

요전날 밤 텔레비전에 엄청 심한 사람 나오지 않았어요? 그 사람은 잡동사니가 천장까지 쌓였죠.

오, 신문 모으는 남자 말이군요. BBC 2 채널에 나온.

그 사람은 집에서 기어다니더라고요. 어떻게 기어다녔는지 보셨죠! 그 사람 따라잡으려면 몇 피트 더 쌓여야겠는데요.

그래요, 하, 하, 그래요.

그 사람 굉장했죠.

지적인 사람이었어요.

그러니까, 음, 와, 여기가, 음, 여기가 댁이로군요.

그래요, 알렉스, 그렇답니다.

그렇군요. 그럼, 어디 보자, 어디서부터 말을 꺼내야 할까요? 제가 왜 왔는지 짚이는 데가 있으신가요?

아뇨.

음, 그게…… 그게 아주 이상한 이야기랍니다. 어떻게 이야기를 시작해야 할지 잘 모르겠네요. 좋아요, 어떻게 된 일인가 하면, 제 친구 하나가—2001년쯤의 일이었어요—쓰레기 컨테이너 옆을 지나가고 있었는데, 아시는지 모르겠고, 어쩌다 그렇게 되었는지도 모르겠지만, 당신의 일기장 한 더미가 컨테이너에 버려져 있었답니다.

오 그래요.

일기장들이 버려진 걸 알고 계셨나요?

아뇨, 사실 몰랐어요.

그게, 일기장이 꽤 많았고, 전 이걸 누구에게 돌려줘야 할지 알아내고 싶었어요. 어쨌든 훑어봐야 했죠. 많이 읽지는 않았어요. 일기장 주인은 사망했으려니 했죠. 이름이 쓰여 있지 않아서 누구인지 알아내려고 일기들을 살펴보았고, 이것참 흥미진진한데, 이 사람이 어떤 인물인지 궁금하다, 생각했어요. 많이 읽지는 않았습니다…… 하지만 일기장들을 당신이나 상속인들에게 돌려줄 방법을 찾아내느라 살펴보다보니 이걸 주제로 책을 써도 재밌겠다는 생각이 들었어요……

오, 흠, 헤헤, 아……

그러다가 살아 계시다는 것을 알게 되자, 찾아와서 직접 말씀드리는 게 좋겠다 싶으면서도 그게 가능하기는 할까 싶은 생각이 들었습니다. 어떻게 여기실지 알지만…… 뭐라고 말씀드려야 할지 잘 모르겠네요…… 너무 기이한 이야기라서. 하지만 제 친구가 버려진 일기장들을 찾아낸 걸 계기로 저는…… 당신의 사적인 일기를 주제로 한 책을 떠올렸습니다.

알고 싶은 게 뭐든 협조할게요, 네.

세상에!

네, 사실 지금도 일기를 쓰던 참이랍니다. 당신에 대해 쓰고 있었어요. 어디 보자. 여기 있네요. "오늘 오후 은행에 갈 작정을 하고, 수표를 썼다. 하지만 지금 이를 갈고 있다." 알겠지만, 비가 왔잖아요. "그래서 대신 집안에 틀어박혀 있다. 소나기도 아니고 줄기차게 내리는 비여서, 우편물 정리를 하려고 했다. 마침 그럴 기회라고 생각했다. 예상했던 대로 마스터스라는 남자는 포기하지 않았다. 하지만 카드를 보내 화요일이나 금요일에 앤티즈 찻집에 있겠다고 했는데, 유감스럽게도 날짜를 적지 않았다. 2주 전이었을 수도 있고 내일일 수도 있다. 집이 이런 꼴이라 사람들이 오는 건 그리 좋아하지 않는다. 그의 관심이 굉장한 걸로 보아 이미 집도 보러 왔었을 것 같다. 차가 있다면, 분명 있겠지만, 틀림없이 온 적 있을 거고 어쩌면 나를 봤을지도 모른다."

정말 놀랍군요! 참으로 놀랍고, 놀랍습니다. 그러니까 원칙적으로는 반대하지 않으신다는 말씀이죠? 이렇게 침착하게, 아무렇지 않게 받아들여주실 거라고는 전혀 예상 못했습니다. 저는, 어이쿠, 이 일은 아주, 아주 조심조심 접근해야 할 거라고 생각했거든요.

아니에요.

덧붙여 말씀드리면, 보여드리지 않고 출판되는 부분은 전혀 없도록 할 겁니다. 당신의 협조를 얻어 책을 내고 싶어요.

난 정말 별로 한 일이 없어요. 내 인생은 모조리 실패였죠, 그래요……

이 첫 인터뷰에서 로라는 캠버웰 예술대학에 다니던 23세 때 그린 그림들을 보여주었다. 이 그림은 자화상이다.

일기가 당신을 잘 나타낸다고 보시나요?

그런 셈이죠, 네.

제가 아는 사람 중에는 몹시 화가 났을 때만 일기를 쓰는 이들이 있어요, 천성이 화가 많은 사람들이 아닌데도요.

내가 일기에 쓰는 것 중에는 정말로 잔인한 말도 있는 것 같아요, 정말로 분통에 찬.

네, 일부는 그렇죠.

네, 검열하지 않은.

전기 작가인 저에게는 금광이나 다름없습니다. 자기 생각을 전혀 감추려 하지 않고 글을 쓰는 사람이란.

난 누구도 속이고 싶지 않았어요. 그냥 내 진짜 생각을 썼죠.

제가 읽었다는 것 때문에 불편하지 않으신지, 그리고……

아뇨, 불편하지 않아요. 아무도 읽지 않는다면 쓴 의미가 없죠.

하지만 누군가를 위해 쓴 것은 아니었죠?

오, 아니죠, 나 혼자만을 위한 거였어요.

글쓰는 데 시간을 얼마나 쓰십니까?

하루에 한 시간 반?

한 권을 다 채우면 어떻게 되나요?

그냥 놔두죠.

그러면 일기장 한 권을 다 쓰면 다시 읽어보시나요?

아뇨, 바로 다음 권으로 넘어가요.

직접 내다버리신 건 아니죠?

아니고말고요!

하지만 그 일기장들이 사라졌다는 걸 눈치채지 못하셨어요?

너무 많았는걸요. 전부 어딘가로 사라졌어요.

다른 일기장들은 어디 있습니까? 수천 권은 쓰셨을 텐데요. 자기 일기장을 잃어버리고도 이렇게 태연하신 분이 호더라니 어울리지 않는 것 같군요.

글쎄, 헤헤, 헤헤, 음…… 어떻게 되었는지 잘 모르겠네요. 차고에 일부가 있을 거예요.

걱정되지 않으세요?

뭐, 사라져버렸다면 걱정해봐야 별 소용 없죠.

하지만 쓴 것을 보관하고 싶지 않으세요?

사실 충동에 가까워요. 난 그냥 글쓰기를 좋아해요. 단어들의 소리를 좋아해요. 열두 살 정도였을 때부터 그래왔어요. 그냥 펜이 종이에 닿는 느낌이 좋아요.

만일 언젠가 일기 쓰기를 그만둔다면, 기분이 어떨까요?

나답지 않은 기분이겠죠.

어머니 얘기를 해주시죠.

오, 오오오, 글쎄요, 어머니는 아주 행복하게 사셨어요. 내 인생보다 훨씬 행복했죠. 케임브리지에 와서 아버지를 만나 두 분은 결혼했고 무척 행복했고 그러다 전쟁이 일어나 엄마는 화이트필드에 가서 사셨어요.

화이트필드 얘기를 해주세요.

그곳은 불타서 무너진 것 같아요. 그래요, 내가 아주 운좋은 사람이었던 것 같겠죠. 은수저를 물고 태어난 사람이라고 여길 수도 있겠지만, 사실은 그렇지 않았어요.

지금도 피아노를 치시나요?

몇 년 전 손목이 부러진 뒤로 연주를 그만두었어요.

그림은 그리시나요?

아뇨.

일기만 남았군요?

네.

어렸을 때 일기에 얼굴을 그리셨는데, 늘 똑같은 얼굴이었죠, 셰익스피어 극의 등장인물 같은……

오, 존 길구드. 그래요, 그 상자에 든 일기장들이 어디로 갔나 했어요. 이사올 때 못 찾았거든요.

이런, 저에게 왔답니다!

그래요, 어렸을 때 난 존 길구드에게 푹 빠져 있었죠. 언제나 그를 그렸어요.

몇 페이지나 존 길구드가 이어졌죠!

그래요. 지금은 질색이에요.

무엇 때문에 싫어지셨나요?

트리니티 서점에서 그를 만났어요. 자기 저서에 서명하고

뒤편에서 본 화이트필드 저택

있길래 인사하러 다가갔는데, 나를 아예 못 본 척하더라고요. 날 만나고 싶어하지 않았죠. 마음에 안 드는 사람을 보는 것처럼 날 쳐다봤어요.

지금은 행복하다고 생각하십니까?

행복하다는 건 좀 과하네요. 이전처럼 비참하진 않아요.

언제 그렇게 달라졌나요?

여기 살면서부터요. 나이가 들면서부터요. 세상일을 받아들이게 되죠. 그러지 말았으면 좋았을걸, 저러지 말았으면 좋았을걸, 하지만 지금은 그래 봐야 할 수 있는 게 그리 없어요.

더이상 후회하지 않는 순간이 오는 건가요?

후회해봐야 별 의미 없죠, 안 그래요? 여기서 난 예상했던 것보다 잘살고 있어요. 읽고 쓰면서 하루를 보내죠. 매일 세 가지 신문을 받아요. 〈메일〉〈미러〉〈익스프레스〉. 화요일 신문에 실린 의학 기사들. 난 세상이 어떻게 진보하는지에 대한 지식을 늘리고 싶어요. 내 고양이가 참아주는 걸 보니 당신은 좋은 사람이 틀림없군요.

우리가 책을 낸다면, 사람들이 당신 일기 속 온갖 내용을 읽게 될 거란 사실이 걱정되지는 않으십니까?

아뇨, 그럴 것 같진 않아요.

이웃분들은요?

이 동네 사람들은 관심 없을 거예요. 대개 노인들, 저물어가는 사람들이거든요. 여기선 며칠이 멀다 하고 구급차가 오죠.

말씀드렸듯이, 내키지 않으시면 이 기획 전체를 거부할 권리가 있습니다.

그래요, 음, 괜찮아요, 네.

어머님은 뭐라 말씀하실 것 같나요?

그리 신경쓰지 않으실 것 같네요.

가족들, 동생들은요?

신경쓰지 않을 거예요, 그래요.

가족에 대해 늘 좋은 말만 쓰시는 건 아니잖아요.

오, 그런가요? 그렇죠. 흠.

당신을 주인공으로 한 전기는 어떤 책이 될 거라 상상하십니까?

잘 모르겠네요. 분명 인생에 크게 실망했던 사람에 대한 책이 되겠지만, 난 술이나 약물이나 그런 것에 손대진 않았어요. 그 정도 대실패는 아니죠. 잘 알겠지만, 훨씬 끔찍하게 살면서 지독한 인생을 보낸 사람도 많아요.

전 이 책의 마지막이 당신의 묘비 사진으로 끝날 줄 알았습니다! 요리는 어떻게 하시나요? 가스레인지가 못 쓰는 상태인데요. 먼지 더미와 깡통들에 덮여 있네요.

가스가 끊겼어요. 가스회사 사람들과 싸웠죠. 내가 여기 살기 전이었는데, 그들이 내게 엉뚱한 청구서 요금을 물렸고, 난 그걸 해결할 수 없었어요. 그들은 내가 줄곧 여기 살고 있었다는 듯 요금을 내라고 하더니 결국 가스를 끊더군요.

하지만 그건 10년 전이었잖아요.

작은 전기 기구가 있어요. 뭐든 그냥 끓여서 먹죠.

그다지 편리한 방식은 아니네요.

그렇죠, 내가 정말로 살고 싶은 방식은 아니에요.

하지만 냉장고는 작동하죠?

네. 또 집 뒤에 작은 정원도 있고.

정원 일을 많이 하십니까?

아뇨, 난 정원 일을 싫어해요. 내 이야기를 또하나 하자면

난 소녀 시절 콘서트 피아니스트였던 여성을 깊이 사랑했어요. 독일에서 건너온 난민이었죠. 어찌나 깊이 사랑했는지 그 감정이 몇 년이나 갔죠. 물론 그 사람은 나보다 훨씬 나이가 많았어요. 우리는 나이 차가 50년이었죠. 그래요, 그 나이에 난 그녀와 사랑에 빠졌고 그건 변치 않았어요.

그녀의 어떤 점이 좋았습니까?

음, 피아노를 연주했어요. 놀라운 재능을 지닌 콘서트 피아니스트였죠. 독일에 있을 때는 프로로서 연주하던 사람이 나를 위해 개인적으로 연주해주곤 했어요. 정말 근사한 일 아니

로라 프랜시스가 이탈리아 요리책에 그린 표지 삽화

2부 위기 329

에요?

둘 사이에 어떤 식으로든 관계의 진전이 있었나요?

오, 아뇨! 그런 건 그녀가 좋아하지 않았을 거예요.

그래도 괜찮으셨어요?

오, 물론이죠. 내게 그 사람은 정말 매력적이었어요. 작은 사람, 작고 아담한 사람이었죠. 그래요...... 난 다른 가족들만큼 성공하지 못했어요. 결혼하지도 않았죠. 정말 실패자 같다고 느꼈어요.

쉰 살이나 연상인 여자와 사랑에 빠진다면 어쩔 도리가 없죠.

우스꽝스럽죠, 안 그래요? 우스꽝스러워요! 그녀에 대한 감정이 너무 강렬해서 다른 누구도 마음에 들어오지 않았어요. 정말 좀 이상해요, 그렇죠? 좀 이상한 것 같아. 결혼은 하고 싶었던 것 같아요. 사람 만날 기회가 별로 없었죠, 시골에 살았으니까.

함께한다면 남자와 여자 중 누가 좋으세요?

아마 남자겠죠, 그래요, 그래요.

하지만 동생들은 짝을 만났죠.

네, 그랬어요, 하지만 상대는 자동차 운전사들이었죠.

자전거 운전자라도 제 짝은 만날 수 있다고 보는데요.

어쨌든, 지금 그게 중요한 게 아니죠.

일기장 하나에 대해 물어보고 싶은 게 있었습니다. 제 수집품 중

첫번째인 1952년 일기인데요. 〔일기장을 건넨다.〕 이 노트에 대해 특별히 생각나는 거 있으세요?

오, 예, 예〔웃으며〕, 예, 어렴풋이 기억나요. 열두 살인가 열세 살인가 그랬어요. 이건 생일 선물 목록이에요. "헨리에게 줄 총", 헨리는 인형이었어요. 그래요! 이것들은 E의 초상이고요.

오리너구리 주둥이를 한 그 흉측한 것들이 E라고요?

〔계속 웃음〕 네! 네, 전부 E예요. 이것도 E고 또 저것도 E고 계속 그렇죠.

뒤쪽을 보시면, 책장 일부가 면도칼로 잘려나가 있을 거예요.

예, 그러네요.

어떻게 된 건가요? 제가 보기에는 흥분 상태에서 난폭한 행동을 한 것 같은데요.

아버지가 종이를 쓰셨겠죠. 우리집은 가게에서 아주 멀었거든요.

그러니까 극적인 일은 전혀 없었던 거로군요? 전 온갖 불길한 추측을 떠올렸습니다. 무시무시한 비밀이 담겨 있어서 잘랐거나 〔희망어린 목소리로〕 어쩌면 E에 대한 내용이 있어서?

아마 아버지가 스케치할 종이가 필요해서 잘라내셨을 거예요. 아버지는 아마추어 화가이고 조각가셨죠. 점토로 모형을 만드셨어요.

정말로요? 어떤 모형이었습니까?

정원에 두는 작은 땅요정을 만들었죠.

(이후 몇 분간 로라는 노트를 즐겁게 훑어보며 자주 웃었다. 나는 여러모로 잘못 알고 있었다. 143쪽의 발레 댄서 그림은 로라가 아닌 동생 제니퍼가 그렸다. 피아노에 앉아 흐느끼는, 내가 146쪽에서 거창하게 해석한 흐릿한 인물은 자기 자신의 비극적인 이미지가 아니라 역시 E를 그린 것으로, 건반 앞에서 졸고 있는 모습이다.)

그리고 이건 E고, 이것도, 저것도…… 보고 있으면 무척 재미있는 사람이었어요. 이 그림은 내가 그렸지요. 기억나요, 하, 하, 하! 이건 윌리엄이에요. 난 윌리엄 책*을 사랑했죠, 하, 하! 난 스포츠는 즐기지 않았어요. 윌리엄 책들을 읽었죠.

지금 가장 좋아하는 작가는 누구입니까?

아이리스 머독의 몇몇 작품을 좋아해요. 디킨스를 좋아하고요. 디킨스에게는 큰 애정이 있어요. 지금은 『레베카』를 읽고 있는데, 아주 현실적인 작품이죠.

---

* 정식 명칭은 '저스트 윌리엄(Just William)' 시리즈. 영국 작가 리치멀 크럼프턴의 말썽쟁이 소년 윌리엄을 주인공으로 한 시리즈물로, 1922년부터 1970년까지 출간되었다.

(한 시간이 지나갔다. 나는 가려고 일어섰다. 나가면서 보니 피아노 위에 책 한 권이 있었다. 우연의 장난인지, 그 책은 로저먼드 레이먼의 『모호한 대답Dusty Answer』이었고, 조지 메러디스의 시에서 따온 제사가 붙어 있었다.

아, 영혼은 얼마나 모호한 대답을 얻는가
우리 이 인생에서 확실함을 열망할 때!

나는 부엌을 지나가며 가스레인지 위의 먼지 더께에 손을 댔다.)

꼭 천 같네요, 그렇죠? 근사하기까지 해요.
정말 그래요. 우리 가족은 그렇게 생각하지 않겠죠. 질겁할 거예요. 오 그럼, 잘 가요, 잘 가.
다음에 올 때는 전화 드리겠습니다. 그리고 그때는 원고를 보여드릴 수 있을 거예요. 일기 내용 중 거론되지 말았으면 하는 부분이 있나요?
아뇨, 없어요, 그렇다면 진실하지 않을 테니까요.

30. 비문

> 여기 로라 프랜시스가 잠들다,
> 아무것도 하지 않았고,
> 아무데도 가지 않았고,
> 아무에게도 사랑받지 못한.
> – E가 제안한 비문

"아, 영혼은 얼마나 모호한 대답을 얻는가／ 우리 이 인생에서 확실함을 열망할 때!" 로라의 피아노 위에 있던 책 속 이 인용문은 나를 집까지 따라와 괴롭혔다. 로라는 확실함을 열망해왔다. 자신이 예술가라는 확실함, 자신이 오페라를 작곡할 수 있다는 확실함, 자신이 반 고흐에 필적한다는 확실함, 언젠가 책을 출간하리라는 확실함.

로라는 모호한 대답을 얻었다. 결국 그녀는 시들시들한 IT 교수의 가정부 겸 말벗으로 25년 넘는 세월을 보냈다—20세기에 갇힌 빅토리아시대 직업으로, 그 대가로 그녀가 받는 월급은 일반 노동자가 버는 주급보다 적었다.

나는 내가 만난 작가 중 가장 무식쟁이 작가다. 누구도 원치 않고 아무 일도 일어나지 않는 일기를 연구하느라 5년을 보내면서, 고전은 읽은 적도 없다. 런던에 도착하자 나는 카페를 찾아 들어가 조지 메러디스의 구절을 검색해보았다. 인용문 출처는 '현대의 사랑Modern Love'이라는 제목의 운문 중편소설로, 최초의 '심리적' 시 중 하나다. 나는 〈인터넷 아카이브〉에서 시를 다운받았다. 1862년 발표된 이 시는 50편의 소네트로 이루어졌으며 결혼생활의 파국을 다루고 있다.

화자는 남편이며, 때로는 1인칭으로, 때로는 3인칭으로 말한다. 남자의 아내는(일반적으로 메러디스의 첫 아내를 바탕으로 했다고 추정된다) 그를 배신했다. 우울에 빠져 그는 애인을 만들지만 여전히 아내를 사랑하기에 애인을 사랑할 수 없다. 명확함이나 결단은 없다. 50쪽이 넘도록 남편과 아내는 서로를 파괴한다. 남편은 차갑고, 냉담하고, 상처받았고, 변덕스럽고, 사람을 무시한다. 아내는 망가졌다. 세상에 자신들의 실패를 드러내지 않으려는 필사적인 노력으로 그들은 친구들에게 행복한 척한다. 능숙하고 정중하게 굴려는 굳은 결의로 나란히 누워 잠들지만, "그들은 조각상처럼 보이리라/사이에 칼을 두고, 결혼의 무덤에 누워".

나는 기묘한 기분에 사로잡혀 있었던 게 틀림없다. 과하게 공들인 문체에 이따금 투박하고 미묘한 이 시에서 헤어날 수 없었던 것이다. 나는 눈이 따끔거리고 목이 메어 연거푸 카페

자리에서 일어나 샌드위치 냉장고 앞을 서성거리며 감정을 떨쳐야 했다. 그러다가 메러디스가 무슨 말을 하고 있는지도 이해하지 못한 채 다음 소네트로 재빨리 넘어갔다. 단어들은 쩌렁쩌렁 울리는 트럼펫 소리로 만들어졌다. 구두법에는 느낌표가 넘쳐났다. 침착해지려 애쓰며, 나는 소네트를 한번 더 처음부터 끝까지 훑어보고 완전히 확신했다. 이 시는 로라에 대한 시였다.

> 별처럼 높은 천막 속에 서 있는 산처럼 차갑게,
> 고귀한 철학이 서 있었네, 친구보다는 적으로.
> 스스로 철창에 갇힌 열정은 창살 속에서
> 의문어린 증오를 품고 항상 지켜보네.

그저 용어들을 올바르게 해석하기만 하면 되었다. E는 스스로 철창에 갇힌 열정이며, 자신이 예술가로서 실패한 것에 격분해 그 분노를 로라에게 퍼부었다. "고귀한 철학"은 로라의 경우 "고귀한 예술"로 읽어야 하며, "친구보다는 적"이다. 그녀는 평생 "의문어린 증오"를 품고 고급 예술을 지켜보았다. 그것을 해내지 못하는 자신의 무능함에 대한 증오였다.

> 사랑의 깊은 숲속에서

나는 충실한 인생을 꿈꾸었지. 잘못은 거기 있네!
사랑의 시샘 강한 숲은 태양 앞에서 위축되지.
적어도 태양은 거기서 훨씬 밝게 빛났네.
내 죄는, 꿈의 꼭두각시로,
세상에 가치 있는 이가 되기를 꾀했던 것.

이 마지막 두 줄의 화자는 결혼생활이 행복했던 시절을 돌이켜보는 메러디스가 아니다. 화이터스 숲 언저리에서 케임브리지를 내려다보며, "셰익스피어 권위자이자 작가"를 비롯해 "서너 가지 예술적 표현 수단"에서 성공을 거둔 미래의 삶을 내다보는 로라다.

이 시들은 로라에 대한 것만은 아니며, 이제는 너무 쇠약해져 침대에서 나올 수 없는, 토머스 모어에 대한 획기적인 책이나 600쪽짜리 '지극히 악마적인' 살인 미스터리를 완성하지 못할 다이도에 관한 것이기도 했고, 휠체어에서 발버둥치는 리처드에 관한 것이기도 했다. 시 하나하나가 내게는 다른 누군가에 대한 두서없는 통찰을 담고 있는 것 같았다. 시구들은 쉽게 뜯어 분석할 수 있었다. 그 의미는 무너지는 사랑에 대한 흔해빠진 서사 뒤에 아주 가볍게 숨어 있을 뿐이었다.

나는 카페를 나와, 남은 오후 내내 리전트파크에서 곰곰이 생각에 잠겼다. 『현대의 사랑』은 내가 읽어본 것 중 상실의 과정을 가장 예리하게 묘사한 작품이다.

그날 밤 나는 소호의 어느 호텔 바에서 잔 마리오와 만났다.

"그분을 만나보니 어떻던가?"

"그녀는 일흔세 살이야. 여전히 자전거를 타고 걸어서 어디든 다니지. 안경을 새로 맞춰야 할 것 같더라고. 손목이 부러진 적이 있어서 통증이 있지만, 일기 쓰는 쪽 손은 아니야. 일기장들을 어쩌다 잃어버렸는지는 모른대. 사라진 것도 알아채지 못했더군. 여전히 하루에 1천 단어에서 3천 단어 정도 쓰고 있어."

"자살 위험은 있어 보여?"

"전혀 그렇지 않아."

"미친 것 같았어?"

나는 고개를 저었다. "그냥 괴짜일 뿐이야."

"행복해 보여?"

"만족스러워해." 나는 말했다. "그리 불만족한 상태는 아냐." 말을 바로잡았다. "순응하고 있어." 나는 다시 말을 고쳤고, 한마디 할 때마다 로라를 몰아내는 기분이었다. "놀랐다고 했어. 피터라는 사람의 집을 떠난 후 이렇게 잘 지낼 거라고는 예상 못했대."

잔 마리오는 정수리가 설탕 그릇에 거의 닿을 정도로 몸을 숙였다. 몸을 폈을 때 그의 손에는 녹색 책이 들려 있었다. 섹스투스 엠피리쿠스의 『회의주의 개론』이었다. 그는 안에 든 것을 안정시키기라도 하듯 단호하게 표지를 두 번 두드렸다.
"자네를 위해 회의주의를 한번 더 재탕해야겠는걸."

로라는 메러디스의 시에만 있는 게 아니라, 2천 년 전 철학자가 쓴 '어떻게 사람들은 갖은 분투에도 불구하고 결국 진실을 발견하지 못하는가'라는 설명 속에도 있었다.

"회의주의자들은 행복, 정의, 진실이 무엇인지에 대한 설명이 서로 다 다르고 상충한다는 사실에 어찌할 바를 몰랐어. 각 서술, 각 논거, 각 이론이 아무리 설득력 있어 보여도 전자를 무효화하는 다른 서술, 다른 논거, 다른 이론이 있었지."

"E가 하루는 로라를 비난하고, 다음날은 로라를 격려하는 것처럼?" 나는 들떠서 제안했다. 잔 마리오는 '그렇다'는 뜻일 수도 있는 방식으로 고개를 좌우로 흔들었다.

"하루는 E가 로라를 미워한다는 이론을 세울 수 있을 거야. 다음날이 되면 또 사랑한다는 이론을 세울 수 있고." 나는 개의치 않고 말을 이었다. 이번에도 역시, 비유의 용어를 올바르게 해석하기만 하면 되는 일이었다. "다른 예시도 있지. 신은 로라를 공공도서관에서 해고당하게 했으니 사악했다고 볼 수 있어. 하지만 진정한 예술가가 되는 데 필요한 신경증을 로라에게 점지했다는 점에서 신은 선하지."

"얼마 지나지 않아 우리는 이론과 논거들이 서로 경쟁하는 이 상황을 받아들이기가 매우 어렵다는 걸 깨달아." 잔 마리오는 말을 이었다. "진 빠지고, 우울하다고까지 할 수 있지. 그다음은 어떻게 되는 거지? 결국 회의주의가 말하는 건 기본적으로 이거야. '될 대로 되라지.' 내가 보기에 자네의 그 여성분 이야기에서 회의주의적 요소는 이렇게 정리돼. 1) 인생의 실제 성과와 완전히 무관한 상태로서의 행복감. 2) 그런 감정이 예상치 못하게 찾아왔다는 사실. 포기하자마자, 한 종류의 행복을 기다리길 중단하자마자, 다른 형태의 행복, 혹은 적어도 평온이 곧바로 찾아든 거야."

나는 마지막 열차를 타러 빅토리아역으로 가야 했다. 비가 내리기 시작했다. 바람이 상점들 문을 덜컹이고 좁은 길에 상자들을 날려보냈다. 옥스퍼드 스트리트를 걸어가며 나는 녹음기를 생각해내고 잔 마리오의 얼굴에 들이밀었으나, 그가 자신의 '노작'이 될 연구에 대해 말하는 내용 중 지금 들리는 것이라곤 지직대는 소리뿐이다.

이스트본으로 가는 마지막 기차는 반짝이는 빛들의 행렬이 점점 줄어드는 가운데 런던을 벗어났다. 첼시브리지의 모조 보석들에 뒤이어 클래펌정션의 달아오른 땜납, 이스트크로이던의 깜부기불. 20분 후 기차는 노스다운스를 지나 서식스에 들어섰고, 거기엔 어둠이 있었다.

잔 마리오가 옳았다. 로라는 회의주의의 실질적인 예로서,

2천 년 된 철학의 결정체였다. 메러디스가 옳았다. 로라의 불행 한복판에는 골치 아픈 사랑 이야기가 특정한 사회적 역할(로라의 경우 섬세한 예술가)을 맡고자 하는 욕망과 뒤엉켜 있었다.

모두가 옳았다, E만 빼고.

"여기 로라 프랜시스가 잠들다, 아무것도 하지 않았고," E가 제안한 비문은 이렇게 시작했다. 그러나 로라는 뭔가를 했고 그 일로 영원히 기억되어 마땅하다. 살아 있음을 4천만 단어 분량으로 서술한 것이다. 내가 인간을 이해하고자 하는 외계 존재라면, 문학이나 영화나 음악 따위에 신경쓸 것 없이 곧장 로라 프랜시스에게 가겠다. 인생은 결코 소설이나 노래에서처럼 정제되고 단순하지 않다. 로라는 매일의 중얼거림을 다룬다. 사람들이 24시간 내내 휴대용 컴퓨터를 착용하고 다니며 생리적 데이터를 기록하고 삶을 촬영하기 40년 전, 로라는 그보다 통찰력 있는 작업을 시작했다. 평범한 인간이 자기 존재에 대해 생각하는 것을 매일 기록하고, 아무런 기교도 거짓된 드라마도 없이 쓰는 것—말하자면 내면으로부터 쓰는 것.

"아무데도 가지 않았고," E의 다음 문장이다.

이 또한 거짓말이다. 로라는 어딘가에 갔다. 1974년에는 E와 함께 서식스의 로팅딘에 갔었다.

"아무에게도 사랑받지 못한."

이건 좀더 어렵다. 나는 로라가 많은 사람에게 사랑받았노라 말하고 싶다. E자신이 그녀를 사랑했고, 데임 해리엇이 그녀를 사랑했고, 피터가 그녀를 사랑했다고. 하지만 그랬을 거라 생각하지 않는다. 어렸을 때 로라의 자매들과 부모님이 로라를 사랑했지만, E의 말뜻은 그게 아니다. E를 제외하면 로라에겐 절친한 벗이 아무도 없었다.

로라는 재미있고, 신랄하고, 똑똑하고, 직관이 뛰어나고, 친절하고, 너그럽다. 그리고 믿기 힘들지만 놀랍게도 일기를 통해 인생에서 뭔가 위대한 일을 이룩했다. 하지만 그럼에도 여전히 로라, 세상과 어울리지 못하는 어색한 여자 그대로다. 그녀가 실제로 어떤 사람인지 나는 아직 알아가는 중이지만, 일기 속에서 그녀는, 아무리 사랑받아 마땅한 사람이라 해도, 사랑을 불러들이는 사람은 아니다. 여기서 E가 틀린 부분은 로라가 받은 사랑이 없다는 사실이 아니라, E가 그것을 누구 탓으로 돌리느냐다. E는 그것이 로라의 잘못인 듯 말한다. 너무 서툴고, 자세가 너무 비뚤어졌고, 특이한 점이 너무 많아 사랑을 불러일으키지 못한다고. 하지만 E가 말하는 로라는 E의 도움을 받아 창조된 로라다. 젊은 날의 일기 속 그 날것이며 노출된 존재, 피터의 집에서 일하던 괴팍한 중년 청소부—그건 E가 사랑을 박탈하고 난 후 남아 있는 로라였다.

일기장들을 돌려줄 때가 되었다. 쓰레기장이 이 일기장들을 다이도에게 빌려주었고, 다이도가 나에게 빌려주었고, 그것들을 갖고 있던 12년 중 5년 동안 나는 참견쟁이 신이 되어 견고한 벽을 뚫고 한 사람의 사생활을 들여다보았다. 거기서 내가 본 것은 무엇인가? 로라 프랜시스라 불리는 한 인생, 평범하면서도 비범한, 일상적이면서도 기이한, 무기력하면서도 긴장된 인생의 소리 죽인 격렬함이었다.

이제 로라가 발견되었고, 이로써 내 인생의 한 부분이 끝났다. 나는 특혜받았다. 운좋게도 원칙주의적인 사람이 아니고 잡소리를 좋아했기에, 나는 일기장들을 펼치고 5년 동안 즐겼다. 끌어낼 결론은 없었다. 회의주의든, 메러디스주의든, 처음에는 겁에 질렸고 나중에는 무덤에 파묻혔던 로라의 삶이 나머지 우리에게 전하고 있을지 모를 어떤 유익한 메시지든. 일기가 그것을 쓴 사람을 정확하게 나타내는가 아닌가— 그건 전부 쓸데없는 헛소리고 소음이었다.

입을 다물 때였다.

내가 로라를 처음 만나고 일 년 후, 다이도가 죽었다.

그녀의 마지막 나날은 끔찍했다. 동네 병원에서 친절한 간

호사가 그녀의 팔에 정맥주사를 꽂은 직후, 얼마 전부터 골치 아프게 굴던 가증스러운 전문의가 다른 직원을 통해 튜브를 뽑아야 한다고 주장하며 다이도에게 희망이 없다고 알렸다. 두려움과 패배감에 사로잡힌 채 그녀는 호스피스로 옮겨졌다. 그곳의 탁월한 의료진은 사흘에 걸쳐 정부에서 '리버풀 패스웨이'라 부르는 방법을 다이도에게 썼는데, 이는 환자가 이후의 과정을 견딜 수 있을 만큼 약물을 투여한 후 탈수로 사망하게 하는 것이다. 다이도의 살은 뼈가 다 빨아들인 듯 푹 꺼졌다.

지금도 나는 그날의 악몽을 꾸다 새벽 3시에 잠이 깬다.

장례식날 아침이 되어서야 나는 로라를 부르는 걸 잊었음을 깨달았다.

급히 로라의 집으로 달려갔지만 너무 늦었다.

그녀는 외출중이었다. 뉴마켓에 사는 동생과 쇼핑을 갔다.

3부
전기

31. 로라 펜로즈 프랜시스

인생에서 언젠가 세상에 뭔가 발표할 거라는 강한 확신이 든다. 예술작품이든, 글로 쓴 작품이든, 혹은 둘 다. 그 과정이 힘들다 할지라도, 결국은 필연적으로 하게 될 일이다.
– 25세

로라 펜로즈 프랜시스, 1939년 5월 22일~, 일기 작가.

부친, 헨리 프랜시스(1913~1996), 모친, 도로시 펜로즈(1916~2012). 프랜시스의 어린 시절은 불안정했다. 그녀가 태어난 직후 가족은 콘월의 세인트저스트인로즐랜드로 이사했는데, 프랜시스의 외할아버지 제임스 배버서 해먼드는 그곳 교구 교회의 앵글로가톨릭 목사였다. 그녀의 가장 오래된 기억은 전쟁 때였다. 그녀는 독일 비행기 한 대가 마을 위를 날며 영국 국기를 내건 집을 폭격하는 것을 보았다. 집주인이 운이 좋았다며 자축하자(폭격 당시 집을 비웠었기 때문이다), 프랜시스의 외할아버지는 그를 꾸짖었다. "운이 아니에요, 하느님의 섭리였지요." 다음날 집주인 이름으로 된 1천

파운드짜리 수표가 목사관에 날아왔다. 해먼드 목사는 그 돈으로 교회에 전기 설비를 갖출 수 있었다.

프랜시스의 아버지는 색맹이었고, 그래서 전쟁 때 전선에 파견되지 않았다. ("아마 덕분에 목숨을 구했을 거예요.") 농기계 기사였던 그는 영국 전역에서 전시 근로를 했고, 스코틀랜드 로스시에서 신병들에게 모터보트 훈련을 시키는 것도 그중 하나였다. 케임브리지대학교 거턴 칼리지에서 고전을 전공하고 졸업한 프랜시스의 어머니는 로라와 함께 케임브리지로 옮겨왔다. 그들은 화이트필드 하우스에서 로라의 친조부모와 함께 살았다. 행복한 시절은 아니었다. 프랜시스가 기억하는 할아버지는 엄격하고 인정 없는 사람이었다. 아버지가 전시 근로를 마치고 돌아오자 가족은 베드퍼드셔로 이사했고 프랜시스와 여동생 제니퍼, 케이트, 앨리슨은 거기서 자랐다. 수줍음 타고 대체로 외톨이인 아이였으나, 초등학교 마지막 학년에 프랜시스의 친구들은 그녀를 메이 퀸*으로 뽑았는데, 학교 당국에서는 즉각 적절한 후보가 아니라는 결정을 내리고 대신 급식 담당자의 딸을 뽑았다. 이는 프랜시스가 평생 자신을 쫓아다닌다고 느낀 집요한 부당함의 첫맛이었다.

---

* 영국 학교에서는 봄맞이를 기념해 학생들 중 한 명을 메이 퀸(May Queen)으로 선정하는데, 보통 품행이 단정하고 친구들에게 인기 있는 여학생이 뽑힌다.

("그 말에 동의해요!")

1951년 프랜시스는 크리스마스 선물로 일기장과 초록색 잉크를 받았다. ("그래서 글쓰기를 시작한 거예요. 난 초록색 잉크가 좋았거든요.")

이는 가족이 베드퍼드 근처 헤인즈처치엔드의 튜더 코티지로 이사한 이듬해였는데, 튜더 코티지는 커다란 16세기 건물이며 현재 II등급 등재 문화재다. "무척 외딴 장소였어요. 마을이라고도 할 수 없고, 그저 집 몇 채에 교회가 하나 있었죠. 주도로까지 1마일이 넘었고, 거기서 우리는 매일 버스를 타고 학교에 갔어요(8마일 거리였다). 반 마일쯤 떨어진 곳에 대저택 정원에 위치한 혼즈라는 여학생 기숙 학교가 있었어요. 내 음악 교사 엘사 줄릭이 거기 2년 정도 있었는데, 교장과 다투고 나서 그만두어야 했죠. 그후에는 우리집 근처에 사는 친절한 노부부 댁에 세 들어 살았어요. 런던에 최악의 스모그 사태가 있던 시기였죠. 헤인즈의 안개도 기억나요."

예순네 살의 줄릭을 만났을 때 프랜시스는 열네 살이었다. 둘의 연애는 둘 사이에 한 번도 명시적으로 거론되지 않았고, 키스 이상의 성관계로 가지도 않았다. 그럼에도 줄릭과의 이 관계는 26년간 프랜시스의 인생을 지배했다. 한 번의 예외는 프랜시스가 아흔아홉 살의 여성 영양학자를 사랑하게 되었을 때였다. 줄릭은 1979년 사망했다.

남자에게 흥분하고 나이 많은 여자에게 열정을 느낀 프랜시스는 한 번도 결혼하지 않았다.

프랜시스의 일기를 읽는 이로서는 젊은 프랜시스를 대하는 줄릭의 태도에 몸서리치지 않기 어려우나, 그들의 관계 초반에 줄릭은 다정한 친구였고 프랜시스가 글쓰기와 음악에 보인 흥미를 격려했다. 1953년 줄릭이 퍼스 여학교의 보조 음악 교사를 맡기 위해 케임브리지로 옮기자 프랜시스도 1956년 따라갔다. 학교 운영위원회에 있는 가족 친구의 도움을 받아, 프랜시스는 그 학교에 보내달라고 부모님을 설득했고 자신을 받아달라고 학교를 설득했다. 그녀가 학업에서 노력을 보인 몇 안 되는 경우 중 하나였다("두 차례 시도해야 했어요. 처음에는 거절당했지요. 하지만 나는 어떻게든 들어갈 작정이었어요"). 퍼스 여학교에 다니는 동안 프랜시스는 다시 화이트필드 하우스에 살았다. 할아버지가 돌아가신 뒤였으니, 인생에서 가장 행복한 시절 중 하나였다. 그녀는 프랑스어(불합격), 프랑스문학(2등급), 영어(2등급), 예술(본인은 "잘못된 선택"이라 말하지만, 합격) A-레벨 과목을 이수했다. 대학 진학은 하지 않았다.

1960년대 초 프랜시스는 사서와 가사도우미 겸 요리사로 형편없는 임시직을 연달아 거쳤다. 식스폼 칼리지인 루턴 칼리지에서 2년간 수학하며 미술을 공부했다. 그녀는 기묘한 인물로 보였을 게 틀림없다. 180센티미터 키에 남을 업신여기는 태도("내 생각에는 수줍음을 탄 것에 가까울 것 같아요"), 광장공포증에 무엇을 먹을 때마다 숨이 막히던 그녀는 당시 스무 살로, 10대인 동급생들보다 세 살 손위였다.

루턴에 다니는 동안 그녀는 인기 있던 캠버웰 예술대학에서 일러스트레이션을 전공할 기회를 따냈다. 1962년의 런던은 혁신적인 예술가, 음악가, 작가 들로 떠들썩했다. 하지만 그 떠들썩함에 로라의 자리는 없었다. 졸업 후에는 잠시 어느 광고회사에서 일하다가, 외로움과 가난에 시달린 끝에 케임브리지로 돌아와 가정부로 일했다. 여기서 그녀는 일류 영양학자이자 미생물학자 해리엇 칙 박사 DBE*를 만나고, 1977년 데임 해리엇이 백두 살의 나이로 사망하기 전까지 입주 도우미가 된다. 이후 프랜시스는 칙의 조카 피터 미첼을 위해 같은 집에서 같은 일을 계속하고, 이는 2001년 미첼 교수가 사망하기까지 거의 25년간 이어졌다.

역사상 가장 다작한 일기 작가라는(기네스북에 따르면, 기존 기록 보유자는 신문기자인 에드워드 롭 엘리스로, 2천 2백만 단어를 썼다) 로라 프랜시스의 업적은 미첼 교수 사후 그녀가 퇴거당한 뒤 건축업자들이 일기장 148권을 쓰레기장에

---

* Dame Commander of the Most Excellent Order of the British Empire의 약자로, 영국연방에서 수여하는 5등급의 훈장 중 2등급에 해당한다.

내버린 일이 아니었다면 그대로 묻혔을 것이다. 운좋게도 케임브리지대학교의 리처드 그로브 교수가 건축 부지에서 놀다가 일기장들을 발견했다. 그는 일기장들을 다이도 데이비스 박사에게 기증했고, 그녀는 5년 후 이 수집품을 전기 작가 알렉산더 마스터스에게 양도했다.

마스터스가 프랜시스의 신원을 알아내기까지 5년 걸렸다.

오늘날, 행복하지는 않지만 전보다는 행복해진 프랜시스는 여전히 하루에 몇천 자씩을 쓰며, 그 대부분은 아직도 TV에서 본 내용에 관해서다. 그로브 교수가 발견한 일기장들이 어쩌다 쓰레기장행이 되었는지는 프랜시스도 알지 못한다. 미첼 교수의 사후 사무 변호사들이 그녀를 그 집에서 내보내느라 서두르던 와중에 폐기되었을 거라는 추측이다. 그녀는 없어진 일기장들을 아쉬워하지 않았다. 옛 일기는 결코 들여다보지 않는다. 다 쓴 일기장의 뒤표지를 덮는 순간 흥미는 사라진다.

미첼 교수의 집을 떠난 뒤로 일기의 목적은 다시 달라졌다. 지금은 더이상 좌절감을 덜어내려고, 사랑을 감추려고, 보호하려고, 혹은 들끓는 마음을 소진시키려고 글을 쓰지 않는다고 그녀는 말한다.

그녀가 지금 계속 일기를 쓰는 이유는 그저 "펜이 종이에 닿는 소리가 좋아서"다. 그녀의 문체는 직접적이고 남의 눈을 의식하지 않는다. 주로 하루에 2천에서 3천 단어를 쓰기에, 노트 한 권을 다 채우는 데 6주 이상 걸리는 일은 드물다.

일기 쓰기를 시작한 1952년으로부터 60년이 지나, 2012년 마스터스가 집 문 앞에 나타났을 때, 프랜시스는 놀라지 않았다.

"줄곧 나를 기다리고 있던 것처럼 말하더군요." 마스터스는 말했다.

32. PS

 첫 만남 이후로 나는 로라를 여러 번 더 만났다. 우리는 친구가 되었다. 2주 전 나는 이 책의 전체 원고를 읽어보라고 주었다.
 무명 인물에 대한 전기를 쓸 때는 모든 내용에 동의를 받는 것이 규칙이 되어야 한다. 그러지 않으면 너무도 쉽게 어떤 사소한 사실을 잘못 짚거나 그릇된 해석을 고집할 수 있다. 서술자에게는 별것 아닌 듯 보이는 사실이라 해도, 인지하지 못했던 이유로 대상 인물의 인생을 망칠 수 있는 것이다. 유명인들이라면 그리 큰 문제가 아니다. 그들은 스스로를 옹호할 방법이 많으니까. 하지만 무명 인물들의 전기를 쓰는 작가라면 대응할 능력이 없는 이를 망가뜨리는 일이 없도록 각별히 신중해야 한다. 작가와 대상 인물 둘 다 기꺼이 받아들일 만한 원고를 완성할 수 없다면, 모조리 불에 던져넣어야 한다.

로라는 두 가지에 반대했다.

나는 둘 중 무엇도 바꾸지 않았다.

둘 다 사진이다. 역사상 가장 다작한 일기 작가는 말을 두고 야단법석 떨지 않는다.

첫번째 반대 사항은 236쪽에 있는, 활과 화살을 들고 받침대에 선 여자 사진이다.

로라: 옷을 전혀 안 입었다는 게 마음에 안 들어요.

나: 하지만 옷을 입고 있는걸요. 대리석 조각상처럼 보이는 하얀 보디 슈트를 입었어요. 대리석 조각상에 반대하세요?

로라: E를 향한 내 사랑은 결코 그렇지 않았어요.

두번째는 238쪽의, 일흔두 살의 E가 자전거를 탄 사진이다. 그건 E의 사진이 아니다. 로라는 본 적도 없는 여자다. 2001년 리처드와 다이도가 산울타리를 넘어 건축 부지에 무단으로 침입했던 그날 쓰레기장에는 신원 미상 시체 두 구가 있었던 것 같다.

이 두 가지만 제외하고, 로라는 원고를 승인했다. 그녀는 내가 자기를 미쳤다고 의심했던 사실에 언짢아하지 않는다. 내가 E나 데임 해리엇에 대한 짝사랑을 폭로한 일을 걱정하지도 않는다. 내가 예술가로서 그녀의 실패를 줄줄이 늘어놓은 것을 잘했다고 여긴다.

그것은 모두, "굉장히 근사하다"고 그녀는 말한다.

감사의 말

플로라 데니스(그림 속에서 춤추고 있으며, 하늘에 감사하게도 나와 함께 춤추고 있다)가 아니었다면 이 책은 완성되지 못했을 것이다. 편집과 관련된 탁월한 제안, 구조와 플롯에 관한 교묘한 아이디어, 내가 거들먹거리며 말할 때마다 참지 않고 드러내는 못마땅함, 같은 페이지를 출판에 적합해지거나 전혀 가망이 없어 버려야 할 때까지 읽고 읽고 읽고 읽고 또 읽는 능력(게다가

그 능력은 한 번 읽을 때마다 더 출중해진다)—이 책을 쓰는 데는 그녀가 미친 중대한 영향력이 대단히 귀중했다.

다이도 데이비스가 죽었다는 사실이 나는 놀랍다. 그녀의 이름과 죽음이 하나로 묶인다는 걸 믿을 수 없다. 그녀는 내게 로라의 일기를 제공했고, 이 책에 방향을 제시했고, 원고 앞부분을 훌륭하게 검토해주었다. 그리고 내게 글쓰는 법 전부를 가르쳐주었다. 30년 전 영문학부 선임연구원으로 갓 발탁된 다이도가 내가 다니던 대학교 술집의 창문으로 기어들어와 인사했을 때부터. 아래 그림은 그녀가 병상에서 그린 마지막 자화상이다. 그녀는 케임브리지 외곽 코턴교회 묘지에 묻혔다.

리처드 그로브는 또다른 충격이다. 사고를 당하기 전 리처드는 환경사 분야의 일류 학자였고, 이 학문의 창시를 도왔

다. 부러울 정도로 제멋대로인(그리고 가끔 사람 미치게 하는) 성격에 이끌려 그는 볼일도 없는 건축 부지에 무단으로 들어갔고, 일기장들을 발견했다. 최고의 일들은 리처드 같은 사람들 덕분에 일어난다.

로라 프랜시스. 잠시나마 그녀는 내 인생의 4년이 어떻게 흘러갈지 결정권을 쥐고 있었다. 내가 그녀의 집에 앉아 그녀의 사적인 일기를 읽었고 전기를 출판하고 싶다고 설명했을 때, 그녀에겐 나를 문밖으로 쫓아낼 권리가 충분했다. 나는 그럴 거라 예상했다. 하지만 그녀는 망설임 없이 내가 작업을 계속하도록 승낙해주었고, 그후 줄곧 다정하고 유쾌할 뿐이었다.

직접적으로든, 응원과 우정을 통해 간접적으로든, 이 책을 쓰는 데 나를 도와준 분이 매우 많았다. 바버라 위버(필적학자), 퍼트리샤 필드(필적학자), 빈스 존슨(탐정), 내가 자문을 구한 세 전문가는 성격은 다르지만 중요한 자질을 공통으로 지니고 있었다. 로라의 잊힌 인생이 지닌 중요성과 흥미로움을 즉각 이해했다는 점이다. 리처드 골드스웨이트, 잔 마리오 카오, 이언 펜론. 이들의 풍부한 유머와 로라에 대한 호기심은 이야기의 마지막 3분의 1의 중심이 되어주었다. 그레임 미치슨은 피아니스트와 과학자로 두 영역에서 필수적인 도움을 주었다. 〈비창〉의 중요성을 설명하고 직접 보여주었으며, 내

가 서툴게 손댄 물리학 비유를 검토해(그리고 바로잡아)주었다. 통찰력과 교양을 겸비한 이 남자가 없었다면 나는 해내지 못했을 것이다. 위쪽은 내가 자전거로 그를 뒤쫓는 그림이다.

또한 리처드의 아내 배니타 다모다란에게도 감사하고 싶다. 리처드와 교통사고 이야기를 실어도 좋다고 허가해주었으며, 영웅적으로 리처드를 지지해주었다. 처음으로 일기들을 읽었던 캐럴라인과 닉 데니스에게 감사드린다. 그들이 일기에 보인 흥미와 내게 해준 격려의 말 덕분에 작업을 밀고 나갈 수 있었다. 조앤 브레이디는 언제나처럼 이야기를 어떻게 써야 하는지에 대해 현명하고 도움되는 제안들을 해주었다. 내 옛 은사이자 첫 출판인이었던 존 로저스에게, 삼위일체에 대한 인상적인 사유에 감사드린다.

원고를 읽고 검토해준 제임스 블리센, 에이드리언 클라크, 브렌던 그리그스, 패니 존슨, 미라포라 미나에게 감사드린다.

루스 어가 들려준 의견에, 그리고 이 책을 구상할 때 보여준 열광과 프랑스에 있는 멋진 집에 감사드린다. 분부에 따라 그 집의 창문틀은 내가 다시 칠했다. 세라 버비지, 네이선 그레이브스, 루시 그레이브스에게, 그들이 베풀어준 편집상의 제안들과 진 칵테일에, 그리고 행복한 사기꾼들이 되어준 데 감사드린다. 영국판의 오류 하나를 찾아내준 셀린 키어넌에게 감사드린다. 벨린다, 다이애나, 커티스 앨런에게, 이탈리아에 있는 그들의 집을 이용하게 해주어 감사드린다. 글쓰기에 최고의 장소다. 앤드루와 오토 배로, 찰스 콜리어, 제임스 코믹, 조녀선 포일, 앤디 그로브, 휴 하딩, 캐시 헴브리, 다이앤 존슨, 마이클 리, 케이트 루이스, 애니 매코비, 코닐리어스 메드베이, 콜린 미드슨, 내털리 쇼, 줄리아 월시—모두 훌륭한 조언을 해주고, 내 상태가 저조할 때 기운을 북돋워주었으며, 이 책을 쓰는 데 걸린 4년과 생각하는 데 걸린 15년을 기쁘게 보낼 수 있도록 해주었다.

문화·미디어·스포츠부의 관계자분께. 지금 공공도서관 지원금이 얼마든 간에, 꼭 두 배로 늘려주시길 부탁드린다. 케임브리지 공공도서관의 케임브리지셔 컬렉션은 없어선 안 될 귀중한 자원이었다. 또한 퍼스 여학교, 특히 부교장 헬렌 스트링어 박사와 탁월한 사서(하지만 지금은 전前 사서인) 캐서린 핸런에게 감사드린다.

포스이스테이트 출판사에서 나는 특히 일류 실력자 4인의 도움을 받았는데, 이들은 내가 이 출판사와 처음 연을 맺었을 때부터 있었다. 니컬러스 피어슨, 미셸 케인, 줄리언 험프리스, 로버트 레이시(내가 이 글을 쓰는 지금도 그는 펜을 쥐고 사무실에 앉아 마지막 남은 주렁주렁 달린 분사들을 교정쇄에서 지우고 있다). 3, 4년에 한 번 나는 불쑥 나타나 이런저런 주제에 대해 지껄이고, 그들은 언제나 관대하게 나를 맞이하고 커피를 내준다. 또한 그림이 여기저기 흩어진 페이지를 디자인하는 데 도움을 준 베라 브라이스에게도 감사드린다. 통화중 갑자기 말이 없어지는 무서운 버릇이 있는 내 훌륭한 저작권 대리인 피터 스트로스—그는 완벽한 길잡이이자 동반자였다.

데니즈 노웰던은 일기 여러 문단을 타자로 옮겨주었고, 일기장 전체를 타자로 쳐준 것도 여러 권이었으며, 내가 작업을 밀고 나가도록 격려하고 로라의 노트에서 주제와 인물들을 파악하는 최상의 방법을 알아내도록 도와주었다. 도미닉 너트는 이 책과는 아무 관련이 없으나 이 책을 쓰는 동안 내가 했던 다른 일과 깊은 관련이 있고, 그러므로 고맙다. 엘리자베도바, 앨리슨 타일러, 헬레나 그리어, 어린 아이다를 보살피고 집을 돌봐주어 감사드린다. 인정 있는 집주인인 사브리나와 찰스 하코트스미스에게 감사드린다. 좋은 이웃인 어맨다 하코트와 AJ, 레슬리와 데이브에게도 고마움을 전한다. 일기장 148권에 꽉꽉 들어찬 5백만 단어를 집중 연구하는 데, 잘못 걸린 이웃보다 나쁜 건 없다.

  마지막으로, 두 살이며 글을 모르는 아이다에게

이 그림을 전한다.

옮긴이의 말

산들바람이 불었거나 불지 않던 어느 밤, 나는 게으름을 부리며 인터넷 세상을 어슬렁대다가 흥미로운 기사와 마주쳤다. 내가 돌아보던 사이트는 필기구와 종이, 노트를 비롯한 각종 문구류를 좋아하고 수집하는 사람들이 모이는 곳이었고, 누군가 "엄청난 분량의 일기 쓰기"라며 이 책의 저자 알렉산더 마스터스가 직접 쓴 〈가디언〉에 실린 책 소개글을 링크한 게시물을 올렸다. 쓰레기 컨테이너에서 148권의 일기 무더기를 발견하고 일기의 주인에 대한 수수께끼를 풀어나가는 여정이라니! 제목만 보아도 호기심에 이끌려 정신없이 읽어내려가고, 책이 궁금해져 자연스럽게 전자책 구매로 이어지게 하는 기사였다. 작가라는 사람에게는 이렇게 글감이 저절로 굴러들어오는 것일까?

알고 보니 알렉산더 마스터스는 그냥 작가가 아니라 '전기' 작가였고, 노숙인 쉼터에서 활동하던 중 만난 스튜어트 쇼터라는 노숙인의 인생을 역순으로—폭력적이고 정신적으로 불안한 성인 시절에서 유년 시절로 거슬러올라가며—담은 첫 작품 『스튜어트: 거꾸로 가는 인생』(2005)과 이를 원작으로 한 동명의 TV 드라마(베네딕트 컴버배치가 알렉산더 마스터스 역을, 톰 하디가 스튜어트 쇼터 역을 맡았다)로 널리 알려져 있었다. 그의 두번째 전기는 괴짜 천재 수학자 사이먼 필립스 노턴을 주제로 한 『우리집 지하실의 천재』(2011)로, 사이먼은 마스터스가 사는 건물의 집주인이고 오래된 지도와 비닐봉지를 산더미처럼 쌓아놓은 가운데 지하실에 거주하며 버스를 비롯한 대중교통 문제에 몰두한 인물이다. 일반적이지 않은 인물을 전기의 주제로 삼아 전기가 으레 따를 법한 연대기적 서술이 아닌 독특한 방식으로 그 삶을 그리는 작가의 손에 들어간 148권의 일기장, 하늘이 점지해준 듯한 우연이다.

저자의 말을 빌리면 "역사상 가장 다작한 일기 작가"인 일기 주인에 비할 수는 없지만—사실 비교 자체가 주제넘는 일일 터이다—나도 띄엄띄엄 일기를 써왔다. 어릴 때 좋아했던

『안네의 일기』나 『에이드리언 몰의 비밀일기』 같은 일기 형식의 책들이 일기 쓰는 습관에 영향을 주기도 했는데, 어째서 책 속의 일기들은 그저 쭉 읽기만 해도 인물과 배경을 파악할 수 있고 줄거리가 서는 흥미로운 내용인데 내 일기는 그렇지 않으며 아무래도 그렇게 쓸 수 없는지 의아한 적도 있었다.

그건 책으로 출판된 일기와 달리(안네 프랑크는 라디오 방송을 통해 전쟁이 끝나면 평범한 사람들의 일기와 편지 등 문서를 모아 나치 점령하에서 시민들이 겪은 고통을 증언하는 기록물로 삼겠다는 망명 네덜란드 정부 교육부 장관의 발표를 듣고 독자를 염두에 두고 일기를 쓰고 또 고치기 시작했다), 혼자 간직하는 노트 속에서 "사람은 자신에 대해 5백만 단어에 달하는 글을 쓰면서, 막상 자기 이름은 밝히지 않을"(19쪽) 수 있기 때문이다. 게다가 "일기는 지독한 거짓말쟁이다. 앞뒤 맥락도 없이 감정에만 치우쳐 기록하고 (…) 사실들을 재배열하고 (…) 일기는 대개 징징거림을 글로 적어놓은 것이다"(119~120쪽).

그렇기에 저자의 탐구는 처음부터 난항을 겪는다. 수많은 이미지와 가설들이 손에 잡힐 듯 눈앞에 떠올랐다가 무너진다. 이는 그가 기록물을 연대순으로 늘어놓고 선후 관계를 맞춰보는 정석적인 전기 연구 방식을 택하지 않으려 고집했기 때문이기도 하지만, 일기들을 발견해 그에게 넘겨준 소중한 두 친구가 예기치 못한 불행한 운명을 맞으면서 일기 주인에 대한 탐구가 저자 자신의 삶과 교묘하게 뒤엉켜버렸기 때문이기도 하다. 젊은 시절 위대한 예술가를 꿈꾸며 희망 가득했으나 이제는 쓰레기장에 내버려진 오래된 일기장 속 글씨로만 남은 무명의 인물, 이 폐기된 인생은 저자가 쓰라리게 느끼는 인생의 비극과 아이러니와 겹쳐진다.

어둠 속을 손으로 더듬듯 막연하게 나아가다가 부딪치고, 뜻밖의 곳에서 새로운 실마리를 발견하곤 다시 나아가는 저자의 흥미진진한 여정을 함께할 독자 여러분의 즐거움을 최대한 해치지 않으면서 이 책을 꼭 번역해 소개하고 싶었던 이유를 설명하자니 쉽지 않다. 전기라는 장르를 극한까지 밀고 나간 듯한 다양하고 때로는 엉뚱하기까지 한 접근법과 더불어, 이 책에서 느꼈던 매력은 누군가의 일기에서 "서사적인 '기승전결'"과 "반듯한 문장과 신중하게 선택한 단어"(242쪽)로 흐려지지 않은 진실함을 날것 그대로 접한다는 감각, 그리고 "평범하면서도 비범한, 일상적이면서도 기이한, 무기력하면서도 긴장된 인생의 소리 죽인 격렬함" 앞에서 자신은 "끌어낼 결론"도 "유익한 메시지"(343쪽)도 없다는 저자의 단호한 태도였다.

일기에 반복적으로 보이는 패턴을 분석하며 저자는 일기

주인이 "재능을 살리지 못했다는 일기를 쓰느라 재능을 발전시키는 데 썼어야 할 시간을 날렸다"고, "글쓰기가 그녀의 글쓰기를 망가뜨렸다"(279쪽)고, "인생이 실패한 것은 그 어떤 것에도 딱히 집중하지 않았기 때문"(280쪽)이라고 사뭇 잔혹하게 지적했다. 그러나 이 지적은 '그러니 이 글을 읽는 여러분은 이를 거울삼아 딴짓에 시간 낭비 말고 명확한 목표에 집중해야 합니다'는 식의 교훈으로 이어지지 않는다. 폐기되는 운명을 겪고도 살아남아 독특한 전기 작가인 저자를 만나고, 결국 한 권의 책이 되어 오래도록 주인의 이름을 남기게 된 것은 결국 그 한없는 글쓰기, "유일하게 전심전력을 다한 것"(235쪽)인 일기였으니 말이다. 평생에 걸쳐 노력을 쏟은 것이 반드시 보상을 가져오지는 않는다. 어쩌면 저자는 많은 뛰어난 작가들처럼 독자를 사로잡는 매혹적인 글쓰기를 위해 교묘한 서사적 장치를 사용했을지 모른다. 그럼에도, 이 책 속에서만은, 그리고 이 책을 통해 "내 인생을 예술작품으로 만들고 싶다"(280쪽)는 일기 주인의 희망이 어느 정도 이뤄졌다는 것, 의도했건 그렇지 않았건 가장 많은 시간을 들여 꾸준히 해왔던 일을 통해 그렇게 되었다는 것은 묘한 위안이 된다.

이 책이 더 많은 독자와 만나는 데 작은 도움을 줄 수 있게 되어, 그리고 오래전부터 품었던 '좋아하는 책을 직접 독자분들에게 소개하고 싶다'는 개인적인 희망을 이루게 되어 기쁘다. 기획 단계에서 많은 지지와 도움을 주신 송지선 편집자님, 마음이 앞서 달려가는 성급함으로 토막난 일기 인용문들 사이를 누비다 저지른 많은 실수를 꼼꼼하게 교정해주신 윤정민 편집자님께 감사드린다. 불확실함투성이인 인생을 살아가다 '제대로 살아내지 못한' 듯한 불안감이 들 때, 이 책이 작은 위안이 될 수 있으면 좋겠다.

김희진

옮긴이 **김희진**
성균관대학교에서 프랑스어문학과 영어영문학을 전공하고 프랑스어문학 박사과정을 수료했으며 출판 기획 번역 네트워크 '사이에'의 위원으로 활동한다. 옮긴 책으로 『나의 작은 나라』『미스터 포터』『내 어머니의 자서전』『두 번째 아이』『찬란한 종착역』『이상한 나라의 앨리스』『우연히, 웨스 앤더슨』 등 다수가 있다.

문학동네 세계문학
폐기된 인생: 쓰레기장에서 찾은 일기장 148권

초판 인쇄 2025년 7월 30일 | 초판 발행 2025년 8월 18일

지은이 알렉산더 마스터스 | 옮긴이 김희진
책임편집 윤정민 | 편집 송원경 황문정
디자인 김유진 이원경 | 저작권 박지영 형소진 주은수 오서영 조경은
마케팅 정민호 서지화 한민아 이민경 왕지경 정유진 정경주 김혜원 김예진 이서진
브랜딩 함유지 박민재 이송이 박다솔 조다현 김하연 이준희
제작 강신은 김동욱 이순호 | 제작처 한영문화사

펴낸곳 (주)문학동네 | 펴낸이 김소영
출판등록 1993년 10월 22일 제2003-000045호
주소 10881 경기도 파주시 회동길 210
전자우편 editor@munhak.com | 대표전화 031) 955-8888 | 팩스 031) 955-8855
문학동네카페 http://cafe.naver.com/mhdn
인스타그램 @munhakdongne | 트위터 @munhakdongne
북클럽문학동네 http://bookclubmunhak.com

ISBN 979-11-416-1229-0 03840

잘못된 책은 구입하신 서점에서 교환해드립니다.
기타 교환 문의 031) 955-2661, 3580

www.munhak.com